U0482756

城脉

CHENG
MAI

北京三条文化带价值阐释与保护利用研究

RESEARCH ON THE THREE CULTURAL BELTS IN BEIJING:
VALUE INTERPRETATION, PROTECTION AND UTILIZATION

秦红岭◎主编

光明日报出版社

图书在版编目（CIP）数据

城脉：北京三条文化带价值阐释与保护利用研究 / 秦红岭主编. -- 北京：光明日报出版社，2024. 8.

ISBN 978 - 7 - 5194 - 8252 - 7

Ⅰ. K291

中国国家版本馆 CIP 数据核字第 20248H88C1 号

城脉：北京三条文化带价值阐释与保护利用研究

CHENGMAI：BEIJING SANTIAO WENHUADAI JIAZHI CHANSHI YU BAOHU LIYONG YANJIU

主　　编：秦红岭

责任编辑：史　宁　　　　责任校对：许　怡　乔宇佳

封面设计：中联华文　　　　责任印制：曹　诤

出版发行：光明日报出版社

地　　址：北京市西城区永安路 106 号，100050

电　　话：010-63169890（咨询），010-63131930（邮购）

传　　真：010-63131930

网　　址：http://book. gmw. cn

E - mail：gmrbcbs@ gmw. cn

法律顾问：北京市兰台律师事务所龚柳方律师

印　　刷：三河市华东印刷有限公司

装　　订：三河市华东印刷有限公司

本书如有破损、缺页、装订错误，请与本社联系调换，电话：010-63131930

开　　本：170mm×240mm

字　　数：269 千字　　　　印　　张：15

版　　次：2025 年 1 月第 1 版　　　　印　　次：2025 年 1 月第 1 次印刷

书　　号：ISBN 978 - 7 - 5194 - 8252 - 7

定　　价：95. 00 元

版权所有　　翻印必究

北京建筑大学人文与社会科学学院
北京建筑文化研究中心年度论丛

主　　编　秦红岭

副 主 编　陈荟洁　周坤朋

2023 年度丛书学术顾问（按姓氏笔画排列）：

朱祖希　刘士林　汤羽扬　李建平　吴文涛

宋慰祖　张宝秀　董耀会

编　　委（按姓氏笔画排列）：

孙冬梅　李　伟　李守玉　陈荟洁

周坤朋　侯平英　秦红岭

将“北京三条文化带”建设成全国文物游径示范工程（代序）

宋慰祖

人类历史的发展，在大地上留下了众多不可移动文物。大家熟悉的如我国的故宫、天坛、殷墟、秦始皇陵兵马俑、十三陵、圆明园、敦煌莫高窟等，世界上还有古埃及金字塔、古罗马斗兽场、古希腊神殿等无数单体建筑遗产。同时，也有许多线性文化遗产，如长城、运河等。还有一类是“主题散点串联式”不可移动文物，如著名的长征主题不可移动文物：从江西瑞金的红都、血战湘江的渡口、娄山关、赤水河、遵义会议旧址、大渡河上铁索桥、毛尔盖、雪山草地，到腊子口、吴起镇、延安宝塔等绵延于中国江西、福建、广东、湖南、广西、贵州、云南、四川、西藏、甘肃、陕西11省，行程约二万五千里。2020年10月29日，中国共产党第十九届中央委员会第五次全体会议通过《中共中央关于制定国民经济和社会发展第十四个五年规划和二〇三五年远景目标的建议》，提出建设长城、大运河、长征、黄河等国家文化公园，整合具有突出意义、重要影响、重大主题的文物和文化资源，实施公园化管理运营，实现保护传承利用、文化教育、公共服务、旅游观光、休闲娱乐、科学研究等功能，形成具有特定开放空间的公共文化载体，集中打造中华文化重要标志。

建设长城、大运河、西山永定河文化带是北京“十三五国民经济发展规划”提出的战略目标，并写入《北京城市总体规划（2016年—2035年）》。经过五年的规划建设，已初见成效。2021年北京三条文化带再次写入了北京“十四五”规划。如今，长城、大运河已确定为国家文化公园，“三山五园”列入了国家文物重点保护项目。北京市为“三条文化带”建设分别制定了《长城国家文化公园（北京段）建设保护规划》《北京市大运河国家文化公园建设保护规划》《北京市西山永定河文化带保护发展规划（2018年—2035年）》。围绕长城、大运河文化公园建设，中国长城博物馆改造提升工程已开工建设，北京大运河博物馆（首都博物馆东馆）于2023年12月27日正式开馆，西山永定河博物馆项目已完成前期研究。“三山五园”国家文物保护利用示范区已进入评估验收阶段，香山红色纪念地已成为党史学习教育的基地。永定河实现全线通水。琉璃河燕都古城得到充分保护，完成《琉璃河遗址申遗价值预研究》，“三条文化带”环绕北京，形成了一个集历史文化、生态景观、产业发展、拱卫京城的文化与发展闭环带。

在“三条文化带”和国家文化公园建设规划指导下，应做好“三条文化带”的建设利用和传承发展工作。通过调研了解到目前各文化带建设还存在着一定的问题，主要是重基本建设、重某些点位的硬件建设，轻文化价值的挖掘、阐释与传播。中国长城博物馆建设缺少统筹，政策不足，地方能力有限，进展相对外省市较为迟缓。同时，在抓重点维修方面，箭扣长城拨付专项资金维修，而古北口、平谷“一脚踏三地”等大多数长城文物则岌岌可危，面临无经费实施抢救性修复；运河文化公园建设疏通了河道，但历史文物点位的保护还较粗糙，如平津闸未进一步实施保护措施；门头沟的东胡林人遗迹更是脆弱到危在旦夕，至今尚未有实质性抢救保护设施。

为此我们提出如下观点和建议：

长城、大运河已确定为国家文化公园，贯穿全国数省，长城在古都以北横贯华夏东西，大运河在京城以东贯穿中华大地南北。北京打造长城和大运河文化带，建设两大文化公园要突出一个“特”字，即特色、特有、特点和特质。故事讲得有特别之处，那就是京师。长城与京城、运河与首都之历史、人文、产业、经济的价值关系，长城拱卫京师、通商贸易、国际交往、和平共处之价值体现，文物景观的挖掘，历史故事的整理，生活习俗的归纳，非遗的保护传承，都需要深化开展，挖掘利用。大运河的商贸活动和物资运输带来的文化互通，生活方式的交融，文化习俗的交汇，多民族文化的融合，曹雪芹《红楼梦》与大运河，元杂剧与关汉卿，徽班进京，通州小吃汇聚天下，都是大运河带来的。这就是两大文化带的“特”。

西山永定河文化带则要突出的是“史”。它不同于长征、长城、运河三大文化公园是人类创造的历史奇迹，它类似黄河，是人类文明的见证。黄河见证了中华五千年文明。西山永定河见证了北方人类历史的发展，是与黄河文化并行的人类文明进步的历史见证。“古红新”是其核心要素。黄河之“古”在炎黄，在敦煌、在龙门、在云岗，在长安和洛阳。黄河之“红”在黄河大合唱，黄河之“新”，在经济之兴、产业之发展、人民生活之幸福、两岸生态文明之变迁。而这也正是西山永定河文化带之于北京的特点——“古红新”。远古大西山脚下永定河畔孕育了中华的祖先，70 万年前的北京人，7 万年前的山顶洞人，7000

年前的东胡林人。永定河哺育了北京城，3100 余年建城史，870 余年建都史，无与伦比。西周的蓟城、燕城，奠定了国家都城的基础，金中都、元大都、明清京师北京城一脉相承。爨底下、灵水、古北口古御道上的传统古村落都离不开西山永定河。琉璃烧造技艺、汉白玉石雕技艺、太平鼓等非物质文化遗产源远流长。筹备建立中国共产党、领导工人运动，从西山脚下永定河畔的长辛店开始，沿西山永定河建立了京西第一党支部、房良第一党支部等；全面抗战第一枪从永定河上的卢沟桥打响；共产党、八路军挺进敌后坚持抗战，兵出华北。冀热察挺进军司令部建在西山深处永定河边的斋堂马栏村。共产党建立了西山永定河上的平西、平北红色抗日根据地。《没有共产党就没有新中国》的歌曲就诞生在这片土地上的西山霞云岭。新中国在这片土地上诞生，在这片土地上走向新时代。香山双清别墅发出了“打过长江去，解放全中国”的号令，筹划确立了“中国共产党领导的多党合作和政治协商制度”。新中国工业首钢、燕化、航天、核能、煤炭、建材从西山永定河畔起步。官厅水库、红色背篓、社会主义新农村建设、星光影视园、亦庄经济开发区、中关村国家自主创新示范区、丽泽商务区、大兴机场等，新中国、新时代、新发展，从西山永定河边出发。

2023 年 5 月，国家文物局、文化和旅游部和国家发展改革委发布的《关于开展中国文物主题游径建设工作的通知》（以下简称《通知》）指出：“文物主题游径是以不可移动文物为主干，以特定主题为主线，有机关联、串珠成链，集中展示专题历史文化的文化遗产旅游线路。建设文物主题游径，有利于文物保护与利用，让陈列在广阔大地上的遗产更好活起来；有利于文物和旅游深度融合发展，增益旅游历史文化底蕴，满足人民日益增长的美好生活需要，服务国家战略和经济社会发展。”《通知》还指出：“文物主题游径的资源对象以不可移动文物为主体，涵盖古文化遗址、古墓葬、古建筑、石窟寺及石刻、近现代重要史迹及代表性建筑等文物类型。围绕文物游径主题，可串联历史文化名城名镇名村、历史文化街区、历史建筑、传统村落，可包括农业遗产、工业遗产、老字号、水利遗产、风景名胜区、自然景观，可纳入博物馆、纪念馆、图书馆、美术馆、剧场、文化馆、非遗馆等文化场馆。”

对照上述文物主题游径的内涵和标准，建议组织专业研究队伍，对照文件，开展研究，积极整理，系统打造，争取将“三条文化带”率先建设成为首批“中国文物主题游径”。

针对《通知》提出的文物主题游径要与国家文化公园建设、国家重大战略相衔接，重在彰显区域历史文化特征，凝练区域文化遗产旅游标识品牌等要求，“三条文化带”建设要加强历史文化的价值挖掘。建议由市文物主管部门牵头，与市政府参事室合作，汇集在京专家学者组建北京“三条文化带”研究中心，深入走访调研，摸清资源底数，挖掘特色事件，为“三条文化带”特色建设奠定基础。

“主题”是游径的主线，要系统梳理文物和文化遗产资源，归纳历史发展脉络、重要事件人物、乡土文化特色和物质文化特征，根据文物价值内涵，凝练主题，形成关联。“三条文化带”建设要与地区经济社会发展相结合，让文物活起来。要实施全面系统、多元设计规划，防止搞成土地规划、建筑规划。要注重文化传承、历史保护、生态维护与经济发展、社会服务相结合。

价值阐释是建设文物主题游径的关键环节，要深入研究文物的历史、时代、艺术、科学和社会、文化、审美等多重价值，揭示其背后蕴含的哲学思想、人文精神、价值理念、道德规范。坚持价值导向，文物主题游径应着重体现真实性、公益性，让文物说话，塑造历史认知，传承中华优秀传统文化，坚决避免过度商业化、娱乐化和庸俗化。“三条文化带”建设要与传播文化精华、学习科学知识、锻炼强健体魄和开展传统历史教育相结合。要建成游学体验线路，注重文化体验、劳技体验、思政体验、生态科技体验，让知识写在大地上，让大中小学生在生活实践中学习。

（作者简介：宋慰祖，中国民主同盟北京市委员会原专职副主委、一级巡视员，工业设计专业高级工程师，主要研究方向为北京历史文化。）

目　录

CONTENTS

第三部分　西山永定河文化带

与时俱进的北京全国文化中心建设

李建平

摘要：北京作为首都，在发展定位上是全国政治中心、文化中心、国际交往中心和科技创新中心。在文化建设上，北京具有得天独厚的优势，自古就是首善之区、文化高地，对全国文化建设起到引领示范作用。在2023年10月召开的全国宣传思想文化工作会议上，习近平总书记对宣传思想文化工作提出，要继续坚定文化自信，秉持开放包容，坚持守正创新。这就要求我们在中华民族伟大复兴的新时代、新征程中，不断与时俱进，扎实推进北京全国文化中心建设，增强大国首都文化软实力。

一、北京全国文化中心建设的提出

北京全国文化中心建设起步于新千年。在2008年北京成功举办第29届夏季奥运会后，“人文北京”成为北京发展的新优势，亟须加强北京历史文化名城整体保护工作。在2017年8月18日北京市全国文化中心建设领导小组第一次会议上，市委、市政府明确提出要集中做好首都文化这篇大文章，重点抓好“一核、一城、三带、两区”，即：以培育和弘扬社会主义核心价值观为核心，将之作为北京全国文化中心建设的引领和旗帜；以北京历史文化名城保护为根基，强化北京历史文化名城整体保护；以大运河文化带、长城文化带、西山永定河文化带为抓手，促进北京历史文化遗产的保护、传承及活化利用；同时推动北京公共文化服务体系示范区和文化创意产业引领区建设，把北京建设成为弘扬中华文明与引领时代潮流的文化名城、中国特色社会主义先进文化之都。由此，形成了北京建设全国文化中心的空间和骨架，空间涵盖了北京市整个地域，辐射京津冀乃至全国。在北京历史文化名城保护中则突出两个重点，分别是北京老城和“三山五园”；骨架与脉络就是“一城三带”，“一城”为北京历史文化名城，“三带”为大运河文化带、长城文化带、西山永定河文化带。同时，在这次会议上，对首都文化类型也做了梳理，明确提出“首都文化是我们这座城市的魂，主要包括源远流长的古都文化、丰富厚重的红色文化、特色鲜明的京味文化和蓬勃兴起的创新文化”①。

二、北京全国文化中心建设的实施

“一城三带”形成首都作为全国文化中心的地理和空间，“一城”为核心，就是北京历史文化名城。按照《北京城市总体规划（2016年—2035年）》要求，北京历史文化名城保护范围包括老城、中心城区、市域和周边区域，重点是老城和“三山五园”，以及大运河文化带、长城文化带、西山永定河文化带，内容涉及世界文化遗产、历史河湖水系、历史建筑及工业遗产、地理形态及山水环境、历史文化街区及特色地区、古树名木、名镇名村及传统村落、非物质文化遗产、风景名胜区等九个方面，可以说北京历史文化名城保护范围大、内容多。针对北京历史文化名城保护的特点，北京城市总体规划还提出“三个层次、一个重点”，即历史文物、历史文化街区、历史文化名城保护这三个层次，一个重点是北京老城。《北京历史文化名城保护条例》（2021年3月1日起施行）和《北京中轴线文化遗产保护条例》（2022年10月1日起施行）也再次强调北京老城整体保护的重要意义。在保护范围的九个方面中，涉及北京历史文化名城中两个重点，一是老城，二是“三山五园”，老城要求是整体保护，“三山五园”则被列入全国文物保护示范区。“三带”为支撑，大运河文化带、长城文化带、西山永定河文化带均与北京老城有着密切关系。西山永定河护佑京城，自古为“神京右臂”；万里长城北京段从东、北、西三面守卫老城，在北京西部、北部、东北部形成屏障；中国大运河由南向北一直通向京城，大运河北京段不仅连接北京老城与“三山五园”，还形成水穿京城的城市景观，与北京城区河湖水系相连。

在“一城”保护中，以北京中轴线申遗保护为抓手，突出了重点，推进了北京历史文化名城整体保护进程。2011年北京中轴线申遗正式启动，同时启动的还有北京中轴线文物保护工程。这一年，文物保护工程修缮了永定门城楼、地安门雁翅楼、外城东南角楼等，整治工程包括钟鼓楼、地安门、什刹海、大栅栏等历史文化街区以及周边环境。2012年万宁桥东侧玉河风貌恢复工程完工，再现“水穿京城”的城市景观。2017年大高玄殿和景山寿皇殿（原景山少年宫）修缮完成，寿皇殿随后对外开放。2019年天坛公园内园林机械厂腾退，恢

---

① 做好首都文化这篇大文章，建设中国特色社会主义先进文化之都［N］. 北京日报，2017-08-19（1）.

复天坛西南角原有风貌；也是在这一年，以天坛公交站腾退为标志，北京中轴线南段（永定门到正阳门）道路全线贯通。2020 年完成对太庙、社稷坛、天坛、景山等北京中轴线重点文物腾退，特别是恢复了先农坛内皇家籍田的“一亩三分地”。2022 年皇史宬南院拆违工作完成，皇史宬南院经过修缮恢复原貌。2023 年北京中轴线上最古老的建筑万宁桥体东侧自来水管道及通信管路光缆全部拆除，恢复了万宁桥古桥原有风貌。可以说，十年来北京中轴线申遗保护工作的开展，极大地推进了北京历史文化名城的保护，特别是老城的整体保护。其中，有很多是北京文物保护工作创新的亮点。例如，北京天坛公园南墙外住户搭建的简易房与坛墙相连，多少年来拆迁腾退困难，通过北京中轴线申遗的宣传，住户意识到世界文化遗产对北京城市发展的重要性，特别是对世界文化遗产管理的要求，最终同意拆迁，并表示以后还要经常回来看看，看什么？住户明确说要看我们的世界文化遗产——天坛。天坛圜丘坛南部原有住户和使用单位，在推进北京中轴线申遗过程中，也积极配合古建腾退和修缮，使天坛圜丘坛四座天门整体亮相出来。这四座天门是圜丘坛的重要设施和环卫，文脉取自《周易》中乾卦的卦辞，代表一年春、夏、秋、冬四季的变化，也就是天体的运行，讲述的是世人感受的天是什么。其中，东天门名泰元门，是一年起始，春天的象征；南天门名昭亨门，对着太阳，光明、通顺、发达，是盛夏的象征；西天门名广利门，是收获、富有的寓意，秋天的象征；北天门名成贞门，既面向南方，又背对着北方，位居中间，寓意冬藏，是保持阴阳和谐而不偏，万物固定而持久的寓意，冬天的象征。这四座天门对天坛来讲太重要了，文化寓意是大自然春、夏、秋、冬周而复始，天地万物生生不息。在天坛成为世界文化遗产后却长时间得不到腾退、修缮，东、西两座天门长期被占用，通过北京中轴线申遗，这种情况得到了纠正，古代皇帝祭天的圜丘坛得以完整展现，并对社会开放。

2023 年北京中轴线申遗步入关键阶段，中轴线申遗文本已通过联合国教科文组织世界遗产中心的格式审查；《北京中轴线文化遗产保护条例》自 2022 年 10 月 1 日起实施；《北京中轴线保护管理规划（2022 年—2035 年）》也正式公布实施。由此，北京市人民政府需要的申遗准备工作已经完成。2024 年是北京历史文化名城保护和北京中轴线申遗关键之年，也是北京全国文化中心建设关键之年。

在“三条文化带”建设中，大运河文化带、长城文化带正在推进国家文化公园建设。其中，大运河国家文化公园建设北京段目标明确，具体措施正在实施中。例如，昌平区进行了白浮泉遗址公园建设。遗址公园重点是“一泉三庙一楼、两山两水两村”。一泉为白浮泉；三庙为都龙王庙、龙泉禅寺、白衣庵；一楼为龙王庙下古戏楼；两山指龙山、凤山；两水指龙山东侧的水系和南侧流经的京密引水渠（古称“白浮瓮山河”）；两村指邻近龙山的白浮村、化庄村。目前遗址公园建设已经初步完成并对社会开放。海淀区完成了 2.2 公里的南长河整治与提升，再现了“皇家御河”风貌，打造了一条蓝绿交织、古今交融的城市水文化景观廊道，同时将万寿山、玉泉山之间的北长河以及绿地、稻田也连接起来，形成具有京西特色的“两山公园”。西城区疏通什刹三海水域，形成了什刹前海、后海游船畅通，西海为特色鲜明的湿地公园；利用原汇通祠遗址，开辟了别具特色的郭守敬纪念馆，全面展现了昔日通惠河码头舳舻蔽水的历史景观。东城区疏通了万宁桥至皇城根玉河河道，在老城内恢复了水穿街巷的城市景观，同时将通惠河河道上的澄清上闸、中闸、下闸考古发掘出来加以展示，重点保护了东步粮桥遗址和御河庵传统建筑，使其成为青年人喜爱的读书吧（春风习习书店）和古遗址观赏地。朝阳区疏通了东便门外至八里桥通惠河段，在昔日的“二闸”（庆丰闸）修建了庆丰公园，在高碑店完整地保护了平津闸遗址及周边环境，开放了龙王庙等；同时将重点文物保护单位永通桥（俗称“八里桥”）及石道碑保护起来，深入挖掘其历史文化。通州区重点整治了“一塔三庙”（燃灯佛舍利塔、文庙、佑胜教寺、紫清宫），重点建设了西海子公园、五河交汇口，修缮了大光楼、七孔桥等传统建筑；在特色小镇建设中，规划建设了大运河文化带上的张家湾古镇，已经修缮了古城墙、古桥（通运桥）和传统民居建筑，并且在小镇开辟了非常有特色的运河博物馆，将通州大运河枢纽这张金名片更加鲜明地展示出来。

大运河北京段国家文化公园建设目标分为2021年、2023年、2025年三个时间节点。2021年大运河国家文化公园建设管理机制全面建立，北运河通州段实现全线游船通航，为全面推进大运河国家文化公园建设创造良好条件；2023年大运河沿线文物和文化资源保护、传承、利用协调推进局面基本形成，大运河国家文化公园建设保护任务基本完成；到2025年大运河各类文化遗产资源保护基本实现全覆盖，生态环境显著改善，文化旅游品牌影响力显著提高，沿线区域协调发展更加深入，大运河国家文化公园成为标志性的文化符号。

长城文化带建设也在稳步推进，北京段长城的修复和国家文化公园建设在全国起到了引领示范作用。北京段长城的保护与规划包括五路：马兰路、古北口路、黄花城路、居庸路、沿河城路。马兰路重点修复了平谷区有代表性的将军关关城遗址，以及就近采集砖石垒砌的长城墙体，展示了“一脚踏三地”的红石门地段的长城景观，这是长城从东部进入北京的起点；古北口路在密云区，长城重点保护了古北口关隘、金山岭和司马台段长城，这一段长城墙体及敌楼是万里长城中的精华，是最具有原汁原味的历史遗迹，在防御设施和建筑形制上是最有特色的，尤其长城墙体上的障墙、密集的敌楼具有长城防御的特色，同时修建在险要之处的“望京楼”和“仙女楼”将长城之险、气势之雄展现出来；黄花城路集中在怀柔区，其中箭扣长城的抢险修缮是北京段长城修缮最突出的亮点，对长城的修缮做到最小干预，展示了长城修缮坚持原址、原样、原材料、原工艺的修缮特点，同时万里长城“北京结”景观也得到了文化特点的挖掘；居庸路长城包括昌平区、延庆区，这里有世界著名的居庸关和八达岭长城，也是太行山与燕山交汇处，一条关沟最具长城关隘特点，在长城保护、修缮的同时，也进行了旅游开放管理模式探索，成为国内外游人来北京看长城的首选之地；沿河城路长城集中在门头沟区，这里是北京重要的生态涵养区，长城墙体和敌楼以“沿”字顺序编号，进行普查登记，保护与修缮，使这些藏在大山深处的“大家闺秀”逐渐显露出来，成为北京西山永定河文化带上的明珠。

北京段长城国家文化公园建设以中国长城博物馆建设为龙头，以长城精神挖掘为特点，使长城国家文化公园更具文化领先的特色。中国长城博物馆建在延庆区八达岭，原有长城博物馆，与虎山长城博物馆、山海关长城博物馆、嘉峪关长城博物馆、库尔勒市长城博物馆等形成长城博物馆链，而这次在原址修建的中国长城博物馆是国家级博物馆，是起到引领示范作用的大博物馆建设。对长城精神的挖掘，使人们越来越认识到，长城精神是伟大的。研究外文的学者认为，长城不仅是长的墙（long long wall），而且是伟大的墙（Great Wall）。一块砖、一段墙容易垒砌，一块接一块砖筑起万里长城就不容易了，就成了世界奇迹，这就是中华民族的伟大精神，这就是长城精神。经过深入挖掘和探讨，对长城精神可以概括为 24 个字：团结统一、众志成城、坚忍不拔、自强不息、守望和平、开放包容。这 24 字将长城精神分为三个层面：一是团结统一、众志成城的爱国精神；二是坚忍不拔、自强不息的民族精神；三是守望和平、开放包容的时代精神。

西山永定河文化带建设也在积极推进。其中一个突出的亮点就是把北京人类活动的溯源、建城之始、建都之时与中华文明探源、文脉发展、传承结合起来，使北京作为全国文化中心，建设历史文化积淀更加深厚，基础更加牢靠。在北京历史文化源头上，首推世界文化遗产周口店北京猿人遗址，“北京人”遗址被修缮一新的博物馆加以保护和展示，同时人们还把目光伸向门头沟区的东胡林人遗址，在那里不仅发现了新石器早期人类活动遗址，还出土了约一万年前的人类完整骨架（被誉为“美少女”），发现了中国农业萌芽的新证据，即

“粟”的种植与培育，由此把北京地区人类活动遗址从北京猿人到新洞人、山顶洞人、东胡林、镇江营、雪山等人类活动遗址连接起来，使北京地区人类活动遗迹不仅丰富，而且能够串起进步的链条。在“城之源”探索中，由于燕都遗址的考古发现，人们对古代北京地区“燕”文明有了更加深刻的认知和了解，同时对“蓟”褒封的城邑在时间和脉络上有了进一步认知，在北京建都起始时间上也进一步明确。金是第一个正式建都于北京地区的王朝，它的都城——中都城在中国历代国都中以及北京历史长河中均占有重要地位；中都城的规划、建设，博采了内地王朝都城建设的精华，又具有北方地域性特点。它的营建设计以及都市的文化内涵，不仅反映出北京城市功能日趋成熟，也开辟了元、明、清都城建设的先河。① 由此，有关金中都遗址保护相关工作连续几年都被列入全国文化中心建设的市级重点任务。北京市丰台区完成了《金中都城遗迹保护规划》的编制，提出将金中都城墙遗迹本体保护纳入丽泽（名称源于金中都西南城门）金融商务区规划建设，同时建设金中都城遗址公园，打造集历史、文化、生态多元一体的“北京建都之始的全景博物馆”。

在西山永定河文化带上，不仅有天然的山水交融，还多自然矿藏，是露天的矿藏博物馆（马兰黄土、冰川擦痕、喀斯特地貌等）；多桥梁，在永定河上有古桥（卢沟桥），还有今桥（首钢永定河大桥），有公路桥、铁路桥、高架桥等，故有“露天桥梁博物馆”之称。最主要的是永定河作为北京的母亲河，有“碧水环绕北京湾”的美誉；西山纵深多列，像父亲的胸膛与臂膀，由西向东护卫着北京城。西山永定河文化带占尽了北京地区好山好水好风景，同时又显得幽静与深沉。经过梳理，人们惊奇地发现在西山永定河文化带上，从南向北，房山区有云居寺，门头沟区有潭柘寺、戒台寺，石景山区不仅有西山八大处，还有著名的法海寺、慈善寺，海淀区有大觉寺、香山寺、卧佛寺，昌平区有和平寺等。在暮鼓晨钟的香火之中，西山永定河文化带上还有古道、商道、香道、军道等，这里历史文化名村和传统村落也居北京第一位，民俗、民风厚重，有着丰富的非物质文化遗产和传承人。在西山永定河文化带建设中，很重视文化挖掘，初步梳理至少有十种类型：1. 蓝绿交织的山水文化；2. 丰富奇特的地质文化；3. 历史悠久的古人类文化；4. 华夏文明的燕、蓟文化；5. 暮鼓晨钟的寺庙文化；6. 永定河上的桥梁文化；7. 民风厚重的古道村落文化；8. 依山傍水的制造业文化；9. 保家卫国的红色文化；10. 休闲宜居的生态文化。同时，各区积极参与每年一次的“西山永定河文化论坛”，尤其是门头沟区、石景山区、大

① 于杰，于光度．金中都［M］．北京：北京出版社，1989：序言．

兴区、房山区等多次成为承办区，并与区内文化节、文化特色结合，借此，人们不仅对西山永定河文化带上的历史文化进行充分挖掘，还对西山永定河文化带上的红色文化进行梳理、论证和弘扬，出现了一个又一个爱国主义教育基地；对永定河流域文化进行梳理和论证，提出了建设安全的河、生态的河、人文的河等发展目标。

在“两区”，即公共文化服务体系示范区和文化创意产业引领区建设中，最突出的是北京城市副中心三大建筑。这三大建筑分别是：北京艺术中心，也被称为“文化粮仓”，因其坐落在北运河畔，是以古代漕运码头上的古粮仓为设计灵感；北京城市图书馆，也被称为“森林书苑”，因其坐落在绿心公园之中，是以绿心公园中的林木和山谷为设计灵感；大运河博物馆，也被称为“运河之舟”，因其位于作为大运河枢纽的通州，是以古代运河上的船帆为设计灵感。这三大建筑在2023年年底竣工并对外开放，标志着北京全国文化中心公共文化服务示范区建设迈向一个新的台阶。同时，东有大运河博物馆，西有永定河博物馆，永定河博物馆建设升级也在积极筹划之中。北京地区国家级大型博物馆建设取得显著成效，例如，故宫博物院北区、中国长城博物馆等；国家级展览馆有中国共产党历史展览馆、中国工艺美术馆、现代艺术馆、中国科技展览馆等。市级、区级各类博物馆更是如雨后春笋，涌现出很多。据北京市文物局2023年6月统计，北京备案博物馆总数已达217家，居全国省、自治区、直辖市博物馆之首，平均每10万人拥有一座博物馆，已经成为全国规模最大、实力最强的博物馆之城。

在文化创意产业引领区建设中，尽管遭遇突如其来的三年疫情，北京文化创意产业发展仍然表现强势，成为文化新业态发展的主阵地，增速高于全国平均发展水平，起到引领示范作用。2023年11月21日北京市文资中心发布的《北京文化产业发展白皮书（2023）》显示，全市规模以上文化新业态在疫情防控期间实现营业收入同比增长7.2%，高于全国平均增速1.9个百分点，占全市规模以上文化企业营业收入的比重为67.8%，同比提高4.5个百分点，北京正成为文化新业态发展的策源地和主阵地。① 故宫文创、北京博物馆文创、市属公园文创等吸引了大量来京旅游者，成为北京“以文兴旅、以旅彰文”新业态的旅游产品；“大戏看北京”“文化消费季”以及各种文化节等也突出了北京文创亮点，起到引领示范作用。

① 北京成为文化新业态发展主阵地［N］. 北京晚报，2023-11-22（3）.

三、与时俱进的北京全国文化中心建设

北京全国文化中心建设正面临着与时俱进，进一步向前推进的机遇。在推进中要紧密结合新时期的新特点，特别是要有开放包容的世界眼光，以及守正创新的发展思路。为此，提出如下建议。

（一）北京全国文化中心建设要突出贯彻习近平总书记提出的“两个结合”，加强对北京历史文化连续性、创新性、统一性、包容性、和平性特征的研究

2023 年 6 月 2 日在北京召开的文化传承发展座谈会上，习近平总书记发表了重要讲话，提出把马克思主义基本原理同中国具体实际、同中华优秀传统文化相结合是必由之路。这是我们在探索中国特色社会主义道路中得出的规律性认识。我们一直强调把马克思主义基本原理同中国具体实际相结合，现在我们又明确提出“第二个结合”。这一要求使我们进一步认识到中华文明的博大精深，认识到中华优秀传统文化对建设中国特色社会主义的重要性。只有全面深入了解中华文明的历史，才能有效地推动中华优秀传统文化创造性转化、创新性发展。

北京是全国的首善之区、文化高地，更要率先做好马克思主义基本原理与中华优秀传统文化的结合。中华传统文化有很多重要特性，其中连续性、创新性、统一性、包容性、和平性特别值得关注。这五个突出特性在北京历史文化中，特别是在北京中轴线文化中有着鲜明的展示。通过考古我们了解到，中国都市形成中轴线至少可以追溯到曹魏时期的邺北城，然后在东都洛阳、隋唐长安、宋都汴京，一直到北京金中都，都有明显的都市中轴线。正在申遗的北京中轴线规划设计起步于元大都城，经过明北京城定型为 7.8 公里，清北京城进一步丰富完善，距今已有 750 年的历史，而北京中轴线所承载的历史文化更加悠久，源远流长。有考古发掘印证在 3800 年至 3500 年前的夏都（河南洛阳偃师二里头考古遗址）就有明显的王城居中的建筑布局，而对天地、祖先的祭祀活动历史更加悠久，在辽宁省大辽河红山文化遗址中，出土的女神庙、石祭坛呈现南北走向，方与圆的建筑基址可以说与今天天坛中圜丘坛到祈谷坛有着惊人的相似。在故宫午门和太和殿前安放有日晷，通过太阳照射日晷时针的影子来划分时刻，这一原理与在距今 4000 年的尧都遗址（山西临汾陶寺考古遗址）出土的圭表有着相同的特点。由此可见，北京中轴线文脉不仅呈现连续性的特点，也是中华文明源远流长的伟大见证。

北京中轴线的创新性在历史长河中不断展现。中国都城中轴线在金中都之前，基本呈现从都城南城门到北城门，中间为皇宫这样一个布局，而北京中轴线在元大都城规划设计时就出现了创新，这种创新表现在依水确定中轴线在城市中心位置，城市中轴线南抵南城门（丽正门），中间经过大内（宫城），北面不再对着北城门，而是城市中心台；明朝在宫城后面增加镇山（时称“万岁山”，今称“景山”），展现了“前有照、后有靠”的山水城市格局；清朝乾隆年间在景山山前修建绮望楼（内供奉孔子）、山顶上修建五方佛殿、山后居中修建寿皇殿，将中华儒、释、道文化集中在一座高地加以展示，也是一种创新，而且是典型的守正创新，将北京中轴线“中心明显、左右对称”的特点推向极致。民国期间正阳门改建和中华人民共和国时期的天安门广场改造，不仅延续了文脉，而且体现了北京中轴线与时俱进的创新特点。

北京中轴线的统一性展现的是中华民族多元一体的文化特征。可以说，一条中轴线建筑有高有低、体量有大有小、空间有宽有窄，但呈现了中国理想都城统一的秩序，同时又有韵律，展现了都城独有的特点和统一性。在具体建筑和文化遗产上，社稷坛有五色土，东为青土，南为红土，西为白土，北为黑土，中为黄土，在黄土中间是江山社稷柱，是国家统一、领土完整的象征。国土在古代帝王心目中就是统治范围，故宫三大殿的基座就是一个“土”字造型，象征东、西、南、北、中，土居正中央，普天之下莫非王土，率土之滨莫非王臣；江山社稷是古代帝王的心系，在乾清宫前左面还有江山殿，右面有社稷殿，与乾清宫构成统治核心的统一性，即乾为天，清为秩序，呈现江山社稷是朗朗乾坤，清明秩序。在故宫玉器中最著名的是用昆仑山脉的羊脂玉雕刻的大禹治水，大禹不仅是中国古代治水能人，更是炎黄血脉传人，是中华民族崇拜的英雄；在故宫金器中“金瓯永固杯”最具特色，是代表国家统一、江山永固的节日饮用器皿。在天坛有明代嘉靖年间置放的“七星石”，说法很多，其中一种说法是北斗七星落地，象征中华大地天人合一，而到清乾隆年间又在东北方位增加一块，象征白山黑水，表示不忘祖籍，同时表明生长于白山黑水的满族也是中华民族大家庭中的重要一员。最新在正阳门城楼下安放的中国公路零公里标识也是统一性的象征。由清华大学美术学院设计的标识在中国东、西、南、北四个方位上专门采用“左青龙、右白虎、前朱雀、后玄武”的图案，既传承了北京中轴线上故宫向天设都的文化意境，又展现了北京是中国公路中心的文化景观。

北京中轴线上的包容性表现在海纳百川、包容开放。北京中轴线上的建筑历经元、明、清、民国、中华人民共和国五个时期，可以说汇集了中国所有古代建筑形式，是中国古代建筑集大成。同时，又海纳百川，吸收国内外各种建筑形式和文化。例如，在故宫太和殿东、西两侧，为了防止火烧连营，吸收了江南防火墙；在故宫武英殿西北的浴德堂完全是土耳其浴室建筑风格，东六宫延禧宫内的“灵沼轩”被誉为“水晶宫”，虽然经火烧未完工，但也显露出西洋建筑形式。到民国初年，为了缓解城市交通，正阳门城楼、箭楼进行改建，正阳门箭楼聘请德国工程师格尔设计，增添了水泥箭窗檐、栏杆、观景台，甚至西洋图案。中华人民共和国成立后的天安门广场改造，一左一右修建的国家博物馆和人民大会堂是罗马式建筑，但在罗马柱上没有裸露人体，而是中国风格的图案和琉璃瓦，既吸收了罗马柱的建筑形式，堂堂正正，又在建筑体量和造型上增加了中国传统文化形式，注重方与圆的变化、建筑的体量和琉璃色彩。在非物质文化遗产上，更体现了开放与包容。故宫内大戏楼（畅音阁）、小戏台展演的京剧，是清朝进京演出的地方戏曲结晶；全聚德烤鸭也是经过南京的清水鸭、山东临清的酱鸭，沿着大运河来到北京，成为地道的北京烤鸭。有人说大戏看北京，北京的大戏院多在北京中轴线及两侧；北京城中轴线本身就是一个大舞台，南来北往的戏剧、演出只有经过北京这个大舞台，才能出名，走向世界。

北京中轴线的和平性是以中华“和”文化为中心的。中华“和”文化强调中正和谐、以和为贵，以及致中和、和而不同等“和”文化理念；中华民族追求和而不同目标是追求和平发展，追求共生共赢。在北京中轴线上有一座“保卫和平”坊在北京中山公园南门内，其背后是一部北京近代史，可以说是战争、国耻与对立的综合体，而在1952年北京召开世界和平大会期间，郭沫若老先生用书法艺术化腐朽为神奇，响亮提出了“保卫和平”，使北京中轴线上多了一处历史印记，又彰显了北京人对和平的渴望与追求。

（二）北京历史文化名城保护要关注文物保护的前沿理念，用好世界标准加强北京历史文化名城及历史文物保护

在北京全国文化中心建设过程中，北京文化遗产和文物保护有了很大提升，在全国起到了引领示范作用，很大程度上在于北京与时俱进，通过北京中轴线申遗，拓展了国际视野，进一步加强了对北京历史文化名城整体保护的认知，使北京文化遗产和文物保护不再是单纯的抢救性修缮，而是进入良性循环的保护。这得益于新时期人们对文化遗产以及文物保护的新认知。在历史文物保护中人们逐渐认识到“三要”，即要有敬畏之心，要科学保护，要秉承开放包容的视野。

要有敬畏之心，就是对待历史文物要敬重，在现代化发展进程中要把文物保护放在更加突出和重要的位置，文物不是可有可无，更不是城市现代化的

“障碍”“垃圾”，乡村发展的“糟粕”，而是当代中国现代化进程中的优势所在、资源所在、魅力所在。要像对待老人一样，使其福荫子孙后代，实现可持续发展。

要科学保护，秉承开放包容精神，就是要站在世界文化遗产和文物保护的前沿，用科学精神、国际标准以及现代科技手段加强对文化遗产和文物的保护，形成不断与时俱进的保护模式。在北京全国文化中心建设中，这种保护模式的形成与习近平总书记对大运河文化带保护的批示有关。2017 年 6 月，习近平总书记在大运河文化带保护规划批示中明确指出，大运河是祖先留给我们的宝贵遗产，是流动的文化，要统筹保护好、传承好、利用好。人们把这一要求概括为“三好”，由此形成了北京建设全国文化中心文化遗产保护的新模式：保护—传承—利用。对文化遗产，特别是历史文物，“保护”永远是第一位的，要严格执行国家文物保护法，以及各级人民代表大会通过的文物保护法规和条例，对历史文物切实加以保护。这是因为文物是不可再生的文化资源，缺失一项就少一项。“传承”就是要延续文脉，深入挖掘其历史文化，特别是梳理出文化内涵与精髓，将其发扬光大，不仅让现代人知晓，还要一代人一代人传承下去。“利用”就是要活化利用，让文物，特别是文物场所得到充分利用。在实践中，北京市西城区文旅局明确提出，充分利用或活化利用的标准就是让修缮后的文物场所不作为商业场所，而是文化场所，坚持对社会开放，坚持服务人民大众。同时，在利用方法或手段上，可以采取多种形式，充分利用文物的特点，突出沉浸式体验，满足人们日益增长的文化需求。在讨论保护、传承、利用关系上，北京联合大学北京学研究所研究员张勃提出要坚持中华传统文化精髓，提倡真、善、美。“真”就是在文物保护过程中，特别是在文物修缮过程中，坚持真实的原则，要修旧如故，要保持文物的原汁原味。同时，把传承、利用也视为文物保护的重要组成部分，即在传承中坚持“善”，在中国古代文化中，“善”与“好”是同义词，在传承过程中把好的文化内涵、精髓挖掘出来、展示出来，科普大众，讲好中国故事。在利用中坚持“美”，就是让美好事物、美丽景观发扬光大。

在全国文化中心建设中，北京突出以中轴线申遗做“抓手”，促进北京历史文化名城整体保护。在北京中轴线申遗过程中，经过专家学者研讨，特别是与世界文化遗产标准磨合，逐步熟悉了世界文化遗产价值标准，特别是文物修缮过程中的“四原”要求，极大地推进了北京历史文化名城的保护理念。“四原”是国际上文物保护领域专家学者一致赞成的原则，即在文物修缮过程中坚持“原址、原样、原材料、原工艺”。坚决反对随意改变不可移动文物的地址及周边环境，改变其面貌（含风貌），乱用建筑材料，不按照原工艺施工。历史上，北京一些区县对不可移动文物曾经出现过“异地保护”的做法，在古建修缮过程中随意改变原貌、提高彩画等级，在施工中使用新型建筑材料钢筋和水泥，尤其是街巷胡同中使用“贴面砖”，造假，单纯追求整洁等，这些在与时俱进的北京全国文化中心建设中都是要注意的。

（三）北京作为全国文化中心建设中要更加关注生态文化建设，用生态文明推进北京全国文化中心建设与时俱进

北京作为历史文化名城，还有一个突出特色，就是生态文化。生态文化是北京城市发展，特别是都城建设的一个鲜明底色。北京历经辽、金、元、明、清，是五朝故都，在五个朝代中西北的草原文化、东北的山林文化、江南的农耕文化，都融入北京城市文化建设之中；形成在多民族建设北京过程中不断引进各自的生态文化习俗。例如，辽金时期的契丹与女真，将“捺钵”习俗纳入北京都城建设文化之中；元代蒙古部族将游牧民族逐水草而居的习俗带入元大都城建设之中；明朝统治者作为汉民族，将中原田野、农舍以及耕织文化带入北京都城文化建设之中，清代满族将山林、苑囿文化引入北京都城文化建设之中。由此，北京城生态文化积淀就非常厚重，生态文化建设有着扎实的基础。

进入社会主义建设新时期，北京更加突出生态文化建设。特别是党的十八大以来，把生态文明建设摆在更加突出的位置。这种突出位置就是强调把生态文明融入国家发展的政治建设、经济建设、社会建设和文化建设各个方面，提出“美丽中国”这个目标。这是因为“美丽中国”关系到人民的福祉、人们对美好生活的向往，是实现可持续发展的必由之路。这个目标对北京城市建设，特别是历史文化名城保护会产生更加完美的立体效果，使北京真正成为新千年、新时代的历史文化名城。

北京作为历史文化名城，必须是蓝天、绿野和宁静的家园。在 2023 年北京联合大学北京学研究基地年会中公布的全国文化中心建设指标体系中，两个最突出的指标体系引起人们关注：一个是绿色建设，一个是博物馆建设。调查显示，在北京全国文化中心建设中，人们感受最深刻的是北京绿色（公园、绿地、湿地、林木）增多了，各类型博物馆增多了。在全国文化中心建设中，北京作为首善之区，在生态文化建设上理应率先一步，走在前列，起到引领示范作用。这种引领示范作用实际上已经迈开了步伐，这就是北京花园城市建设的目标。根据北京市园林绿化局公布的数据，北京已有城市休闲公园、城市森林、口袋公园和小微绿地等各类公园 1050 个，全市公园绿地 500 米服务半径覆盖率 2023

年达 89%。①

北京作为历史文化名城，最突出的底色就是蓝色、绿色，人们把这种底色建设归纳为“蓝绿交织、水城共融”，把北京城市立体空间建设归纳为“清新明亮、满天繁星”。什么是蓝绿交织？就是要体现北京城市有山有水的城市文化特征。什么是水城共融？就是要使北京城市的河湖水系与城市肌理（街巷、胡同、院落）有机结合，恢复历史上河湖水系水穿京城的城市景观。什么是清新明亮？就是要加大北京城市环境和空气治理，无论阳光明媚还是阴雨绵绵空气都是新鲜的。什么是满天繁星？就是要恢复晴天夜晚人们能看到满天繁星。由此，北京率先要在碳达峰和碳中和中起到引领示范作用，走在世界前列。

北京城市远景规划是“依山面水”。什么是依山面水？就是在城市北面依燕山山脉，向南规划建设大尺度的北京城市，已经修建了标志性建筑国家版本馆，高大的文瀚阁依山而建；南面到北京大兴国际机场，面临永定河河水，大尺度直线空间距离是 88.8 千米。在空间中，我们可以从首都天安门广场出发，在北京老城看世界文化遗产故宫，在二环看北京老城，在三环看北京新城，在四环看现代化北京城，在五环看森林、绿地、湿地的北京城，在六环看山水布局的北京城，这就是依山面水、蓝绿交织、水城共融、绿色的北京生态文化。

（作者简介：李建平，北京联合大学北京学研究基地学术委员会主任、特聘教授；北京史研究会名誉会长、研究员。）

① 生态成果惠民生“出门入园”更便利 绿意盎然游北京［N］. 人民日报（海外版），2023-03-17（12）.

第一部分　大运河文化带

中国大运河的基本认知与精神价值*

刘士林

摘要：由于运河考古不断改写中国运河的历史起点，以及在关于运河的定义和标准上仍存在着不同观点，要确定中国最早运河的开凿年代，还需假以时日。关于中国大运河的长度，目前已基本确定为3200公里，包括隋唐大运河、京杭大运河、浙东运河三部分。由于水文条件不一、泥沙沉积淤塞、战争频发等影响，如何保持这条交通主干线的畅通，既是古代大运河面临的最大挑战，也是最不易做到的基本要求。古代直接影响运河畅通的主要因素，可以概括为“水”“土”“人”三个方面。随着运河世界遗产保护、大运河文化带、大运河国家文化公园建设的不断推进，各种基础设施和生态环境已有较大改善，未来更重要的无疑是深入挖掘阐述大运河承载的文化精神，或者说在大运河身上可以观照、体验、感受到的民族精神和文化价值。

2023年年初有一则新闻，两个男子乘橡皮艇从杭州出发，计划用一个半月划到北京去。这不全是异想天开。2019年5月，《大运河文化保护传承利用规划纲要》（以下简称《纲要》）印发，明确提出“稳妥推进适宜河段通航”和建设“缤纷旅游带”。2022年4月，断流百余年的京杭大运河首次实现了全线通水，一时激起了很多人泛舟大运河的憧憬和梦想。但两人刚划了5公里，就被有关人员阻止，按照相关规定，运河主航道有货船、水上巴士通行，未经审批不允许下水划船。① 一场颇有创意的大运河之旅就此收场。退一步说，即使他们顺利抵达北京，一路上如果只是划划船、发发朋友圈，对大运河的文化内涵和精神价值所知甚少，这场首秀的意义也仍然是很有限的。有鉴于此，本文从大

* 基金项目：本文系国家社科基金重大项目“大运河文化建设研究”（课题编号：19ZDA186）的阶段性成果。

① UP主欲沿大运河从杭州划船到北京，5公里后被执法队员拦截［EB/OL］. 澎湃新闻，2023-02-13.

运河的基本认知、古代影响漕运与交通的主要问题及大运河承载的优秀传统文化三方面进行探讨，为未来开启一种内涵更加丰富、境界更为壮阔的大运河文化之旅提供参考。

一、中国大运河的基本认知

随着大运河文化带建设的风生水起，有三个问题日益受到各界的关注：一是在时间上，谁是中国最早的大运河；二是空间上，中国大运河到底有多长；三是有哪些城市属于运河城市。第一和第二个问题的产生，是因为存在着不同的说法，很多人想知道到底谁说得对；第三个问题源于大运河文化带已成为国家战略，它覆盖了哪些城市，特别是自己关心的城市是否被纳入其中，也是人们关注的。

关于中国最早运河的开凿，目前并无定论，学术界大致有几种说法。一是公元前613年开凿的"荆汉运河"，通常被认为是中国运河史的"第一页"。与此差不多同时的是"巢肥运河"，但由于后者实际上从未开通过，没有发挥过运河的作用，所以也可不计算在内。二是3500年前开凿的"伯渎河"，这是依据近年来考古发现提出的新说法。这条运河由吴国始祖泰伯开凿，"具备了运河的基本要素"，由此把中国运河开凿的历史向前推移了600年左右。① 三是开凿于公元前506年的胥河，有专家认为这是世界上最古老的人工运河，也是中国现有记载的最早的运河。以上说法之所以很难统一，主要有两方面的原因：一是运河考古不断改写中国运河的历史起点，二是在关于运河的定义和标准上仍存在着不同观点，所以究竟谁是中国最早的运河，目前还在研究和讨论之中。但可以确定的是，随着运河考古持续推进及运河理论研究不断深化，未来一定还会出现其他新的说法。因此，确定中国最早的运河，还需假以时日，不宜急于下结论。

关于中国大运河的长度，目前已基本上达成了共识，即3200公里。在大运河世界遗产申报方案中，首次明确中国大运河由隋唐大运河、京杭大运河、浙东运河三部分构成，隋唐大运河包括永济渠和通济渠等段，京杭大运河包括通惠河、北运河、南运河、会通河、中（运）河、淮扬运河和江南运河等段，浙东运河主要指杭州至宁波段运河。大运河全长近3200公里。这一数值也被《纲要》采用，成为当代最权威的表述。但这个长度不是中国古代运河的全部，如果仔细推敲，也不是隋唐大运河、京杭大运河和浙东运河的相加之和。一般认

---

① 孙志亮．保护 传承 利用：中国大运河［M］．北京：清华大学出版社，2022：10.

为，隋唐大运河长2700公里，京杭大运河长1797公里，浙东运河长239公里，三者相加为3736公里，比目前通用的多了500多公里。这个问题的答案藏在《纲要》的一句话中——“京杭大运河、隋唐大运河、浙东运河以现有和历史上最近使用的主河道构成”，即3200公里是按照三条运河的“主河道”来计算的。一些省市在算自己的运河长度时，之所以会和《纲要》出现不一致，是把一些支流也算在里面了。此外，比较流行的还有“六千里运河”，这是我们团队在《六千里运河 二十一座城》中使用的，原因是这本书没有写浙东运河，同时也是按照“取大取整”的原则得出的。

关于“谁是运河城市”，也存在不少的争议。历史上运河水道和行政区划的变迁，是出现这类问题的根源。如隋唐时期沿通济渠、永济渠分布的一些城市，今天已很难想象它们当年全都是繁华的运河城市。又如一些新中国成立以来，甚至是改革开放以来新设立的城市，如果求之于古代文献当然也是难觅其“运河影踪”的。一个城市究竟是不是运河城市，关系到人们对大运河的文化和心理认同，因此是一个需要着重探讨和阐述的问题。

在历史地理领域，关于运河城市只有一些局部的描述。如史念海先生研究的通济渠沿线城市，主要包括荥阳、中牟、开封、杞县、睢县、宁陵、商丘、夏邑、永城、宿县、灵璧、泗县等。① 如马正林先生研究的永济渠沿线城市，主要包括今河南省的武陟、淇县，山东省清河、德州，河北省的馆陶、东光、沧州、青县，天津市的静海和北京（蓟城）等。② 对运河城市的系统梳理是最近十余年的事情，主要形成了两大谱系：一是2014年大运河世界遗产确立的27城，即北京、天津、沧州、衡水、德州、聊城、泰安、济宁、枣庄、安阳、鹤壁、洛阳、郑州、商丘、淮北、宿州、宿迁、淮安、扬州、常州、无锡、苏州、嘉兴、湖州、杭州、绍兴、宁波；二是2019年大运河文化带确立的37城，后者包含了前者的全部城市，同时新增了10个城市，即廊坊、邢台、邯郸、雄安新区、濮阳、新乡、焦作、开封、徐州、镇江。这37个城市构成了中国运河城市的全家福。在《六千里运河 二十一座城》中，结合城市发展变迁、世界遗产保护和大运河文化带建设，我们以京杭大运河城市为主体，同时选择了隋唐大运河的4个代表性城市，具体包括北京、天津、沧州、德州、临清、聊城、济宁、徐州、淮安、高邮、扬州、镇江、常州、无锡、苏州、嘉兴、杭州、商丘、开

① 史念海．中国的运河［M］．济南：山东人民出版社，2022：119.

② 马正林，党瑜，肖爱玲．中国运河历史地理［M］．西安：陕西师范大学出版社，2018：131.

封、郑州、洛阳，共计21个城市。除了运河名城高邮，其余20个都在37城之内。而浙东运河城市、永济渠沿线城市，还有宿迁、雄安等新设城市，都没有写进来。

二、古代直接影响运河畅通的主要因素

古人开山掘地、开凿运河的主要原因之一，是水运相对于陆运所具有的巨大和众多优势。但这不仅需要一定的自然地理条件，更需要花费难以想象的人力、物力和财力。而像李白诗中说的“轻舟已过万重山”——那种在长江上轻快、自由、潇洒的浪漫之旅，在大运河的历史上可以说从未有过。相反，从开通使用的第一天起，大运河的千里通波和万帆竞渡，就是对古代中国实力、耐力和毅力的漫长考验和全面呈现。

照常理说，古代运河主要利用自然河道，人工开挖的部分占比很小，有些年代只是“重新加以施工而已”。但在缺乏现代化大型动力机械的古代社会，这同样需要整合和征用整个国家的资源和人力才能完成。众所周知，隋炀帝开凿通济渠、永济渠、邗沟和江南河，首次形成贯通全国的运河体系，但这项工程到底动用了多少人力、花费了多少钱财，至今仍是一个历史之谜。据有关记载，开凿通济渠时，“发河南、淮北诸郡民，前后百余万”，开凿邗沟时，“发淮南民十余万”，开凿永济渠，“发河北诸军百万”，从这些少则十万、多则百万的记载中，不难看出开凿大运河的艰难不易。也正是因为耗费巨大，一些朝代明智地选择了“够用就行”的基本原则。如历史学家曾提出“东汉政府为什么只修复汴渠，而不整理鸿沟系统的所有运河呢?”① 答案很简单，只要把这一段修复了，就足以保障洛阳的物资供应。同时这也是无奈之举，因为没有财力用于鸿沟运河全线的修复。

运河开凿和通航，只是迈出了“万里长征的第一步”。由于水文条件不一、泥沙沉积淤塞、战争频仍等影响，如何保持这条交通主干线的畅通，既是古代大运河面临的最大挑战，也是最不易做到的基本要求。就今天而言，即使在全线有水的基础上实现了全线通航，大运河依然要面临着水资源不足、河道疏浚、航线管理等挑战。对古代运河通航碰到的主要问题进行简要梳理，可为大运河文化带的生态保护、航道治理、文化旅游发展提供有益的参考。

总体上看，古代直接影响运河畅通的主要因素，可以概括为“水”“土”

---

① 马正林，党瑜，肖爱玲．中国运河历史地理［M］．西安：陕西师范大学出版社，2018：84.

“人”三个方面。

首先说“水”。水是运河赖以存在的根基，但受运河沿线不同区域的气候和水文条件影响，一些水资源丰富的地区，如江南运河就容易保持畅通，而在一些干旱的内陆地区，如中原和北方地区，则往往因为水量不足而影响到通航。既要在旱季保持一定的容量和深度，又要防止汛期河水暴涨冲毁堤岸，一直是古代大运河最头痛、最难以解决的矛盾。山东省东平县境内的戴村坝，就是因为解决了这一难题而闻名于世。此外，为了通航的需要，官府会加强运河水资源的管制，导致周边的农田无水灌溉，而沿线的农民为了生存，被迫采取各种“盗水”方式来反抗。在古代的河南、山东、河北一线，这种农业生产和水运交通的矛盾冲突也始终没有真正平息过。

其次说“土”。这是由中国大运河的黄河段，或者说大运河在一些区域“借黄行漕”“借黄行运”造成的。唐宋以前，我国的政治中心主要分布在黄河流域，中国大运河在空间布局上的基本特征，就是以都城为中心而向四周扩展。如在汉唐两朝，从黄河下游和江淮来的漕船，要运转到洛阳再转运到长安，就需要借助黄河运道。再如元明时期，尽管大运河的中心已转移到北方，但从徐州到淮安这一段，也有 500 里需要借助黄河水道。但以“善淤、善决、善徙”著称的黄河，本身又是最难被征服和驾驭的河流，特别是在黄河下游一带，大量泥沙沉积在河床形成“悬河”，不仅容易导致各种洪灾水患，也直接抬高了河床，使黄河运道变浅甚至淤塞。历代为了疏浚这些淤积，可谓费尽钱财和绞尽脑汁，但由于黄河携带的泥沙量过大，最终难以奏效。这也是导致运河漕运废止的主要原因之一。

最后说“人”。人是一切社会关系的总和，对运河的影响也是最关键和最复杂的。这里重点谈一下“战争”和“党争”的影响。关于战争和军事的影响，可以唐代为例。安史之乱以后，黄河流域藩镇割据，而作为帝国命脉的“汴河”，特别是作为漕运枢纽的汴州、埇桥（今宿州市）、徐州等城市，就成为地方割据势力和中央政府相互博弈、激烈斗争的前线。一方面，运河沿线军阀动辄“以截断运道来要挟中央政府”，因为一旦这条运输线被截断，中央政府也就不攻自破了。另一方面，中央政府只要能有效控制运道并保持漕运畅通，也就可以有效压制甚至剪除部分割据势力。在宪宗时代出现的“中兴”局面，就与中央政府掌控了运河直接相关。而在朱温控制运河枢纽汴州以后，中央政府则不得不受制于他。二是党争和政治的影响，可以宋代为例。北宋定都汴京，人口超过百万，完全依赖两淮、江南、东南地区的物资供给。在宋初就明文规定，每年汴河漕粮运输必须完成 600 万石。这应该是一个“兜底”的数字，但实际上超过了700万石。保持汴河畅通无阻，是北宋的头等大事。公元991年，汴河在浚仪（今开封市）决口，宋太宗亲率文武大臣督工堵塞决口，就是对“仰给在此一渠水”的最好说明。但就是这样一条关乎国家兴亡的运河，到了北宋后期，随着“只问派系，不问是非”的“党争”愈演愈烈，废止了行之有效的“导洛通汴”，中断了每岁疏浚汴河的制度。① 曾经千里通波和万帆竞渡的汴河，自此淤积日重、堤岸决坏、水流干涸，最终酿成了与汴京一起覆亡的悲剧。

由于保持运河畅通殊为不易，很多事情超出了人力所及的范围，在古代也会采取水路与陆路联运、漕运与海运并举等举措，以满足全国性大规模物资运输和调配的需要。如元初设立的中滦旱站（今河南封丘县西南），就是以车载牛运的陆运方式，走上90公里的旱路，把来自江南等地的漕粮转运到淇门镇（今河南汲县东北），再入御河，由水路运至大都。尽管水陆转运也有不少麻烦，但总体成本比开凿运河还是低很多。到了清代，由于农民起义截断运道、河道淤塞、黄河改道等原因，漕运逐渐被海运取代，但漕运在局部依然相当活跃，直到公元1901年，李鸿章奏请南北漕粮全数改折，海运、河运同时停止。

不仅在古代，即使是这次全线通水，也非常地不容易。据报道，2022年4月京杭大运河全线通水，北京、天津、河北、山东合计向黄河以北的707公里河段补了5.15亿立方米的水，相当于约37个西湖的水量。② 同时还要清醒地意识到，未来大运河文化带建设，依然会面临河道湮灭、水源不足、调水成本高、治理任务重等突出矛盾。从节约成本的角度，未来中国大运河的交通运输，特别是“缤纷旅游带”的游线规划建设，可以考虑充分借鉴古代水陆联运的方式，即，适合走水路的就走水路，不适合的就走一段旱路。这完全符合古代大运河的线路安排。不能因为名称叫大运河，就望文生义地臆断为必须沿河而行。

三、大运河文化精神的挖掘与阐释

近年来，随着大运河世界遗产保护、大运河文化带、大运河国家文化公园建设的不断推进，各种基础设施和生态环境已有较大改善，未来更重要的无疑是深入挖掘阐述大运河承载的文化精神，或者说在大运河身上可以观照、体验、感受到的民族精神和文化价值。这里略谈几点，以作抛砖引玉之用。

比如“才”与“命”。“怀才不遇”“古来才命两相妨”“古来才大难为

---

① 刘士林．六千里运河 二十一座城［M］．上海：上海交通大学出版社，2022：425.

② 预计补水5.15亿立方米：京杭大运河开启全线贯通补水［N］．人民日报（海外版），2022-04-01（11）.

用”，是古代士大夫经常感慨唏嘘的一个话题，同时这也是今天很多人才经常面临的人生困惑。在中国历史上，汉代的贾谊是这方面的代表。据《史记》记载，贾谊20岁出头就被文帝“召以为博士”，备受青睐，也有“一岁中至太中大夫”的高光时刻，但最终在33岁时因为不得志郁郁而终。对此一直有两种态度：一是对他的怀才不遇、坎坷命运百般回护，把批评的矛头指向西汉的一群老臣；二是以苏轼的《贾谊论》为代表，认为贾谊的悲剧是“不能自用其才”，如果他能更成熟、隐忍一些，“不过十年，可以得志”。对此很难得出一个大家公认的结论，但在大运河的历史上，却提供了如何看待、面对、处理这个矛盾的范例。元代的郭守敬自幼精于术算、水利，中统三年（1262年），在第一次被元世祖召见时，31岁的郭守敬就力陈水利六事，第一条即疏浚金中都旧漕河，但元世祖对此没有任何回应。对此，郭守敬既没有放弃，也没有郁郁寡欢。30年后，他再次提出了“水利十一事”，其第一条仍是疏通旧漕河。建议很快得到回应，主要原因有二：一是元灭宋后，要把江南的物资运到大都，就必须贯通南北水运航线；二是30年来，经过对北京地理形势的勘探研究，郭守敬此次提出疏浚运河的方案更加成熟和周密。尽管推迟了30年，但由于形成了合力，结果是不到一年就完成了整个工程，贯通南北的元代京杭大运河就此诞生。因此可以说，郭守敬这30年的忍耐没有白费，并为国家和民族做出了更大的贡献。我们可以试想一下，如果他一遇到挫折就灰心丧气，也就没有了后来的一切。

比如民族精神。大运河是书写在华夏大地上的雄伟史诗，在大运河沿线曾发生过许多惊天地泣鬼神的悲壮故事，只不过人们很少知道它们与大运河存在着密切的关系。在文天祥的《正气歌》中，列举了很多“时穷节乃见，一一垂丹青”的人物，其中有一句是“为张睢阳齿”。这里的张是指唐朝中期名臣张巡，睢阳是指唐代的睢阳城（今河南商丘），张睢阳则是指安史之乱中最悲惨也最悲壮的睢阳保卫战。当时安禄山已死，但军事叛乱未已。当时的情况是，安庆绪派部将尹子奇率十万叛军围攻睢阳城，经过半年多艰苦卓绝的攻防拉锯，睢阳城陷入了“内无粮草，外无救兵”的绝境。城破之后，张巡被俘，最悲壮的一幕由此出现。《新唐书·张巡传》记载：“巡众见之，起且哭，巡曰：‘安之，勿怖，死乃命也。’众不能仰视。子奇谓巡曰：‘闻公督战，大呼辄眦裂血面，嚼齿皆碎，何至是？’答曰：‘吾欲气吞逆虏，顾力屈耳。’子奇怒，以刀抉其口，齿存者三四。”张巡时年49岁。如果问为什么保卫睢阳如此重要，就和唐代大运河密切相关了。据康熙《商丘县志》载，睢阳“据江淮之上游，为济洛之后劲”，“南控江淮，北临河济，彭城居其左，汴京建于右，形胜联络足以保障东南！襟喉关陕为大河南北之要道”。① 睢阳是隋唐大运河通济渠段的水陆交通枢纽，是江淮漕运物资运抵洛阳、长安的重要通道，因此有“睢阳不保，江淮必亡”之说。一旦被叛军攻占，截断漕运运道，大唐将不战而亡。这是双方都不惜血本、死战到底的根源。事实证明，这场艰苦卓绝、牺牲巨大的保卫战是值得的，就在睢阳城破三日后，张镐率领唐朝援军赶到，大败尹子奇。而十天之后，唐军光复长安。

比如中华美学精神。江南文化是中华美学精神的杰出代表。在《江南诗性文化》中，笔者曾谈过自己的观点：

> 在北方文化圈中，政治伦理具有绝对的优先性与权威性，它渗透在文化的方方面面，使之具有很强的实用性。只有在岁月流逝，现实利害消失以后，才可能有相对纯粹的艺术与审美活动。而如果从江南文化经验出发，理解就会有很大的不同，一方面，与中国其他地区相比，江南文化的审美功能发育得最好；另一方面，对个体生命来说，它还最大限度地实现了伦理与审美两种机能的融合，因而，它的审美创造活动，……是像春蚕吐丝一样源自这个民族与生俱来的艺术天性。……中国美学研究应该从江南诗性文化开始。江南诗性文化，代表着这个实用民族异常美丽的另一半。②

江南运河名城苏州的山塘街，就是江南诗性文化的生动体现。公元 825 年，大诗人白居易到苏州任刺史，在此后的 17 个月里，他除了欣赏姑苏美景，也干了不少实事，其中之一就是疏浚山塘河。据说是有一天他去虎丘，看到河道淤塞、水路不通，即决定加以整治，于是开凿了东起阊门渡僧桥、西至虎丘望山桥的山塘河。山塘河在阊门与运河相接，极大便利了灌溉和交通。南北商人汇集于此，使这一带成了“姑苏第一名街”。一般来说，开一条河，成一繁荣市场，已经可以了，但深爱江南文化的白居易并不满足，他又命人在河两岸栽藕植荷，在街两旁夹桃种李，打造了一条运河、商业街区和人文美景融合的空间，这就是后来人们交口称誉的“七里山塘到虎丘”。苏州百姓对此心怀感激，在他离任后，就把山塘街称为白公堤，并修建了白公祠作为纪念。这条可以作为苏州文脉的山塘街，不仅实现了交通和商业的实用价值，也表现出很高的人文和美学价值，是中华美学精神的感性证明。

---

① 李可亭，等．商丘通史［M］．开封：河南大学出版社，2000：114-115.

② 刘士林．江南诗性文化［M］．上海：上海文艺出版社，2020：31-32.

其他还有很多，如中国人津津乐道的知己与知音文化。在运河名城济宁，有一座太白楼。当时当垆的贺兰氏酷爱诗歌，常邀李白宴饮。有一次喝得高兴，就把酒楼赠给了李白。李白在这里度过了非常愉快的一段生活，他的《行路难》《将进酒》《梁甫吟》《梦游天姥吟留别》等名篇，也都写于此地。又如礼贤下士的传统美德。元末黄河多次决口，淤塞运河河道，时任工部尚书宋礼受命治理漕运，就是因为他不耻下问，访到民间高人白英，后者贡献了“借水行舟”计划，最终解决了山东运河水量不足的难题，形成了“七分朝天子，三分下江南”的运河奇观。其他还有《马可·波罗游记》中的苏州、杭州，中西交融、华夷互通的隋唐洛阳，北宋时代与运河同兴亡的汴京，也都从不同角度呈现出中国古代城市发展的规律和秘密，也都是需要深入挖掘和探索的。

（作者简介：刘士林，上海交通大学城市科学研究院院长、首席专家、教授、博导，主要从事城市理论与政策、战略与发展规划、大运河与江南文化研究。）

京津冀视野下大运河文化带的历史意义及时代价值

吴文涛

摘要：大运河的兴衰是影响中国历史进程的关键因素之一，由此造就的地域文化在空间上展现为一条以运河为依托和象征、纵贯南北的大运河文化带。尽管北京段处在其最北端，却是大运河文化带中最关键、最核心的主题乐章。元朝以后，京杭大运河作为南北经济的大动脉、京城物资供应的生命线，对于北京（大都）成为全国政治、文化中心，促进周边城乡发展与南北交流，发挥了至关重要的作用，奠定了首都北京的历史地位，塑造了其城市文化和古都风貌。如今，大运河作为一条文化大动脉和京津冀协同发展轴，依然发挥着独特的文化价值和引领作用。

历史上的北京之所以被誉为“万古帝王之都”，除了“左环沧海，右拥太行，南襟河济，北枕居庸”的山川形胜之外，“会通漕运便利，天津又通海运”是另一个具有决定性意义的影响因素。① 关于北京地区漕运的文献记载可以追溯到汉代，《后汉书》即有建武十三年（公元 37 年）上谷郡太守王霸“陈委输可从温水漕”的记载。② 隋唐时期，今北京所属的幽州（涿郡）就是南北大运河的北端点。元朝以后，京杭大运河作为南北经济的大动脉、京城物资供应的生命线，对于北京（大都）成为全国政治、文化中心，促进周边城乡发展与南北交流，发挥了至关重要的作用，奠定了北京的历史地位，塑造了其城市文化。具体表现在三个方面：一是对于北京全国政治中心地位的保障和巩固；二是对于北京全国文化中心地位的促进和确立；三是塑造了独具特色、包容大气的北京文化和城市品格。

---

① 孙承泽．天府广记·卷一·形胜［M］．北京：北京古籍出版社，1984.

② 范晔．后汉书·卷二十·王霸传［M］．北京：中华书局，1997.

一、运河与北京政治中心地位的巩固

在很大程度上，隋唐之前北京及华北地区的运河开凿史，就是一部为进兵北方开辟水上通道的历史。战争是政治的表现形式与重要手段之一，也是推进运河开凿的重要动力。曹操、隋炀帝发动开凿的平虏渠、泉州渠、永济渠等，都是以军事扩张为目的、用以运粮运兵的水上通道，就如同中原王朝伸向北方的一只臂膀。到辽金时期，作为陪都的辽南京与作为首都的金中都，都把完善运河交通水利系统作为站稳燕京、进军中原的重要依托。元朝以后，运河对于巩固北京的政治地位，发挥着越来越突出的作用。

自金朝迁都、燕京成为都城始，众多的人口、庞大的官僚机构及奢靡的宫廷生活，要求物资运输的规模成倍增加，每年要有数以百万石计的粮食及各种物资源源不断地从华北、江南等地征收运来。在当时的历史条件下，水运是比陆运更为方便快捷和省力的途径。金朝时曾开通闸河连接通州到中都城，元朝初年也曾利用坝河、金口河进行漕运，但由于水源的限制，这些运道都渐渐不能满足日益增长的运输需求。尤其元朝以后，北京成为疆域辽阔、民族众多、大一统王朝的都城，城市规模急剧扩大，城墙内外生活着为数众多的官员及其奴仆、拱卫京城的军队和来自全国各地的文人、商贾、工匠等，他们构成了空前庞大而密集的消费人群，在物产并不丰富的周边地区无法满足物资供应的情况下，运河就是最重要的生命线，必须加大它的运力才能保障都城的生活。受此压力，1293 年，元朝在杰出科学家郭守敬的设计领导下，开凿了著名的通惠河工程连接大都和通州，使得从杭州到北京的南北大运河得以全线贯通。从此，江南来的漕船可以由通州溯流而上，直抵大都城内。作为漕运码头的“海子”（今积水潭——什刹海）水域呈现出千帆云集、“舳舻蔽水”的热闹场景，浩浩荡荡的船队满载漕粮和各地物产络绎不绝地沿通惠河穿行城中，为元大都带来了商业的兴盛和万邦来朝的宏大气象。

明清两朝的京城也依旧依赖这条大运河的供给，只是由于水源减少和水系格局改变等原因，将终点码头移出了城外。也就是说，从金、元始，北京地区的水源要不遗余力地满足一项新的功能——漕运。“国家之大事在漕，漕运之务在河”①，漕运乃京城重中之重，是维系北京的经济命脉。每年经由运河自南而北输送的漕粮从最初的几十万石，至明清时增至四五百万石。明代规定，漕船除运载固定的漕粮外，每船可携带一定数量的“土宜”（土特产）随船售卖。

① 皇清奏议・卷十七・敬陈淮黄疏浚之宜疏［M］. 上海：上海古籍出版社，1996.

明代规定每船可搭载“土宜十石”，清代增至一百五十万石，土特产的种类亦随之不断放宽。由此，江南的物质财富源源不断地运到北京。

有了这条生命线，城市的稳定与首都政治职能的正常发挥，才能获得可靠的保障。否则，后果十分严重。据《明实录》记载，成化六年（1470）六月，北京周边地区发生严重水灾，附近州县的流民纷纷涌入京城谋生。京城男女老幼饥饿无着、栖迟无所，啼号之声接于间巷，而水灾导致的漕运不畅致使京城粮价急剧抬升，“盖因漕运军士途中靡费，粮米至京则籴买，以足其数，遂使米价日增，而民食愈缺”。明朝廷被迫多次把官仓的储备粮投入市场以平抑物价，严厉打击奸商囤积和惩戒贪官赈济不力。还将国子监的部分生员放假回家，派五城兵马司把数以万计的云游僧人逐还原籍，以减少京城人口对粮米的消耗。可见，运河漕粮对于稳定京城社会政治局势的作用，在漕运不畅或遭逢大灾之年显得尤为突出。对此，清初学者孙承泽在所著《天府广记》中总结道：“京师百司庶府，卫士编氓，仰哺于漕粮。”① 老百姓则由此形象地称之“漂来的北京城”。

物资保障只是社会稳定的基础，运河的开通，更增强了朝廷政令的通达以及对全国的掌控，也是体现国家对沿岸地区政治影响力的新渠道。明成化七年（1471）十月，奉命视察疏浚通惠河事宜的官员杨鼎、乔毅向皇帝报告：运河水路的畅通不仅便于漕粮进京，“天下百官之朝觐，四方外夷之贡献，其行李方物皆得直抵都城下卸。此事举行，实天意畅快，人心欢悦，是以壮观我圣朝京师万万年太平之气象也”②。这虽是献谀、溢美之词，但却也点出了大运河对于体现国家政治影响力的作用。

疆域辽阔的元、明、清三代的首都北京偏于整个中华版图的东北，而有了大运河，也就强化了南北联系，犹如有了一条有力的臂膀直伸江南。同时，通过它又连接了北方草原丝绸之路和南方海上丝绸之路，北京作为全国首都在地理位置与经济环境方面的弱点，通过陆路通道与运河系统构成的水陆交通网而得到了有效弥补。漕运与交通的发达构成了增强区域联系以及文化认同的纽带，这也是历史上的北京城作为政治中心的优势所在。明代的《博物策会》论述北京的地理形势，称其“左环沧海，右拥太行，北枕居庸，南襟河济，形胜甲于天下，诚天府之国也”③。清康熙年间纂修的《大兴县志》中又进一步指出，

---

① 孙承泽．天府广记·卷十四·仓场［M］．北京：北京古籍出版社，1984.

② 《明宪宗实录》卷九十七。

③ 于敏中，等．日下旧闻考·卷五·形胜·博物策会［M］．北京：北京古籍出版社，1985.

“天津襟带河海，运道咽喉，转东南之粟以实天庾，通州屹为畿辅要地”。天津、通州上升为京畿重地，是漕运加强与南方的经济和政治联系，进而巩固首都地位、形成首都圈的具体反映。

二、运河与北京文化中心的形成

运河对北京文化中心的作用，主要表现在通过大运河京师文化的对外传播、南方士人的北上交流，促进了北京对中国文化的凝聚力、传播力以及北京地域文化特色的形成等方面。

大运河不仅是加强国家政治统一、经济联系的纽带，更是在五大水系之间架起了一座文化沟通的桥梁。通过它，广泛的人员往来、书籍流通、生产技术的推广、艺术和思想的传播、生活方式和社会习俗的交流融合等，都变得便利而通畅。全国各地的戏曲、曲艺、文学、艺术、美食、园林，与漕运有关的花会、庙会、河灯、舞龙、高跷、号子、民谣、习俗、信仰等荟萃于京师，京师文化也由此向四面八方辐射，经过相互吸收、彼此借鉴，积淀为既兼容并蓄又引领潮流的文化形态，从而确立了北京作为全国文化中心的地位。

通惠河开通之后，成为人们南北往来的重要水路。为此，元朝政府专门设置了水站，即水上驿站，为往来的使臣及政府官员提供水路旅行服务。许多在京城任职的官员任职期满或是退休之后，也往往乘船沿京杭大运河回故乡。

水路行船既可携带行李多，又免去风尘颠簸，于是成为许多人远道出行的首选方式。如元代诗人宋褧写有《杨柳词》，描述了京城河边送别友人的情景，诗曰：“齐化门东醉别时，主人折赠最高枝。船开酒醒潞河远，回头烟树漫参差。”① 也就是说，他们在京城齐化门（今朝阳门）外饮酒告别，远行之人酒酣登船，醉眠船中，待一觉醒来已是潞河水长，京城远在烟树里了。又如，元代著名诗人傅若金也曾作诗描写运河之旅：“买得吴船系柳根，潞河新雨过黄昏。都门只隔烟中树，一夜寻君苦梦魂。”② 意思是说傅与砺从京城离开时，在通州潞县雇了商船南下，所谓“吴船”就是指从南方北上的船只。这些吴船可能是从江南运送商品来京城售卖后空船回乡时捎带一些客人，也可能是专门从事京杭大运河的客运生意。可见当时南北人员往来的频繁。

元明清时期的北京有全国的最高教育机构，也是科举时代举行会试的地方。

---

① 宋褧．燕石集·卷四·通州道中作［M］//北京图书馆古籍珍本丛刊：92集部．北京：北京图书馆出版社，2000.

② 傅若金．傅与砺诗文集·卷八·潞县舟中寄京师杨上舍诸公六首［M］．四库全书本.

南方士子以此为契机到京师访学就试，不少人就是沿着运河从水路北上的。明末清初的史学家、《国榷》的作者谈迁，在清顺治十年（1653）从浙江嘉兴到杭州，在杭州坐船沿着大运河到北京，顺治十三年（1656）仍由大运河返回杭州。其间，他留下了记录此次行程的《北游录》。书中描绘了运河两岸的地理风物，记载了他在京期间拜访藏书之家、考察文物古迹，以及与京城士绅文人的交游活动等，为我们展现了明清时期运河沿岸的风土画卷，以及京城文化生活的精彩瞬间。又如明代文学家袁中道，万历三十七年（1609）从家乡湖北公安县进京参加次年的会试，在扬州的邵伯镇乘船，沿着大运河经高邮、宝应、怀安、宿迁等一路北上。途中及在京期间，他广泛游览运河沿岸以及北京内外的自然风光与风景名胜，写下了许多文笔绚烂的游记或纪游诗。

历史上，像这样在大运河上来来往往的文人学者不计其数，运河之旅造就的诗词文章灿若星辰，而他们对南北文化的传播和影响更是难以估量。元、明以来，许多官宦、文人尤其是从南方进京的权贵喜欢在南城一带兴建私家园林，促进了城南一带花卉产业的蓬勃发展。这在某种程度上也应该归功于京杭大运河的开通，因为舟船使得盆花盆景、土木石料等的运输更为便利，南方的物产、材料乃至生活方式、环境元素等也可以随船照搬而来。像徽班进京而后逐渐演变为京剧这样的文化盛事也是借助于运河才得以促成。

乾隆五十五年（1790）秋，江苏宝应人高朗亭率徽剧三庆班船队从扬州出发，进京给乾隆祝寿，由此带来了四大徽班进京、誉满京城的盛况。高随后长期在京演出，他以安庆花部合京、秦二腔之长，杂糅南北曲调，为日后京剧的诞生做出了突出贡献，而被尊为京剧奠基人之一。

三、运河对北京地域文化的塑造和影响

京杭大运河的开通，大大促进了我国南北方经济、文化的交流与发展，作为一条贯通南北、连接我国政治中心与经济重心的轴线，沿岸孕育了众多举世闻名的文化名胜和独具特色的文化习俗，运河也因而成为文化的载体和中华文明的象征。

运河文化是中华历史文化中极具特色的一个文化体系，它以庞大的、跨流域的复合水利工程为载体，并由社会、经济和自然环境等因素综合作用而成。它随所经地区的差异而具有不同的地域特征，由于行业因素的影响而带上相应的行业特色。运河文化可分为物质文化和非物质文化两部分：物质方面的，包括运河水道、码头、漕船、仓场、闸坝、官署、城镇等；非物质方面的，包括漕渠名称、相关地名、漕运制度及管理方法、水利技术及前人的经验智慧、相

关历史人物及其历史文献、习俗、俚语、民间文艺、传说故事等。

北京运河文化的形成和发展，与京杭大运河的开通、繁荣互为表里。早在元代，随着通惠河和海子码头的建设，其沿岸就成为元大都城的经济和文化中心，围绕水运特征出现了颇具南北交融特色的商业街市和文化景象。天南地北各种各样的物资源源不断地从水上“漂”来，积水潭沿岸遍布货栈商肆，是南来北往的客商云集之处。尤其是海子东岸至钟楼以南、鼓楼以北一带，集中了米市、面市、缎子市、皮帽市、“穷汉市”（劳力市场）、鹅鸭市、珠子市、柴炭市、铁器市等各种店铺。其他如歌楼酒榭、饭铺茶馆、理发店、洗澡堂等，在周围的街巷胡同里也是随处可见。这里四时游人不绝，异域乡音相闻，其商业贸易的繁华程度和在全城的中心地位可谓空前，其后虽有起伏但商脉延续至今。

依托这个热闹非凡的水港，元朝各类权贵及官方的活动场所，也开始在周边兴起。在积水潭的北岸往北曾有中书省衙门，钟楼的西侧有翰林院府邸；靠近鼓楼的地方，往西有望湖亭，往东侧有一座万春园——每当朝中考试完毕，荣幸进士登第的才子们都要来这里相聚，享受一次皇上赏赐的“恩荣宴”。都水监、翰林院、象房、迎宾馆等，也设在积水潭沿岸。附近及通惠河沿岸兴建有许多粮仓，如千斯仓、万斯北仓、万斯南仓、丰闰仓、广衍仓、顺济仓、万亿库等。除了楼堂馆所、豪门苑囿，这里还是宗教圣地，寺庙林立。其中包括天寿万宁寺、白马关帝庙、火德真君庙、护国寺、广化寺、保安寺、真武庙、佑圣寺、万严寺、石湖寺等。最能体现元朝漕运特色的是，这里还有一座独特的妈祖庙，它说明了元朝海运与河运相接南粮北运的兴盛。

不仅如此，通惠河的上游——长河至瓮山泊也具有通航的条件，皇帝出行的游船可以从积水潭直抵瓮山泊岸边的行宫别墅。如《析津志》记载：“肃清门广源闸别港，有（元）英宗、文宗二帝龙舟。”至顺三年（1332）三月，文宗“以帝师泛舟于西山高梁河，调卫士三百挽舟”①。由此，通惠河上游的白浮泉及其引水渠、通惠河水道（包括城中段的玉河等）、坝河、沿河附近的仓场（南新仓、神木厂等）、闸坝（广源闸、庆丰闸等）、码头（高碑店、张家湾）等，也都成为存留至今的珍贵历史遗迹。

漕运兴盛带动了大运河沿线一批城镇的发展，通州作为其中一个重要的枢纽，率先成为北京运河文化的集中反映地。漕运终点的区位优势造就了其繁荣，并以它为中心带动了周围若干与漕运相关的码头城镇的发展。明人蒋一葵所著

① 熊梦祥．析津志辑佚［M］．北京：北京古籍出版社，1983：95.

《长安客话》中记载，明代“通州城北五里有黄船埠，黄船千艘常泊于此。河水萦回，官柳民田，阴森掩映，为八景之一”。明清以后渐有“一京二卫三通州”的美誉。明代扩建的通州新城外砖内土、高大坚固，并将原本不在城里的大运西仓、西南仓也括入其中并驻兵戍守，显示了通州“左辅雄藩，京畿重镇”的特殊地位。清代通州城根宽三丈四尺，顶宽二丈三尺，城身外高三丈四尺，内高二丈三尺至三丈不等，显得更加气派巍峨。城里官衙林立，有州衙署、仓场总督衙门、通永道衙门、户部坐粮厅署、漕运厅署等大小官衙二十多个。州治的空间布局完全符合前堂后寝、左祖右社的传统礼制要求，成为通州不同于普通州县的象征。18 世纪来华的英国访问使团成员斯当东，对通州商铺密集的印象颇深：“通州许多家庭的房子前面开设商店和作坊，后面住家，工商业显得特别兴旺。”① 同一时期来华的朝鲜人朴趾源，也记载了通州市面的繁华：“下船登岸，车马塞路不可行。既入东门，至西门五里之间，独轮车数万，填塞无回旋处。遂下马，入一铺中。其瑰丽繁富，已非盛京、山海关之比矣。艰穿条路，寸寸前进。市门匾曰‘万艘云集’，大街上建二檐高楼，题曰‘声闻九天’。城外有三所仓廒，制如城郭。”②

通州南面不远的张家湾，潞河和浑河（今永定河）交汇于此，水面辽阔，是京东第一大天然水港。每当冰雪消融、春江水暖，通州城外的北运河上就是一片船桅林立、舳舻连绵的景象，蒋一葵形容这里“水势环曲，官船客舫，漕运舟航，骈集于此。弦唱相闻，最称繁盛。曹代萧诗云：潞水东湾四十程，烟光无数紫云生。王孙驰马城边过，笑指红楼听玉筝”③。其笔下的张家湾，是一个集漕运码头、游览休闲于一体的富庶之地。

明清时期，不仅不断扩建和修缮河道、码头等设施，还陆续建立起包括漕运总督（清代别称漕台）、漕运组织、漕粮制度和仓储制度在内的一套完整的漕运制度体系，使运河的功能进一步完善并得以充分地发挥。明清时期，通惠河沿岸风帆云影的旖旎风光和大通桥码头、通州码头的热闹景象，都曾是京城文化的重要标志。今高碑店附近的庆丰、郊亭二闸间水面高阔、风光秀美，更是京城百姓消闲游赏的好地方。震钧《天咫偶闻》说：二闸“自五月朔至七月望，青帘画舫，酒肆歌台，令人疑在秦淮河上”。到东便门外“逛二闸”，是当时京城人的游乐时尚。高碑店娘娘庙的庙会更是当时著名的民俗盛会。

---

① 斯当东．英使谒见乾隆纪实［M］．叶笃义，译．北京：商务印书馆，1963：302-445.

② 朴趾源．热河日记［M］．上海：上海书店出版社，1997.

③ 《长安客话》卷六《畿辅杂记》“潞河”条。

运河文化随时代变迁而历经兴衰。清末铁路交通兴起取代了漕运地位之后，直接导致运河相关城镇的衰落和沿途风光的不再。但其兴盛时期留下的丰厚文化遗产，仍为北京地域文化注入了鲜明的特色。比如，如今西城区什刹海周边蜚声中外的名胜古迹和传统街巷格局，东城区和朝阳区通惠河沿岸的仓场、闸坝、码头遗址等，都是元代以来运河文化的重要载体。曾经排列运河沿岸大大小小的众多仓库，至今仍留有南新仓、北新仓、禄米仓等仓廒遗迹，成为当今北京珍贵的旅游资源；有的虽只留在了地片或街巷的名称中，但同样成为北京悠久历史的无形注脚。

曾经作为运河终点的通州，更是因运河而形成了独具特色的地域文化。如通州境内的燃灯佛舍利塔、通州文庙、通州衙署遗址、贡院遗址、工部分司遗址、嘉靖寺遗址、天后宫、东八里桥以及通州古城等，都是运河留下的历史烙印。

除了有形的物质遗产，由运河带来的曲艺、京剧等文学艺术，与漕运有关的花会、庙会、放河灯、舞龙、高跷、运河号子、民谣等非物质文化遗产，对北京文化的形成和发展也产生了巨大作用，同样是北京古都风貌的重要元素、北京地域文化的特色表现。著名的如开漕节（祭坝仪式）、通州船工号子、张庄龙灯会、小车会、大鼓会、三黄庄五虎棍、通州骨雕、大风车、李新庄剪纸、北京花丝镶嵌制作工艺等，传承至今，已经成为当地历史文化资源品牌。

总之，大运河在元明清三代的兴盛，为北京留下了丰厚的历史文化遗产，也为北京的地域文化注入了鲜明的特色，在首都的发展进程中扮演了重要角色。

四、京津冀视野下大运河的时代价值与现实意义

大运河在中国历史上是与长城齐名的伟大工程，人们把长城和运河看作写在中国大地上的巨大“人”字，这个“人”字反映了中国历史的大地理格局。中国古代政权的核心区域大致呈一个大的三角形，其文化活动呈现向心力，早期以东西向变动格局为主，成就了周、秦的统一。此后，以南北向格局为主，政治中心北移，经济中心南移，东西向的长城和南北向的大运河正是这一变化的产物。大运河调剂了天下资源，把南方的经济中心与北方的政治中心连接起来，支撑了都城北移的格局，使中国实现了更辽阔地域内的大统一。而这个“人”字形的交叉位置正好是北京的所在地，这充分说明了大运河与北京的内在关联。

如今，运河虽已不再是支撑北京的经济动脉，但它见证了城市的沧桑巨变，承载着古都的文化记忆，铸就了包容、大气、通达、聚合的首都品格，在彰显

“首都风范、古都风韵、时代风貌”的城市特色方面，具有无可替代的现实意义和特殊价值。

首先，大运河是一个由水系连通的带状文化系统。北运河水系主要由七条河道组成，即北运河、通惠河、凉水河、运粮河、玉带河、温榆河、潮白河，其中温榆河还与坝河相连。它们构成了漕运、通航的水网，把大运河与北京城联系起来，与北京周边地区联系起来。而以河道为依托，沿岸由码头、堤岸、仓厂、聚落、街巷、渡口、闸涵桥梁、官署、营房、道路、店铺、相关庙宇等设施，以及人员、物流、商业、船只、车辆、习俗、祭祀、宗教、民族等共同组成了一个特色文化体系，一个与运河有关的动态文化体系。这个文化体系由历史积淀而来，并随历史变迁发展，直到今天仍发挥着强大的文化动力。

其次，大运河赋予了北京独特的文化气质和时代精神。众所周知，水有如下特性：一是厚德载物，这体现的是其包容性、承载力；二是顺势而流，这体现的是它的变通性、自然力；三是以柔克刚，这体现的是其柔韧性、穿透力，一种润物无声、持久深入的柔性力量。由这三点特性可以提炼出运河文化所蕴含的精神，那就是开放、包容、通达、坚韧，一种流进来、传出去、持续而永动的力量。例如，运河号子里传递出的船工、纤夫和搬运工们坚韧拼搏的气质；千帆云集、万国朝宗的场面所展现的有容乃大的气魄；各种人群、不同宗教和睦共处、相安共生的和谐；为保漕运历朝历代大规模水利建设和防灾抗灾的动因所激发的创造和创新精神；水陆交汇，汇聚四方人力物力，而形成的豁然、通达的民俗民风；等等。这些宝贵的精神遗产在当代改革开放、实现中华民族伟大复兴的征程中具有更加深远、强大的作用和影响。

正因如此，在大运河申遗成功之后，北京市又提出“运河文化带”作为北京“三大文化带”之一列入《北京城市总体规划（2016 年—2035 年）》，使得它再次成为人们关注的焦点。“文化带”概念的提出，意味着它不仅是一条河流，而且是对这一带状文化体系的确认，更是把它作为一个连接历史与未来的文化高地来考量和谋划，是从全流域的视角延伸运河在历史上的空间作用和文化意义。隋朝南北大运河和元朝京杭大运河的开通，从某种意义上可以理解为国家空间治理体系中的重要布局，是大一统王朝全局资源分配和调动过程中的主要抓手，具有政治、经济和社会的多重价值。今天，站在京津冀协同发展的国家战略背景下去发掘大运河的空间属性和文化意义，则具有更为深远的未来价值。

《北京城市总体规划（2016 年—2035 年）》中提出，以元明清时期的京杭大运河为保护重点，以元代白浮泉引水沿线、通惠河、坝河和北运河为保护主线，以城市副中心建设为契机，推动运河文化遗产保护与利用，全面展示运河的文化魅力。具体表述为："深入挖掘、保护与传承以大运河为重点的历史文化资源，对路县故城（西汉）、通州古城（北齐）、张家湾古镇（明嘉靖）进行整体保护和利用，改造和恢复玉带河约 7.5 公里古河道及古码头等历史遗迹。通过恢复历史文脉肌理，置入新的城市功能，古为今用，提升北京城市副中心文化创新活力。实现历史文化、生态景观和旅游资源跨区域统筹，提升生态涵养区综合发展效益，完善市级绿道体系，形成由文化观光型绿道、带状廊道游憩型绿道和河道滨水休闲型绿道共同组成的绿道体系。"由此可见，北京城市总体规划对运河文化带的建设提出了文化魅力、新城市功能、生态景观、旅游资源四大目标。结合大运河的遗产价值评估及运河各段的现状，在总体规划要求之下，应将上述目标逐一分解，逐步实现，才能将其文化、生态、休闲、旅游等显性价值与文化战略、遗产管理、资源整合平台等隐性价值充分展现。

大运河是世界文化遗产，大运河的定位不能局限于生态的林、水廊道，定位不准将会降低其文化价值，等同于普通自然河道。大运河首先突出"运"字，历史文化是其第一要素，生态排在其后。大运河的发展战略首先应该在文化上下功夫，在发展其文化价值的基础上进行生态环境建设。大运河文化带必须实现活化保护，不但要有"河"，更要有"运"，成为货运和客运河道。

大运河的规划要解决好文物保护、文化景观建设与绿地建设的关系。不能为了达到绿地指标而挤占文物修复与古迹恢复、展示的空间。也不应因此而排斥文化带建设所需要的公益性文化设施建设。大运河文化带规划建设中应确定文化遗产保护优先的原则，在绿地建设与文物保护、风貌保护发生矛盾时，在用地指标上，文物建筑面积，包括文物恢复、遗址展示的占地面积，应该能等同于绿地面积，或部分等同于绿地面积。确立二者间的抵扣或折扣关系，以防止绿地建设对历史风貌和文物古迹的破坏。

大运河文化带建设应着力打造世界级的文化艺术产品，以提升北京的文化中心地位，同时也是提升中国在世界的文化中心地位。应将具有世界文化中心意义的项目放在大运河沿线，使北京段的大运河成为文化艺术的廊道。从北京全局来看，大运河系统的上游，即海淀区的长河段、西城区的三海段已经展现出文化廊道的景观，汇集了众多传统和现代的文化设施，包括三山五园、后三海和皇宫区。通州的大运河文化带应该与之匹配，在展现传统文化的同时，展现现代文化，形成由上游到下游的完整的运河文化带，把北京的世界文化中心地位彰显出来。

从京津冀整体发展的格局看，通州不是北京未来发展的终点，而是向东发展的新起点，担负着推进京津冀一体化的重任。通过运河这个文化体系，还将把东至渤海的一系列京津冀城市连接起来，形成向东延伸的发展轴。沿此轴线建设高速铁路、快速城际铁路和高速公路等交通系统，可以促进一体化的发展，把秦皇岛建成北京郊外的出海口。向南，则延续历史格局，继续沿大运河沿线贯通江淮、江南，直至南部出海口。

这一战略规划既已确立，随着其实施进程的深入推进，必将大大丰富沿河文化景观，合理引领产业发展，优化城市空间布局，为北京城市副中心打通血脉、增添活力，为首都全国文化中心建设注入鲜活的精神文化内涵和灵动的气质。未来的大运河将以文化长廊的独特魅力和亮丽风景连起京津冀，辐射全中国，成为一条真正的文化大动脉！

（作者简介：吴文涛，北京古都学会副会长，北京史研究会副会长。从事历史地理、区域史研究，著有《北京水利史》《北京历史自然灾害研究》《历史上的永定河与北京》等。）

运河遗产文化价值的叙事性阐释

——以北京通州运河文化遗产为例

秦红岭

摘要： 在都城北京形成演变过程中，大运河作为水利运输工程，既为北京城市建设承担了漕粮供应、南北贸易货运交通的重要职能，同时其独特的运河文化也是体现北京厚重历史文化遗产的重要方面。大运河遗产作为一种“纪念之地”和特殊的遗产形态，其文化价值被公众广泛认知并持续传承下去，需要有效的阐释系统。叙事性阐释为大运河遗产文化价值的阐释开辟了新路径，它既可以提升大运河遗产的可读性及大运河遗产与现代城市生活的关联度，也有助于激发公众的记忆、想象和兴趣，增进公众对大运河遗产的认知度和珍爱之情。叙事性阐释的基本策略主要体现在四个方面：运用“主题化阐释”手段构建大运河遗产阐释体系；挖掘和发挥与大运河遗产相关的文学艺术作品等叙事性阐释资源的作用；结合运河遗产的地域特色定期举办相关节事活动；有叙事元素的场景设计和公共艺术的成功介入。

一、作为一种“纪念之地”的大运河文化遗产

1780年6月，朝鲜学者朴趾源跟随朝鲜祝贺清乾隆皇帝七十寿辰的赴清使节团来华，在其回国后撰写的纪实性著作《热河日记》中，生动而翔实地描绘了当年八月初一北京通州的运河盛况：

> 一旬前京师大雨，潞河涨溢，坏民庐舍数万户，人畜漂溺不计其数。今于马上以烟竹伸臂仰揣柳上水痕，距平地可为数丈。至河边，河广且清，舟楫之盛可敌长城之雄，巨舶十万艘皆画龙，湖北转运使昨日领到湖北粟三百万石。试登一船，略玩其制度。船皆长十余丈，以铁钉装造。船上铺板，建层屋，谷物皆直写（泻）于舱艎中。屋皆饰以雕栏画栋、文窗绣户，制如陆宅。下库上楼，牌额柱联，帷帘书画，渺若仙居。屋上建双樯，帆

> 则以细藤单联幅。浑船以铅粉和油厚涂，上加黄漆，所以点水不渗，上雨亦无所忧也。船旗大书“浙江”“山东”等号，沿河百里之间密若竹林。南通直沽海，自天津卫会于张家湾，天下船运之物皆凑集于通州。不见潞河之舟楫，则不识帝都之壮也。①

朴趾源所描绘的“舟楫之盛可敌长城之雄”的北京通州运河景象，早已不复存在。通惠河自明中叶任其淤塞，尤其是1855年黄河改道和1901年清政府停止漕运后，京杭大运河北京段漕运遂由盛而衰直至完全停止，昔日漕运盛景湮没于历史长河之中。目前存留下来的大运河北京段沿线文物遗产点包括：高粱闸、什刹海、玉河故道、白浮泉遗址、广源闸、平津闸、永通桥及石道碑、张家湾南城门、城墙及通运桥（参见图1）、南新仓、通惠河通州段。其中，运河古河道、漕运码头遗址以及少数桥梁、闸坝、驿站、仓廒等地点，作为曾经运河盛景的残留物或历史陈迹，成了一种独特的“纪念之地”（places of remembrance）。本文“纪念之地”的说法借用的是德国文化学者阿莱达·阿斯曼（Aleida Assmann）提出的概念。她在有关地点记忆的研究中，从记忆连续性视角，区分了“代际之地”与“纪念之地”两个概念。阿斯曼认为，“代际之地”的传承力量来自活着的人与死者的亲属链条，更宽泛地说是家庭、群体与某个地方长期的、连续性的亲密联系。“纪念之地”与之不同，它是一种回忆之地，今人对其记忆是非连续性的，它与日常生活的亲密关联即活着的传统被打断。虽然被中断的历史在废墟和遗存中存留了其物质形式，但它们作为陌生的遗存与周围环境和当地人的生活毫不相干。因而，在阿莱达·阿斯曼看来：

> 一个回忆之地是那些不再存在、不再有效的东西残留下来的地方。为了能够继续存在和继续有效，就必须讲述一个故事，来补偿性地代替那已经失去的氛围。回忆之地是一个失去的或被破坏的生活关联崩裂的碎块。因为随着一个地方被放弃或被毁坏，它的历史并没有过去；它仍保存着物质上的残留物，这些残留物会成为故事的元素，并且由此成为一个新的文化记忆的关联点。但是这些地方是需要解释的，它们的意义必须附加上语言的传承才能得到保证。②

---

① 朴趾源．热河日记［M］．朱瑞平，校点．上海：上海书店出版社，1997：104.

② 阿斯曼．回忆空间：文化记忆的形式和变迁［M］．潘璐，译．北京：北京大学出版社，2016：356-357.

美国人文地理学家大卫·洛温塔尔（David Lowenthal）在《过去即他乡》（*The Past Is a Foreign Country*）一书中也表达了类似观点。他认为，记忆的遗忘令人对原本自身的传统也产生陌生感，过去的遗存既是“历史上的他者”又是“文化上的他者”，“过去不确定又不连续的事实只有交织成故事才能被理解”①。阿莱达·阿斯曼和洛温塔尔的观点对如何更有效地传承运河文化遗产有重要启迪作用，即如若不注重从讲述故事的叙事视角阐释大运河遗产，让那些承载故事元素的地点和遗存像“证人”一样“言说”，有关大运河遗产的文化记忆将逐渐被普通民众忘却而难以获得真正有效的传承。

图 1 大运河北京段沿线文物遗产点——北京通州张家湾南城门、城墙及通运桥遗址

来源：秦红岭摄于 2023 年 10 月

悠久的京杭大运河是我国古代水利工程的杰作，全长 1700 多千米，是世界上最长的古代运河。北京是大运河的北端城市和漕运终点，大运河在北京地区跨越昌平、海淀、西城、东城、朝阳、通州六大区域。作为北京“三条文化带”之一的大运河文化带以元明清时期的京杭大运河为保护重点，以元代白浮泉引水沿线、通惠河、坝河和白河（今北运河）为保护主线，全长 82 公里。其中，作为北京城市副中心的通州，地位尤其重要。通州自古水陆会要，有“左辅雄藩”“京畿咽喉”之称谓。作为明清时期漕运终点与南北物资交流枢纽，享有“一京二卫三通州”的美誉。按照大运河的分段来看，它正处在通惠河和北运河的交汇点上，“通州城市的这个位置已经十分清楚地表明了它与南北大运河的整

① LOWENTHAL D. The Past Is a Foreign Country [M]. Cambridge: Cambridge University Press, 1985: 218.

个关系，它是一个作为南北漕运尾闾的城市”①。受限于我国文物保护单位的类型划分，2006 年京杭大运河作为“古建筑及历史纪念建筑物”而被列入全国重点文物。2014 年京杭大运河成功入选世界文化遗产名录，成为中国第 46 个世界遗产项目。

大运河遗产相比于一般的建筑文化遗产，是一种典型的复合型文化遗产，遗产形态多样，它既包括运河河道、附属建筑、工程遗址等物质文化遗产，也包括特定的河道管理、漕运制度以及有关运河的传说、民俗、节庆和水神祭祀活动等非物质文化遗产，还包括运河湿地、林地等自然遗产。2012 年文化部公布的《大运河遗产保护管理办法》第二条将“大运河遗产”界定为：“隋唐运河、京杭大运河、浙东运河的水工遗存，各类伴生历史遗存、历史街区村镇，以及相关联的环境景观等。近代以来兴建的大运河水工设施，凡具有文化代表性和突出价值的，属于本办法所称的大运河遗产。”因此，将大运河遗产归类于建筑文化类遗产，显然不足以涵盖其丰富的遗产形态及其文化内涵。阐释大运河遗产的文化价值时，不能仅重视其物质文化遗产的价值，还应当重视非物质文化遗产的独特价值，尤其是非物质文化遗产具有深厚绵长的叙事性，特别有助于营造大运河文化的记忆空间与记忆氛围。

大运河的基本功能是漕运通道，大运河遗产形态的特殊性还表现在它的主体是一种水利工程，与漕运相关的水利、水运设施遗迹是运河物质文化遗产的核心构成。在此意义上，我们可以说运河遗产是一种水利工程遗产（含灌溉工程遗产）。相比于艺术价值突出的古建筑遗产，水利工程遗产如人工河道、专用桥梁、闸坝，其价值具有科技价值突出而文化价值内隐的特征，即一般而言，这类遗产的审美价值不明显，遗产的可读性和观赏性较低，普通公众很难直观地感受和了解其所蕴含的文化特征、精神意义和艺术价值。正因为如此，对于大运河遗产而言，更需要依赖有效的阐释路径，在一般的展示性、介绍性阐释的基础上，融入故事性、趣味性和参与性的叙事策略，提升公众对大运河遗产价值的兴趣和认知水平，增进公众对大运河遗产的珍爱之情，确保大运河文化遗产的代际传承与发展。

二、叙事性阐释：一种有效传达运河遗产文化价值的阐释路径

自 20 世纪 90 年代以来，世界范围内随着遗产保护从文物保护转型为与公

---

① 傅崇兰．中国运河城市发展史［M］．成都：四川人民出版社，1985：73.

众生活有广泛联系的文化遗产保护，“阐释”（interpretation）成为遗产保护的一个重要环节。“阐释”这一概念最早是从旅游遗产解说的维度中提出来的，在旅游学界更常使用“解说”这一术语。被誉为“现代阐释之父”的弗里曼·提尔顿（Freeman Tilden）在1957年出版的《阐释我们的遗产》一书中，在总结美国国家公园解说系统经验的基础上指出：“阐释与其说是单纯事实上的信息传达，不如说是通过利用原始对象、直接经验或说明性媒介而揭示遗产的意义及其相互关系的一种教育活动。”① 提尔顿认为，不论是文化遗产还是自然遗产都需要通过阐释的途径让大众了解，并利用人们的好奇心来丰富其思想和精神，阐释既是一种交流方法也是一种教育活动和公共服务，其重点在于传达遗产的意义以及人与遗产的关系。2008年，国际古迹遗址理事会第16届大会在加拿大魁北克通过的《关于文化遗产地阐释与展示的宪章》明确了“阐释”的内涵：“阐释指一切可能的、旨在提高公众意识、增进公众对文化遗产地理解的活动。这些可包含印刷品和电子出版物、公共讲座、现场及场外设施、教育项目、社区活动，以及对阐释过程本身的持续研究、培训和评估。”②

国外一些已被列入世界遗产或成为当地文化遗产的运河遗产，其保护和利用工作比较注重完整的解说或阐释系统的构建。例如，1825年建成的美国伊利运河（the Erie Canal）在2000年被认定为美国国家遗产廊道，在其保护和可持续利用方面特别重视遗产阐释。2003年俄亥俄州和伊利运河协会通过制定详尽的《俄亥俄州和伊利运河国家遗产廊道阐释规划》（*Ohio & Erie National Heritage Canalway Interpretive Plan*），建立了一个结构清晰的阐释系统，核心内容是确定阐释主题和故事框架以及具体的实施技术、方案和策略。③ 此外，在美国历史学者的建议下，以建造于1849年的衡闸建筑为基础，建立了伊利运河博物馆，以便让更多的人了解运河的历史与文化。2016年9月，位于纽约州拜伦港的老伊利运河遗产公园也向公众开放，该遗产公园位于伊利运河52号船闸的旧址，有助于提高公众和青少年对运河历史、工程技术及其对纽约经济发展重大贡献的认识，同时为游客提供了高品质的休闲体验（参见图2）。

---

① TILDEN F. Interpreting Our Heritage ［M］. 3rd ed. Hill：The University of North Carolina Press，1977：8.

② 关于文化遗产地阐释与展示的宪章［EB/OL］. 国际古迹遗址理事会，2017-04-10.

③ Ohio & Erie Canal Association. Ohio & Erie National Heritage Canalway Interpretive Plan ［EB/OL］. Ohio & Erie Canalway，2017-04-17.

图 2　拜伦港老伊利运河遗产公园（The Port Byron Old Erie Canal Heritage Park）

本文提出“叙事性阐释”这一概念，强调的是遗产阐释活动中叙事的作用。“叙事”是人类传递信息的一种基本方式，旨在把客观世界纳入一套言说系统中来加以认识、解释，典型的形式就是讲述故事。“叙事性阐释”指的是通过叙事性的文本、讲述、展示和空间事件，将运河文化遗产的价值通过故事的形式呈现出来，激发公众的记忆、想象和兴趣，达到让遗产“鲜活起来”的效果。联合国教科文组织编写的《世界文化遗产地管理指南》中有关遗址的展示和解释说明，一定层面上强调了叙事性的阐释：“每个世界遗产地都有不止一个重要的故事来说明其历史：它们是如何被建造的或如何被破坏的、曾经生活在那里的人、曾经发生过的活动和事件、遗址以前的用途和关于这些著名珍宝的传说。在展示和解释遗址的历史故事时，有必要选择性地找出那些最能令遗址吸引参观者兴趣的元素；关于人类意义的故事往往是最受欢迎的。”① 例如，美国伊利运河围绕它的历史有诸多有趣的故事，如《克林顿的大水沟》（Clinton's Ditch）、《水的婚礼》（The Marriage of Waters）以及伊利运河之歌——《一头叫赛尔的骡子》，这些故事既述说了伊利运河的历史，也成为引发民众对运河文化产生兴趣和情感认同的“触媒”。

文化遗产的“叙事性阐释”与遗产的展示（presentation）不同，虽然两者都是解释或表达文化遗产价值的手段，但“叙事性阐释”的主旨不在于仅仅通过陈列展示、宣传册、标志牌、导览手册、视听资料等媒介传递遗产的事实信息，或者对遗产的客观状况进行知识性的介绍。叙事性阐释的特征主要表现在

① 贝纳德，朱可托．世界文化遗产地管理指南［M］．刘永孜，刘迪，等译．上海：同济大学出版社，2008：116.

以下两个方面。

第一，“叙事性阐释”是一种基于多元叙事主体的描述性阐释，旨在用形象化、情节化、生活化的讲述把文化遗产的价值传递给公众。“叙事性阐释”不同于专业化的知识性阐释，它的主体既可以是遗产保护领域的专业人士，也可以是非专业人士。作为专业人员的叙事者，对公众进行遗产阐释时，应联系具体事件或故事将抽象的数据和深奥的专业术语通俗化，否则就可能限制公众对遗产价值的理解。作为非专业人员的叙事者，如历史参与者或见证者的口述，则是以个人叙事的方式展现遗产的价值，还原文化遗产的真实细节，呈现遗产价值的丰富内涵。

例如，浙江嘉兴市在对运河船民口述史调查工作的基础上，于2016年年底出版了《运河记忆：嘉兴船民生活口述实录》，收录了中国大运河（嘉兴段）船民生活的口述史材料40份，包含着45位被访者对运河与舟船生涯记忆的实录，让船民们以个人叙事的方式阐释运河的行业文化与劳动记忆，该书“把眼光从帝王将相、庙堂、知识精英转向草根、民间，为经济史、社会史、文化史研究提供宏阔理论所不能取代的丰富细节”①。此外，一些作家、艺术家（同时也可能是亲历者）往往以富有魅力的文学语言和艺术形象阐释文化遗产的价值，对遗产传承有着独特的作用。例如，本是通州人的著名乡土文学作家刘绍棠童年生活在北运河畔儒林村，10岁后到通州城读书，在运河文化的风物濡染中，他的小说从漕运码头出发，成了大运河乡土文学的典范作品，他也因此而被誉为“大运河之子”。刘绍棠曾说：“我要以我的全部心血和笔墨，描绘京东北运河农村的二十世纪风貌，为二十一世纪的北运河儿女，留下一幅二十世纪家乡的历史、景观、民俗和社会学的多彩画卷，这便是我今生的最大心愿。我的名字能和大运河血肉相连，不可分割，便不虚此生。”② 读他的小说，如《运河的桨声》《蒲柳人家》《渔火》等，不仅让我们感叹运河水边人家的人生际遇和悲欢离合，也让我们了解昔日运河的乡俗乡情和故道遗风：

> 一九三五年的时候，通州有四大船行，每个船行都有大小几十只船；小船出租，大船自己经营。北运河上，四大船行的船都能走，叫官道；另外那四条河，四大船行各占其一，叫分水。

---

① 黄蕙昭．运河记忆：在嘉兴船民的口述史中，寻找对民间生活的敬意［EB/OL］．澎湃新闻，2017-01-18.

② 刘绍棠．温故知新［J］．写作，1989（11）：5.

> 独占通惠河的这个船行，字号就叫通惠记，出租二十四只小船；这些小船也打鱼，也运货，也搭乘游客，他们三船一帮，五船一伙，一帮一伙都有个领船的；领船的一要有唇枪舌剑，二要敢两肋插刀，动口动手全不怯阵，一个个都像是梁山泊的阮氏三雄。(《渔火》)①

在《渔火》这篇小说中，还穿插有不少有关通州运河历史和名胜的知识性介绍和景物描绘，如对八里桥（即永通桥）和燃灯佛舍利塔（参见图 3）的描写，寓小说叙事中形象阐释了通州运河文化：

> 八里桥横跨在通州城外八里的通惠河上，是一座玉石栏杆的虹桥。它有赵州桥的奇巧，又有卢沟桥的雄伟，还有姑苏枫桥的秀丽，桥南桥北，绿柳垂杨，杂花生树，群鸟乱飞，乃是京东的一大名胜。
>
> ……
>
> 四只小船拐过城西北角，在淡淡的晨雾中，依稀可见城墙内耸立云天的燃灯佛舍利塔。这座宝塔在文庙西侧的佑胜教寺内，创自唐朝贞观七年，也就是唐太宗时代。燃灯和尚是隋朝的名僧，死后葬埋此地。塔有十三层，高有十几丈，层层挂满大大小小镀金的铃铎；天晴气清，一柱擎天，塔影垂映在通惠河上，风吹铎铃叮叮咚咚，在蓝天白云间响成一支悠扬悦耳的梵曲。塔顶上，直钉着一支铁矢，世传为金代杨彦升射中于上，虽经数百年风风雨雨，铁矢依然屹立不动；更有几株翠绿的瓦松，挺拔于古老的宝塔之巅。民国以后，佑胜教寺断了香火，庙门朱漆剥落，寺内的庙宇也已经坍塌残破，宝塔全身长满了青苔。②

---

① 刘绍棠．刘绍棠中篇小说集［M］．长沙：湖南人民出版社，1981：357-358.

② 刘绍棠．刘绍棠中篇小说集［M］．长沙：湖南人民出版社，1981：364-366.

图 3　位于北京通州区京杭大运河北端的燃灯佛舍利塔
来源：秦红岭摄于 2023 年 10 月

可见，在对遗产的叙事性阐释中，由于叙事主体不同，对于同一文化遗产，不同的群体、不同的叙事者往往从不同侧面讲述不同的故事，赋予其不同的联系和意义，以此共同构建出具有丰富文化意蕴的遗产故事。尤其要强调的是，“叙事性阐释”不是简单地传递信息，它本质上是对文化遗产的追忆性解读，它从关注对运河遗产“物”的阐释转向关注“物与人的关系”，注重通过对运河遗产所承载的故事和事件的情感追忆，讲述运河遗产及其场所与历史人物（包括特殊群体，如船民）、历史事件（重要活动）的关联性，从而唤起人们的文化记忆，对人们的思想和情感产生一定的影响。在此意义上，追忆性解读既是一种文化寻根，本身也成为遗产文化意义生成的重要部分。

第二，“叙事性阐释”注重通过多样化的“讲述故事”媒介，将较为抽象或理性的知识信息转换成感性的、有趣的信息以及参与性的事件或活动，从而更为有效地向公众传达遗产的文化价值。这里“多样化”强调的是不仅要有基于文本的阐释（如文字、图片、声音等），也包括加入突出遗产文化特色的“叙事性事件”，如仪式性场景、节庆活动等方式。丹尼斯·弗兰齐曼（Dennis Frenchman）曾从城市设计视角探讨了以节庆活动为核心的“事件—场所”（e-vent-places）对提升城市文化资本以及唤起城市记忆的意义，他认为“很多

‘事件—场所’通过它们的主题呈现创造品质，从而再现本地遗产的传统和典型形象”①。

对运河文化遗产的传承而言，那些早已中断使用的、仅留下遗址的物质文化遗产或极少人真正熟悉的非物质文化遗产，若能以“活态历史”场景、节庆活动和“事件—场所”的方式呈现或展演，将有助于营造运河遗产的历史氛围，让本地人和游客感受到历史与文化记忆的真实存在，从而提升运河遗产与现代城市日常生活和体验的关联性。例如，2005年通州运河船工号子和运河龙灯被列入北京市级“非物质文化遗产”名录。其中，通州运河船工号子是运河船工为统一劳动步调、增加劳动兴趣而集体创作的一种地方民歌，演唱形式除起锚号为齐唱外，均为一领众和（参见图4）。随着漕运废除，通州运河船工号子早已失去存在的土壤和原有的功能。传承这些运河非物质文化遗产不仅需要基于血缘或师徒关系的言传身教，在当代社会更需要与之相契合的节庆活动、庙会或特色文化活动的“辅佐”，使之不被“束之高阁”，让更多的人了解。

图4　民间大运河文化爱好者正在表演通州运河船工号子

来源：秦红岭摄于2023年9月

需要说明的是，“叙事性阐释”虽然会融入一定的想象成分，如诠释学重要代表保罗·利科（Paul Ricoeur）所说，叙事充满想象的变异（imaginative variations），叙事中的“过去”只是叙事者讲述中的“准过去”（quasi-past）②，但讲述文化遗产故事时应当建立在基本的客观性和历史真实性基础上，不能将一

① FRENCHMAN D. Event-Places in North America: City Meaning and Making [J]. Places, 2004, 16 (3): 36-38.

② RICOEUR P. Oneself as Another [M]. Chicago: The University of Chicago Press, 1992: 148, 163.

些完全虚构的意义附加到运河遗产之上。因此，作为文化遗产保护基本价值准则的“真实性”（authenticity）原则，同样是叙事性遗产阐释的基本要求。正如国家文物局、文化和旅游部及国家发展改革委发布的《关于开展中国文物主题游径建设工作的通知》所说：“坚持挖掘史实，以信实可靠的文物、史料、地方志、档案文献等为依据，准确研究和解读文物信息，多层次、全方位挖掘展示历史事实、文化内涵。坚持通俗准确，讲解员、导游要掌握运用研究成果，用游客喜闻乐见的语言与形式，讲好文物故事，做到通俗不媚俗、大众不从众，严禁用野史替代史实。”①

三、运河遗产文化价值叙事性阐释的基本策略

当代社会，从一定意义上说，相比于文化遗产的物理性修复与保存，更为困难的是如何让它成为今人喜爱并与现实生活产生关联与互动的文化空间。遗产阐释尤其是主要针对公众的叙事性阐释，正是解决上述困难的重要路径。具体而言，可运用以下基本策略。

第一，运用“主题化阐释”手段，构建运河遗产价值的叙事性阐释体系。

“主题化阐释”既是一种挖掘遗产价值、确定遗产阐释内容的工具，还是一种主题化的遗产展示模式，即运用主题筛选和提炼、活动体验主题化和景观场景主题化等遗产阐释规划和方法，将具有相同或相近文化主题的遗产有机融入一个线性（或网状结构）的、具有层次性的整体保护与展示系统之中，开启文化空间场景叙事之可能性。当代文化遗产保护实践中，主题化的整体保护模式日益重要且成为一种发展趋势。例如，在文化遗产保护领域，“城市遗产足迹”（city heritage trail）或文化探访路、文物主题游径作为一种主题化的遗产保护模式，就是一种以特定主题线路为基础有机关联、串珠成链，呈线性分布或网状结构的专题性历史文化遗产集合和旅游线路。对大运河遗产而言，由于在空间上展现为一条狭长的带状分布，其本身就是典型的线路遗产，适宜于以大运河这一“元主题”为核心，将大运河河道及沿线主要遗产点串联起来，构成具有一定历史文化意义的线性廊道，即遗产廊道（heritage corridor）或时空尺度更大的文化线路（cultural routes）。2006 年时任国家文物局局长的单霁翔曾指出，京杭大运河既是线性文化遗产，也可作为“文化线路”“文化遗产廊道”和广义

① 国家文物局 文化和旅游部 国家发展改革委关于开展中国文物主题游径建设工作的通知：文物保发〔2023〕10 号［EB/OL］. 国家文物局官网，2023-05-04.

的“工业遗产”加以保护。① 实际上，国内学者在对大运河遗产保护的研究中，较为普遍地认为其具备文化线路的基本要素而将大运河视为一种运河主题的文化线路。② 基于城市层面的空间尺度，主题化的整体保护和阐释传播模式则表现为建构相关的文化探访路或区域性文物主题游径。例如，北京市文化和旅游局曾策划了包括“运河慢游，回望历史话千年”“古韵新风，运河之滨品文化”“望古溯源，触摸运河古遗迹”“银锭观山，闲庭意趣知漕运”等在内的12条北京大运河休闲旅游精品线路。

不同空间尺度上的主题化保护模式，都需要通过阐释或解说这一环节，增强公众对遗产的认知度。文化遗产阐释规划和阐释系统的核心是在主题筛选的基础上构建主题性框架。例如，美国俄亥俄州和伊利运河国家遗产廊道建构了两级主题阐释框架，即通过一个阐释运河遗产过往与今天主题思想的核心故事（the core story），以及“来到俄亥俄州/自然资源之地”“西部第一条运河/俄亥俄州和伊利运河边的生活”“俄亥俄州制造/为美国生产”“创造家园/运河社区”“再利用我们的遗产/展望未来”五个次级解说主题，系统阐释了伊利运河遗产的文化价值，而且在核心主题与五个次级主题之下同时又都辅之以两级故事（level 2 stories）加以阐释。③

相比于美国运河遗产系统的阐释规划，我国目前对大运河遗产的保护与利用，还没有编制相关的遗产阐释规划，反映运河遗产价值和历史变迁的主题框架有待构建。以大运河北京通州段为例，作为北京地区最重要的运河文化遗产地，已于2020年6月21日发布《通州区大运河文化带保护建设规划》（参见图5），在此基础上可以考虑编制《通州区大运河文化带阐释规划》，在大运河核心故事主题之下，围绕大运河通州段历史遗产传承点在历史中的变迁、作用以及所留下的精神遗产，筛选重要的遗产故事，以此为线索，归纳提炼出这一遗产区域的阐释主题及数个分主题，在此基础上，通过详尽、具体和直观的展示途径和阐释设施（如有统一的视觉识别符号的解说牌）将大运河遗产的文化价值

① 郑娜．文化遗产的线性保护以及大众参与的探索［N］．人民日报（海外版），2010-11-09（7）．

② 参见陈怡．大运河作为文化线路的认识与分析［J］．东南文化，2010（1）：13-17；朱晗，赵荣，郗桐笛．基于文化线路视野的大运河线性文化遗产保护研究：以安徽段隋唐大运河为例［J］．人文地理，2013，28（3）：70-73，19；王建波，阮仪三．作为文化线路的京杭大运河水路遗产体系研究［J］．中国名城，2010（9）：42-46；丁援．文化线路：有形与无形之间［M］．南京：东南大学出版社，2011：174-185.

③ Ohio & Erie Canal Association. Ohio & Erie National Heritage Canalway Interpretive Plan［EB/OL］. Ohio & Erie Canalway, 2017-04-17.

传达给公众。

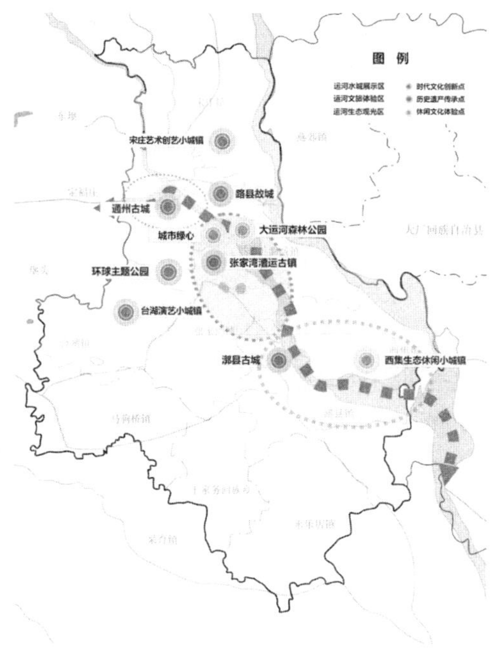

图 5《通州区大运河文化带保护建设规划》图例
来源:《通州区大运河文化带保护建设规划》

第二，在文化遗产阐释中注重挖掘和发挥与大运河遗产相关的文学艺术作品（含纪实性的口述史、回忆录）等叙事性阐释资源的独特作用。

反映时代精神的文学作品作为集体记忆的媒介，在文化传承中发挥着相当独特的作用。对此，德国学者阿斯特莉特·埃尔（Astrid Erll）在探讨文学作为集体记忆的媒介时提出，文学作品有两个本质特征。其一是对处在社会文化背景下的个人记忆而言，它是一个重要的媒介框架（cadre medial），以叙述化建构方式实现对现实和过去的阐释，帮助我们形成对过去的想象并影响着个人记忆；其二是文学作品作为一种有储存信息（“文化文本”）和传播信息（“集体文本”）功能的媒介，并且在记忆文化中还作为暗示和记忆反思的媒介，有其独特的属性，能够根据不同的回忆方式（重新）建构过去的集体记忆。①

阿斯特莉特·埃尔所说的文学作品作为集体记忆的媒介，在中国大运河文化的建构与传承中表现得相当典型。受运河文化哺育并作为运河文化重要构成

① 埃尔，冯亚琳．文化记忆理论读本［M］．余传玲，等译．北京：北京大学出版社，2012：227-243.

的运河文学，作为重要的运河文化文本，以自己独特的方式，存储和阐释丰富的历史文化和集体记忆信息。刘勇等学者指出，“大运河是一条文学的河，激活了民族的韵味与哲思，蓬勃着人性的自然与活力”①。赵维平指出，“明清小说的主体是运河流域小说，其代表作品大多诞生于运河流域并与运河文化密不可分”②。《三国演义》《西游记》《水浒传》及《红楼梦》这“四大名著”的作者全都与运河城市相关。《三国演义》的作者罗贯中长期生活在杭州，《水浒传》的作者施耐庵是江苏兴化人，《西游记》的作者吴承恩是江苏淮安人，《红楼梦》的作者曹雪芹先后在南京和北京生活过。明代最具代表性的短篇白话小说集“三言二拍”更是与大运河有直接关系。据苗菁统计，冯梦龙的“三言”120 篇故事中，写明代故事的有 31 篇，占故事总数的 1/4，其中与京杭大运河有关的故事有 20 篇，占明代故事总数的近 4/5；凌濛初的“二拍”中的明代故事涉及京杭大运河的作品数量虽有所下降，但也占到明代故事总数的 1/3 以上。③明清小说的巅峰之作《红楼梦》的作者曹雪芹熟悉大运河的南北风情，他的家族在北京通州张家湾运河码头一带开过当铺和染坊，《红楼梦》因而也间接涉及运河的一些生活和历史细节。例如，第二回写林黛玉的父亲林如海曾在扬州担任过运河要道的巡盐御史；第三回写“林黛玉抛父进京都”，是从扬州坐船入的京都，航程应该是南北直通的京杭大运河；第十七回“原来这桥便是通外河之闸，引泉而入者”④ 写的是利用桥闸引来运河活水；第五十七回邢岫烟回答薛宝钗把棉衣当在哪里时，说“叫作‘恒舒典’，是鼓楼西大街的”⑤，鼓楼西大街靠近京杭大运河北边漕运的总码头积水潭北岸；第六十四回写贾琏偷娶尤二姐时，写道“已于宁荣街后二里远近小花枝巷内买定一所房子”⑥。关于“小花枝巷”一说是指被称为“大运河第一码头”张家湾南门内西侧的第一条胡同。1968 年，农民在平整曹家大坟过程中，挖出了写有“曹公讳霑墓”的墓葬刻石，用作盖房基石。1992 年，此墓石在张家湾重见天日，使张家湾与曹雪芹结下了不解之缘。据有关文献记载和专家考证，曹家在张家湾有典地 600 亩、当

---

① 刘勇，陶梦真．运河文化的历史品格及其文学书写［M］//宫辉力．运河研究年度文选（2018）．北京：社会科学文献出版社，2020：229.

② 赵维平．明清小说与运河文化［J］．江海学刊，2008（3）：182.

③ 苗菁．“三言二拍”中的明代故事与京杭大运河［M］//宫辉力．运河研究年度文选（2018）．北京：社会科学文献出版社，2020：245.

④ 曹雪芹．红楼梦［M］．北京：人民文学出版社，1996：176.

⑤ 曹雪芹．红楼梦［M］．北京：人民文学出版社，1996：597.

⑥ 曹雪芹．红楼梦［M］．北京：人民文学出版社，1996：681.

铺一所，另外曹家大坟也在张家湾。①

当代语境下，运河文学仍然有着强大的生命力。如前面以刘绍棠为代表的运河文学，就是通州运河文化珍贵的记忆媒介。刘绍棠之后，随着大运河申遗成功，出现了“运河文学”创作的小繁荣。② 除了小说，描绘大运河的诗词歌赋更为丰富，李广成辑注的《通州运河文化·通州诗抄》，是从海陵王在通州造船通航为起始的 1151 年至 1900 年间的近千首相关作品中筛选而出的。除此之外，通过运送往返或游历于京城和南方各地的官员文人、外国使节和传教士等，留下了大量记载有运河历史的纪实性回忆录或笔记小说，包括直接针对通州运河的文本，如 1793 年英国马戛尔尼使团的回忆录，尤其是元明清三代朝鲜（高丽）使臣的中国见闻记录，被统称为《燕行录》，有五百余种，内容多为日记、随笔体裁，是外国人认识中国的宝贵一手资料，一定程度上可以弥补相关史料的不足。除前面提及朴趾源的《热河日记》外，金景善的《燕辕直指》、闵仁伯的《朝天录》、李安讷的《朝天后录》、黄中允的《西征日录》、李民宬的《癸亥朝天录》、郑士信的《梅窗先生朝天录》等都有不少有关通州运河盛景的记录，有待进一步整理和提炼成阐释资源。这些外国使节的日记、观感和回忆录，是一种特殊的口述史，为我们保存了二三百年前运河的历史片段。除了重视这些站在“他者”立场的阐释资源外，更应当重视本地口述史资源的调查与整理，从不同侧面建构运河遗产鲜活的文化意象。

第三，结合运河遗产的地域特色，定期举办相关节事活动，将运河物质文化遗产保护与非物质文化遗产的传承有机结合。

运河遗产本身是物质遗产和非物质文化遗产的复合形态，对其保护和阐释要善于发挥节事活动的独特作用，借助其在时间、空间上且具有事件性的周期性展示，营造富有活力的节事文化空间，既有助于形成强大的传播效应，又有助于潜移默化地传承运河文化。广义上看，节事活动包括文化庆典（如节日、民俗庙会、大型展演、历史纪念活动等）、文艺活动（艺术节、音乐会、文化展览等）、商贸会展、教育科学（学术论坛、研讨或培训班、讲座等）、休闲娱乐、体育比赛等。从 2014 年开始，北京通州运河文化公园在春节期间举办运河文化民俗庙会，其聚集人气的节日市场化效应，吸引了更多人通过休闲游玩的形式

① 高健．红学学术研讨会召开，《红楼梦》场景有望在张家湾重现［N］．北京日报，2015-10-10.

② 刘勇，陶梦真．运河文化的历史品格及其文学书写［M］//宫辉力．运河研究年度文选（2018）．北京：社会科学文献出版社，2020：229.

了解民俗文化。通州还结合传统节庆以及传统民俗活动，不定期举办“爱在运河，情浓端午”通州运河民俗文化节、北京通州运河书院元宵节文化传承活动、通州运河中秋游船赏月活动，近年来升级为“遇见运河”系列文旅活动，引导公众以多种方式遇见运河、探访通州。从 2017 年开始举办的北京通州运河半程马拉松，至 2019 年已成为国内知名体育赛事 IP，成为展示通州区建设北京城市副中心、打造大运河文化带的重要窗口。经历疫情之后，2023 年该体育赛事得以恢复，赛道设计以大运河文化带为核心，途经大运河森林公园、运河公园、西海子公园（葫芦湖景点）、燃灯塔和周边古建筑群等北京（通州）大运河文化旅游景区核心景点，选手奔跑在运河两岸，既是在一幅城市风光画中畅游，又是一场穿越古今的沉浸式历史文化之旅。①

另外，还可以考虑在特定的运河文化空间中，通过历史场景再现、情景模拟与互动式体验有机结合的方式，还原过去场景中的生产、生活片段和传统风俗。从 2008 年开始一年一度的通州运河艺术节曾在舞台上完整复原明清两代通州开漕节仪式。开漕节曾是通州独有的节日文化，每年农历三月朔日举办，庆祝一年中首批粮帮运船到达通州，同时保佑漕运平安。这种极富地域文化特色的节日庆典仅仅在舞台上加以情景再现是不够的，适宜作为一种传统的节庆活动在特定的日子定期举办，使之成为当代通州独特的文化景观。

第四，重视文化遗产阐释设施的多元运用，尤其是要注重通过有叙事元素的场景设计、公共艺术的成功介入营造一种特殊的历史氛围，强化运河遗产、历史事件与日常生活的联系。

公共艺术主要是指以任何媒介创作的，置放或附加于公共空间中的艺术作品，如街道上、公园里的雕塑、壁画、地景、装置等。在当代城市建筑文化遗产保护领域，公共艺术的介入、公共艺术与历史建筑环境的有机融合，不仅是建筑环境艺术化的主要手段，而且是阐释文化遗产的文化内涵、强化建筑环境的特色并潜移默化地教育大众的重要手段。例如，位于北京通州运河东关大桥北侧的运河公园除了有表达“潞河帆影”的景观营造外，中轴线水系景观东侧还建有花岗岩制成的地雕艺术“千年步道”（参见图 6），它以历史年代为主线，选取有关大运河历史的 14 件大事为主题，直观形象地描绘了运河历史文化，但若是旁边的碑记介绍有更强的叙事性内容和更为活泼的表现形式，就能吸引更多的人驻留欣赏。除了重视特定文化场所的公共艺术介入外，还可尝试通过公

① 2023 北京银行北京城市副中心马拉松新闻发布会召开 4 月 9 日盛大起跑［EB/OL］. 北京市通州区人民政府网，2023-03-13.

共景观设计和公共艺术将已消失或埋藏于地下的建筑遗址或运河文化符号融入运河遗址保护之中。另外，将表现运河遗产的公共艺术渗透到日常街道设计之中，也是一种可行的阐释策略。通州老城所在区域分布着运河河道、漕运码头遗址以及街巷、仓储、衙署、驿站等历史遗存，但现在缺乏显著的文化标志，可借鉴澳大利亚达尔文市的“旅游者之路”的做法（将表现该城历史景观的马赛克图案铺装在早年旅游者从码头登陆进入市中心的道路上），以此方式向更多的人“讲述”运河的历史与文化，通过公共艺术的介入强化运河遗产的文化标识性。

图 6 北京通州运河公园的花岗岩地雕艺术“千年步道”

来源：秦红岭摄于 2020 年 5 月

总之，运河遗产作为一种“纪念之地”和复合型的水利工程遗产，其文化价值被公众广泛了解并持续传承下去，需要有效的阐释系统。对此，弗里曼·提尔顿说得好：“通过阐释，才能了解，通过了解，才能欣赏，通过欣赏，才能保护。”①

（作者简介：秦红岭，北京建筑大学人文与社会科学学院院长，教授。长期从事建筑伦理与城市文化研究，著有《建筑伦理学》《城市规划：一种伦理学批判》《城迹：北京建筑遗产保护新视角》等八部；主编《建筑伦理与城市文化》等论丛；发表学术论文 140 余篇。）

---

① TILDEN F. Interpreting Our Heritage [M]. 3rd ed. Chapel Hill: The University of North Carolina Press, 1977: 38.

运河形胜——中国古代运河人居环境的一种整体营建理念

王　晶

摘要：本文在整体观的视野下，面对当代运河城镇片段化、碎片化的发展趋势，关注运河人居环境的整体秩序营建需求。引入古代人居环境的“形胜”概念，选取运河与流经重要流域水系交汇区域进行整体综合治理，营建了具有多种优势的人工与自然环境“一体化”的运河水陆环境格局，即“运河形胜”。研究以中国大运河整体贯通形势为背景，尝试挖掘“运河形胜”构成体系与优势格局。通过提炼精神内涵与物质要素的运河形胜构成，构建了多层次精神主体、复合层级物质要素的各尺度运河形胜优势格局：大聚—险要贯通安全格局、中聚—丰腴有序资源格局以及小聚—意趣优美意境格局。

一、问题缘起：运河历史城镇建设的整体性发展需求

中国大运河是中国历史上人工与自然相结合的伟大创造。大运河肇建于距今2500年的春秋时代，从隋代开始实现全线贯通，经唐宋发展，最终在元代成为纵贯南北的京杭大运河。大运河贯通了海河、黄河、淮河、长江、钱塘江等五大水系，是世界上规模最大、线路超长且延续至今的农业社会人工运河工程体系。

历史上的大运河连接政治中心与经济发达区域，以漕粮运输、航运为核心功能，同时兼具水利、农业灌溉和贸易沟通等功能。作为跨时间、跨地域的人工—自然系统，运河串联起中华文明的多个文化片区，沿线多种文化的持续交流融合，“支撑了汉唐之后中华文明的持续发展和长期繁荣，维护了国家的长期统一，连接起陆上与海上丝绸之路”①。大运河资源禀赋极为丰富，孕育、发展

① 曹兵武．大运河遗产化与当下的中华文明复兴：兼谈大运河文化带建设的有关问题［J］．中原文化研究，2018，6（4）：61-66.

出了繁荣多样且秩序井然的历史人居环境。

2014 年，“中国大运河”成为世界文化遗产，运河的整体价值与历史贡献作为全人类共同的财富得到广泛认可。但当代大运河整体价值认知欠缺、各河段物质形态断层，使得运河人居整体秩序与内在逻辑逐渐式微。在这种情况下，“以传承和永续利用大运河整体性价值为目标、提炼运河人居秩序的整体性营建理念”成为运河人居环境可持续发展的需求。

二、大运河历史人居环境“整体性”特征与运河形胜

本研究以人居环境科学的多学科交叉“整体观”为主要指导思想，同时建立在大运河沟联贯通的时空形势基础上。

（一）大运河沟联贯通的整体时空形势

大运河整体时空发展形势是运河人居环境生长、发展的历史土壤。大运河在中国历史上多民族统一的长期历史进程中，成为支撑中国社会与民族南北融合的重要通道。“大运河与万里长城交相辉映，共同构成了中国古代天下人居环境建设的支撑，这也只有在大一统国家才能有如此创举。”① 柳诒徵在《中国文化史》中认为隋唐运河是中国南北方统一的重要因素。② 大运河自北端终点南下，逐渐由多段自然水道或人工沟渠连通而成，与流经区域的经济、社会和人民生活具有密切的内在联系，构成勾连贯通、统会融合的整体地理与文化形势，是“天下人居”③ 的重要支撑工程系统。

1. 时空脉络延续贯通

中国大运河是一个复杂变化的时空体系。大运河经历了沟通的初创时期、隋唐第一次全国沟通，以及元代改线后的第二次沟通等三个重要阶段④，上千年

① 吴良镛．中国人居史［M］．北京：中国建筑工业出版社，2014：165.

② 柳诒徵．中国文化史［M］．北京：中国社会科学出版社，2008：517. “中国南北之分，以江、河为最大之界限。故欲通南北，必先通江、淮以为之枢。春秋时吴将伐齐，先城邗沟，通江、淮。历秦、汉至南北朝，其道渐湮而迹犹存，故隋世屡开之。而通济、永济二渠，江南之河，皆与邗沟衔接。于是南至余杭，北至涿郡，西至洛阳，胥可以舟航直达。此隋、唐之所以能统一中国之一大主因也。”

③ 吴良镛．中国人居史［M］．北京：中国建筑工业出版社，2014：301.

④ 从中国大运河的主要历史发展阶段方面看，按照其开凿河段的结果特征，可集中划分为三个时期：运河初创时期，以邗沟初次沟通南北、联系江淮为标志事件；隋唐第一次沟通阶段（公元 7 世纪—12 世纪），以运河第一次贯通南北方区域为标志；元代的第二次沟通阶段（公元 13 世纪—19 世纪），则以大运河直接沟通北方大都与南方经济区域从而形成了京杭大运河为标志性事件。

的历史演进，沟通众多自然河道的同时形成了运河自身的主干河段①。这些河段的演变、发展过程复杂，虽在不同历史阶段各河段所处环境和主要特点差异较大，但其总体时空发展脉络延续贯通。纵观运河的历史发展，运河在初创时期及在公元7世纪和13世纪的两次整体沟通，有目的地将不同时空背景的河道、水体进行改造并连接起来，组成了时空延续贯通的中国大运河。

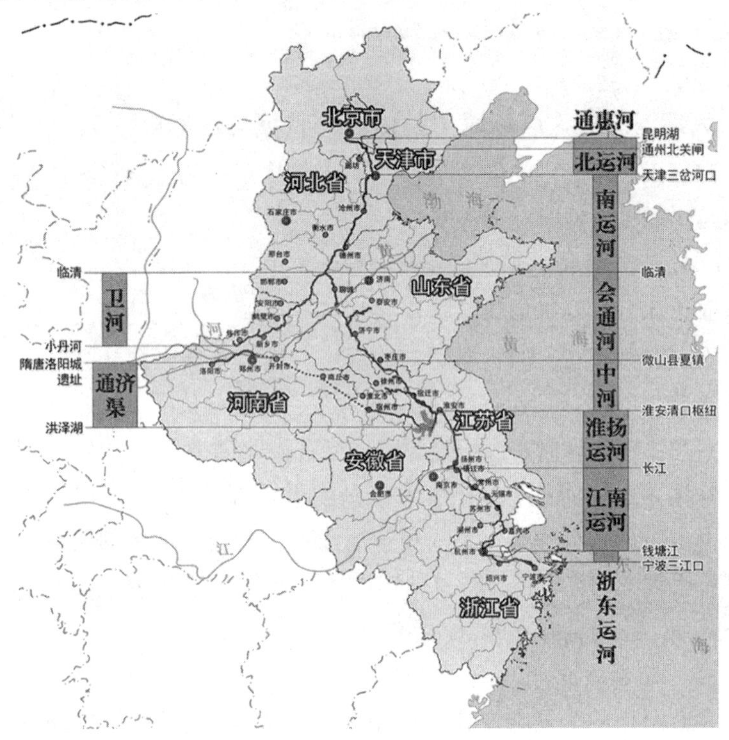

图1　大运河遗产分段示意图

来源：《大运河遗产保护与管理总体规划（2011—2030）》

从运河流经的地理环境背景看，运河贯通各流域的交汇口，直接影响了该段运河的工程技术特征。在中国整体西北高东南低的层级下降地形条件下，西部发源的大江大河均是由西向东入海。运河流经水系流域包括海河、黄河、淮河、长江及钱塘江。

① 本文沿用各历史时期大运河的命名习惯以及中国大运河世界文化遗产的分段命名方式，将中国大运河主干河道总体分为隋唐运河（卫河即永济渠、通济渠即汴河）、京杭大运河（惠河段、北运河、南运河、会通河、中河、淮扬运河即里运河、江南运河）以及浙东运河。

表 1　运河各河段特征及交汇流域概况

运河河段	气候条件	交汇流域	形成时期	延续时期	流域运河主要特点
通惠河	温带季风气候	海河流域	元代	元、明、清代	大运河北方终点
北运河	温带季风气候	海河流域	东汉	元、明、清代	接海上丝绸之路与内陆漕运的节点；由海河北系、南系（即大清河水系）以及漳卫河、子牙河等众多河流呈“千淀归墟”态势汇集于三岔河口入海
南运河	温带季风气候	海河流域	东汉	元、明、清代	海河南系、漳卫河交汇。以众多弯道工程降低纵比保证航运畅通的河道
会通河	温带季风气候	海河、黄河、淮河流域	元代	元、明、清代	与卫河（永济渠）、南运河、泗水等交汇的关键位置。具有众多节制闸群，穿越大运河全段水脊。大运河全段唯一一段湖中运道
淮阳运河	亚热带季风气候	长江、淮河流域	春秋	隋、元、明、清代	沟通淮河流域与长江流域。运河初创的历史河段，长期演变、变化频繁具有代表性
江南运河	亚热带季风气候	长江、太湖、钱塘江流域	春秋	隋代—清代	太湖流域东南部岗身洼地水网密布。水系易壅塞，东南泄入海。该区域运河开凿时间较早、修建和维护历史较长、网状分布的河道系统，是延续使用时间最长的河段之一

资料来源：作者自绘

2. 交汇区域人工自然沟联贯通

大运河与重点水系交汇的关键部位，在其规划、选线之初就将运河与交汇河道的关系纳入考虑范围。交汇流域主干水系所经区域支线丰富、对区域影响力广泛。纵观运河各个历史时期的主要兴废，均与运河交汇区域的兴废密切相关，是历史上运河整体贯通治理的重点和难点。该区域运河水利、航运等水工枢纽工程集中，管理服务设施也多设置于此，它的兴衰变化深刻影响运河的整体形势。可以说水系交汇情况决定了各历史时期运河河段的划分，且交汇区域的贯通治理对运河调适、改线等重大决策具有重要意义。

大运河与重要流域水系交汇区域的综合治理是大运河整体形势和价值的集中体现与保证。大运河纵贯黄淮海平原、长江三角洲平原，从华北平原直达长江三角洲，途经的海河、长江、淮河以及太湖等重要流域水系密布、河网发达，成为大运河人工河段水量的重要补给。运河在这些纵贯交汇区域的水系治理实现了运河沟联贯通的整体形势，成为区域治理的“国之大事”。

表 2　重点水系交汇区域延续时间主要工程特征表

运河河段	气候条件	交汇流域及主干水系	重点交汇区域	运河整体形成时期	运河延续时期	关键交汇工程特征
北运河	温带季风气候	海河流域：海河	海河流域东部入海区域	运河第二次大沟通（元代）	元代 明代 清代	正河与减河一体防洪体系
会通河	温带季风气候	海河流域：卫河 黄河流域：废黄河	卫、黄河流域运河全线水脊区域	运河第二次大沟通	元代 明代 清代	交汇卫、黄河流域，黄、运、泉、闸合一。形成闸漕，四水济运、南四湖、北五湖等等水量调蓄体系
淮阳运河	亚热带季风气候	淮河流域：淮河 长江流域：长江	江淮流域中下游区域	运河第一次大沟通（春秋）	隋代至清代	在交汇江淮流域建立湖漕引淮济黄、引江济运的河湖一体化综合工程体系
江南运河	亚热带季风气候	长江流域：长江 太湖流域：太湖 钱塘江流域：钱塘江	太湖流域东部低洼湿地区域	运河第一次大沟通（春秋）	隋代至清代	在交汇太湖流域营建水、田一体的塘浦圩田体系

资料来源：作者自绘

运河沟联贯通的各种工程治理措施直接体现了运河统会融合的精神内涵，并在各类历史典籍中得以呈现。其中记录运河治理理念、工程建设技术及其水工设施营建的资料尤为丰富。如唐代《元和郡县图志》、北魏郦道元所著《水经注》、清代《读史方舆纪要》等全国性的地理总志均记载了运河的流经走线、舆地名胜。此外，在《明史・地理志》《明史・河渠志》《清史稿・地理志》《清史稿・河渠志》等正史中，也可以获得当时有关运河的丰富信息。

表 3 部分运河相关历史文献列表

运河相关史书	出版文献
［西汉］司马迁《史记·河渠书》	［后魏］郦道元《水经注》北京文学古籍刊行社，1955
［东汉］班固《汉书·沟洫志》	［唐］李吉甫《元和郡县图志·河南道一·汴渠》中华书局，2005
［东汉］班固《汉书·地理志》	［北宋］王溥《唐会要·漕运》上海古籍出版社，1991
［西晋］陈寿撰［刘宋］裴松之注《三国志·魏书》	［北宋］沈括《梦溪笔谈·卷二十五》上海书店出版社，2003
［南朝］范晔《后汉书·王景传》	［北宋］王存《元丰九域志·汴水》中华书局，2004
［唐］魏征等《隋书·炀帝纪》	［北宋］欧阳忞《舆地广记·卷五》中华书局，1985
［五代］刘昫《旧唐书·刘晏传》	［宋］孟元老《东京梦华录》上海古典文学出版社，1956
［北宋］司马光《资治通鉴》	［北宋］张方平《乐全集·卷二十七·论汴河利害事》上海古典文学出版社，1956
［宋］《太平寰宇志》	［北宋］张择端《清明上河图》
［元］脱脱等《宋史·河渠志》	［明］王琼 姚汉源、谭徐明校点《漕河图志》水利电力出版社，1990
	［清］张鹏翮《治河全书》天津古籍出版社，2007
［明］宋濂等《元史·河渠志》	［清］《九省运河泉源水利情形图》浙江古籍出版社，2006
［明］谢肇潮《北河纪》	［清嘉庆］《行水金鉴》凤凰出版社，2011
［明万历］潘季驯《河防一览》	［清］刘文淇《扬州水道记》广陵书社，2011
［清］《清史·河渠志》	［清］国家基础地理信息中心《清代京杭运河全图》中国地图出版社，2004
［清］张廷玉《明史·河渠志》	［清］《燕行录》广西师范大学出版社，2012
［清乾隆］《山东通志》	［清］顾炎武《天下郡国利病书》上海古籍出版社，2012
［清嘉庆］《续行水金鉴》	［清］顾祖禹 贺次君、施和金点校《读史方舆纪要》中华书局，2005

续表

运河相关史书	出版文献
［清乾隆］《山东运河备览》	
［清］《浙西水利备考》	

资料来源：作者自绘

（二）运河人居环境整体特征

运河人居环境特征以中国古代人居环境为主要历史背景，并统合在中国古代人居文化的整体特征中。"整体观"是吴良镛人居科学的重要方法论之一，他认为"研究建筑、城市以至区域等的人居环境科学，也应当被视为一种关于整体与整体性的科学"。吴良镛的《中国人居史》对中国各历史阶段的人居环境面貌和演进规律进行了呈现与总结，并基于中国历史浑融整体的传承特征，提出了融合整体观的古代"天下人居"发展模式，成为古代人居环境营建的"历史传统"，为探讨运河人居环境整体性发展特征，提供了重要研究背景。

《中国人居史》中提炼的"天下人居"历史特征根植于中国历史文化传统。"人居是文明的象征，在某种程度上说人居环境就是文化与文明本身。中国人居环境伴随着中国文明的发展而演进，与中华文化紧密联系在一起。"① 中国的历史不仅在时间上具有整体传承性，在每个历史阶段"有关政治、社会及经济的诸端，可以明显地看出中国历史之浑融一体性"②。这种浑融一体性融会在中国社会历史文化的方方面面。"天下人居"的营建体现了国家的意志和人民的意愿，形成了"天下人居"的宏大格局。《中国人居史》总结提炼了中国人居环境建设在实践中逐渐积累的一套行之有效的规划设计方法，包括六个方面：俯仰回环，综合观察；因天就地，得宜选址；情景交融，高远立意；融入自然，均衡布局；多元一体，整体营造；人文点染，妙造成景。运河的连通则是将中国各典型地区、流域人居环境，在更大尺度上整合起来，支撑了"天下人居"这一理念。在《中国人居史》的总体营建框架与方法下，逐渐形成了对中国历史上一些典型区域人居环境的空间营建设计研究。"形胜"便是中国古人认识自然、利用自然整体营建人居环境的一种重要理念和方法，成为研究古代空间秩序的一种独特视角。

---

① 吴良镛．中国人居史［M］．北京：中国建筑工业出版社，2014：1.

② 吴良镛．中国人居史［M］．北京：中国建筑工业出版社，2014：67.

（三）形胜与运河形胜

1.“形胜”——“人化”自然环境格局

《辞源》将“形胜”解释为“地势优越便利，风景优美”。“形胜”在古代人居环境中主要用来指代自然格局，即由自然山水形成的空间结构，其内涵主要是一个区域地理环境的优越性，是对区域地理环境的总体评价。①《荀子·强国》中对“形胜”有明确的表述：“其固塞险，形势便，山林川谷美，天才之利多，是形胜也。”其中与自然环境相关的固塞、形势、山林、川谷、天才是形胜考察的基本要素，而险、便、美、利则是判别环境的基本要求。利用形胜，保障人们基本的生存安全、生活便利、环境优美、资源丰腴是人居环境持续发展的基本前提，这一思想几乎贯穿了秦汉之后所有的人居环境选址和环境营建过程。②

由此可见，“形胜”虽主要描述的对象是自然格局，但描述的主体是人，评价自然的优越之处，即“胜”的标准也是从人的生产、生活、居住、审美等综合的需求出发。“形胜”逐渐发展成为古代中国一种“人化自然”的人居营建思想。

“形胜”在客观描述地理环境的同时，更重要的是反映了古人对自然带有主观色彩的评价，是一种整体考量人与自然环境整体互动关系后，形成的山、水、土地格局描述。

自然是人居之基础，“形胜”这一自然环境格局的“人化”过程反映了古代人居环境整体营建的重要思想及实践行动。“形胜体现的是中国人居中人与自然的互动关系，是赋予自然人格化的载体。形胜就是在整体的、人化的自然环境中选择、营建人居之地的重要思想。”③ 如相土尝水、象天法地、辨方正位等均为“形胜”思想指导下的规划营宅行为传统。“形胜”在中国古代人居环境中，常与“疆域”“城池”志书中的条目共同描述人居选址、规划意图，交代该处环境作为城市营建的优势，即“形势之胜便也”，进而形成了古人对这些优势的认识及利用方面的规则。这些规则主要用于古代城镇的选址、轴线的确定、重要建筑的朝向和位置、景观塑造等内容。因此，“形胜”是古代人居环境一种处理人与自然关系、营建人居之地的整体思想体系与行为传统。

---

① 李智君．边塞农牧文化的历史互动与地域分野：河陇历史文化地理研究［D］．上海：复旦大学，2005：9.

② 吴良镛．中国人居史［M］．北京：中国建筑工业出版社，2014：476.

③ 吴良镛．中国人居史［M］．北京：中国建筑工业出版社，2014：476.

2. “运河形胜”——“人工—自然”一体化的水陆环境格局

中国大运河是中国历史上农业社会超尺度的人工自然互动工程，而古代“形胜”概念是古人按照自身需求与理想，整理人与自然关系的理念与结果。运河作为系统性水利人居工程，在解决人工水道与整体地势、自然水系之间问题的过程中，与其他水体或趋之，或避之，或盗用之，或防备之，逐渐调适、交融一体，通过“一体化”治理连通了各流域，从而实现贯通全国的目的。“人居环境是人们在不断利用和改造自然的过程中逐渐形成的，……在利用和改造自然的各个环节中，传统的水利技术及相伴的水利文化起着关键作用。”①

本文聚焦的运河形胜，主要指在运河与各流域交汇的关键局部区域，为维护大运河线路贯通而经过长期治理活动，呈现出的环境、技术和文化等多方面“一体化”的整体格局特征。

三、运河形胜构成

经过人工—自然“一体化”治理后所形成的“运河形胜”是具有安全、便利、优美特点的整体水陆环境格局。“一体化”治理包括为运河贯通、疏浚、提升等措施，将运河河道与交汇的自然水系、湿地湖泊、河渠水道等关联的水体、地势沟联转化融合。依据运河形胜的营建过程及优势评价，本文尝试深入挖掘运河形胜构成的类型与层级、整体构建要素分类分级且相互具有内在逻辑关联的形胜构成体系。

（一）形胜构成体系

“运河形胜”是经过“人化”的半人工半自然环境格局，“人化自然”的属性使运河形胜是同时具有精神思想特性和物质空间特性的整体。因此，形胜构成类型包括精神内涵与物质要素，且具有“大聚”“中聚”和“小聚”的层级区分。其中，精神内涵包含了营建运河形胜的典章制度、行为传统与精神意志。主要体现在不同主体层级在“大聚”国家安全统一、“中聚”社会繁荣有序以及“小聚”地区丰富多样三个维度的精神内涵追求。物质要素构成主要包括各区域尺度下的自然环境与人工工程。其中“大聚”主要为宏观流域集群尺度的运河形胜、“中聚”为中观区域城池尺度的运河形胜，“小聚”则为微观地物景致尺度的运河形胜。

（二）统会融合的“运河形胜”精神内涵

“运河形胜”精神内涵反映的是古人进行运河一体化治理后，在各层级实现

① 吴良镛．中国人居史［M］．北京：中国建筑工业出版社，2014：477.

运河优势格局的追求。在中国“天人合一、统会融合”的整体文化理念引导下，不同层级的主体秉持“因天顺理”的哲学理念与“各得其法”的治理之道，在典章制度、行为传统与精神意志等各方面进行运河“一体化”治理，从而实现国家安全统一、社会繁荣有序、地区丰富多样的多层级治理目标。

“运河形胜”的整体精神内涵便自上而下融贯了国家意志、社会传统以及古代士人、城市管理者等的理想志向与审美情趣。不同层面主体对自然的发现、利用与追求，构成了多维度的“运河形胜”精神内涵。“运河形胜”的精神内涵统摄在“大一统”的国家安全核心追求下，国家意志主要体现在供给制度、等级制度以及治理制度方面；社会传统包括农业治水传统、工商业传统以及文化和宗教传统等中国古代农业社会传统；而士人群体在运河治理中体现出的经世治国抱负、治水利民意识以及山水意趣的追求，构成了运河形胜精神内涵中的主要审美志趣。

不同层级主体的精神追求与能力意识统合了“运河形胜”精神内涵的内在逻辑。“大一统”的整体国家意志通过等级制度建立支撑秩序，融合农业、工商业等多种文化传统形成共识保障，从而达到融之一炉而冶的繁荣有序。在地区繁荣秩序的建立和发展过程中，作为治理实施主体的管理群体通过长期农耕治水满足人们的粮食供给，形成了水利疏浚防灾减灾、保障发展民生的治水利民意识。士人群体的自身修养与自觉追求直接作用于运河形胜的审美意趣，塑造了有效、多样的运河意境格局。

（三）沟联一体的运河形胜物质要素

运河人工工程与自然环境构成的形胜物质要素直接构成了运河形胜。探究运河形胜作为古人治水之道到底由哪些物质要素构成，可以从古人的视角出发，尝试理解古代社会对运河营建的认识。

对于中国大运河这一纵贯国土的大型水利设施，多有专项舆图进行记录，如清康熙《治河全书》、清乾隆《九省运河泉源水利情形图》等运河全线舆图，以及清乾隆《山东运河备览》、清光绪《浙西水利备考》等地方运河舆图。通过辨析运河与长江主线交汇区域，以及运河在南北水脊的南旺交汇舆图，可以发现，不同类别的自然、人工要素，各自按照其尺度层级交汇沟联成整体。如在宏观大聚尺度，运河主线与流域主线交汇，通过重要自然湖泊水体提供运河水源，周边山形地势保障运河选线与走向；在中聚区域尺度，通过一系列闸、坝、斗门等运河水工设施，集中设置调节交汇水量，保证运道畅通；在小聚微观尺度，通过运河支线水网沟联其他自然水系支线、毛细水道，交汇形成一些重要水工设施、交通设施、管理设施以及景致设施。

（四）大聚：流域集群运河形胜基底设施

中国各主要流域水系是大运河南北规划、选线、连接的根本依据。水利设施工程是直接联系人工运河与自然水系的设施工程，运河主线与各流域自然江、河、湖泊等主干水系交汇的河道工程，构成了运河形胜主轴基底设施。水利工程多位于水系交汇节点位置，主要负责调节运河水量，通过设置一系列引水、排水、蓄水、节制等设施，保障运河水量和水流平稳，包括闸、坝、堰、埭、堤防、涵洞等水利设施工程。在复杂交汇区域，则会设置一系列复杂多变的水工设施群，形成水工设施枢纽，这也是蕴含运河技术价值的最重要形胜构成要素。运河主轴是运河形胜构成体系的核心要素。

运河主轴规划选线的实施，不仅取决于沟通流域的水系形态，同时也着眼于对流经区域地理环境的勘察与利用，包括对流域整体地势走向与运河治理难点的判断，对区域山体沟壑、湖荡洼地的环绕和回避。运河流经的主要水系流域，因河道和设施工程的营建带动了地区的土地利用工程，确定土地利用整体属性，或形成可兹利用的人工湿地湖滩，以涵养水源，如太湖东侧岗身之下的湖荡洼地、高邮湖区域低洼湿地等自然湿地区域；或是洪泽湖经过对原有小型湖荡筑堤蓄水形成大尺度水库型湖泊。

（五）中聚：区域城池运河形胜分化设施

中观区域尺度的运河形胜设施主要体现为运河复线、支线，包括减河、引河、月河等人工河渠，以及自然支流、水体的交汇、分化形成的运河形胜水网分化设施。运河主要流经的中国东部是各主要流域东泄汇海的区域，因此运河复线、支线与对流域繁多的支线、水体等要素连通，并形成截流、分流、汇流、引流等多种相互作用态势，最终形成运河形胜水网设施。

运河形胜中的湖泊水体包括与大运河有一定关联的自然湖泊、泉水池塘等水体。古代自然湖泊水体是运河重要的水量调蓄保障，包括湖、池、荡、漾、淀、洼、潭、泊、塘、沼泽等大小不等、成因各异的湖沼，它们与运河的关联既包括在地理位置上直接与运河相连，也包括与运河历史功能的关联，如为运河补给水源、提供蓄水水柜等。

在区域城池尺度上，运河形胜可以充分利用运河周边的小型丘陵高地，形成背山面水、远山近水的整体自然格局。如果运河形胜是运河对自然水系与水体的直接量裁补益，那么运河形胜对于山形地势，则可以理解为对自然的一种远近关照。

大运河是一项系统工程，除河道水网工程系统外，调配与控制运河水资源、调度管理运道运输，还在交汇、分化节点拓展出了大量水利设施工程、航运管理设施工程等系列节点设施。航运及管理设施为运河发挥漕粮转输、灌溉农业、防洪减灾等功能，提供直接的保障。包括桥梁、纤道、码头、渡口等航运设施以及漕运衙署、钞关、仓窖等管理设施，在区域城池空间组合形成各管理设施枢纽，深化保障了运河形胜设施基底，同时极大地拓展了运河形胜设施的影响深度与广度。

随着水田一体的土地治理能力的提高，运河沿线对湿地、湖荡进行了更为精细、高效的耕地开发，发展出塘浦圩田、溇港圩田等，提高湿地等区域生产力，从一定程度上扩大了运河形胜分化的范围。

（六）小聚：地物景致运河形胜点染设施

随着运河水系治理经验的不断积累，运河引河与流域毛细水网完善了运河立体层级水系，构建了沟联城内、城外的城河体系及城池水体。运河景观服务设施工程是体现运河形胜“环境优美”这一核心标准的重要构成，包括运河景观标志设施、宗教祭祀设施以及驿站等服务设施等。

水田一体化的耕地精细化利用，保障了粮食的供给、促进了人口的增长，加剧了人居环境中对建设用地的需求。综合、高效的城镇建设用地设施开发，促进了运河人居环境在社会、建筑等方面的发展，从而进一步深化了运河形胜在地区人居面貌方面的塑造和影响。

四、运河形胜格局

“运河形胜”是以“形”相“胜”的“一体化”营建过程。其中，以人工运河与自然之“形”，通过因天顺“理”、各得其“法”的相地治理，构成了具有各种人居优势的“胜”地。“胜”地的标准符合古代人居环境中对于形胜“险、便、美、利”的优势评价，为安全、便利、优美的“生聚”之地。

这些“运河形胜”的优势标准由不同层级的主体，通过对各尺度运河形胜物质要素进行整合塑造而成，发展出大聚“安全格局”、中聚“资源格局”以及小聚“意境格局”的“生聚”环境格局。在历史上各时期，随着治理理念与方法的改进，这些环境格局的构成要素各有侧重，“生聚”尺度不断丰富细化，整体优势协同演进，为该区域的人居环境营建，提供了源源不断的依据保障与创造动力。

（一）大聚安全格局：险要贯通

以“形之胜地”作为人居环境选址评价标准和营建理念，“固塞险”的安全形势成为形胜评价所考察的基本方面。“形胜”最早出现于志书中，也是出于强调军事防御和安全方面考量，选择地势险要之地进行人居聚落选址。《史记·卷八·高祖本纪》讲：“秦，形胜之国，带河山之险，悬隔千里，持戟百万，秦得百二焉。地势便利，其以下兵于诸侯，譬犹居高屋之上建瓴水也。”① 运河占据自然流域的要害关键之地，创造出难攻易守的人工—自然山水格局，以满足人居环境的基本攻守安全需求。

“运河形胜”的安全优势不仅体现在攻守险要的军事安全方面，更体现在运河贯通带来的国家政治稳定方面。贯通、统一的安全格局是运河形胜格局稳定的基础，对“运河形胜”人居环境的发展方向起决定性的作用。因为这种国家政治中心的连通作用，使得“运河形胜”在古人的精神层面具有经世治国的象征意义，成为舆地方位与国家形势权力相倚相成的另一种地志表述。

明代地理学家王士性在《广志绎》序文中说：“古今志地者多矣，博通者考沿革，游览者志岩壑，体道者愉悦性情之间，而探经世之大略，揽形胜、审要害，以为行师立国之本图，志量不同，而有资于地一也。”因此，“运河形胜”蕴含了政治、军事的国家权力思想，寄托了古代士人、官吏经世治国的远大志向和政治抱负，是具有国家精神的要害格局。

运河形胜的主轴主要是人工运河主线对所处自然环境适宜山形水系的有效利用，因此自然要素占据主导，人工运河主要是因借选择与顺从调整。运河形胜主轴是运河形胜整体格局的基础和方向，奠定了大运河作为农业社会工程对自然尊重、顺从的基本考量。在运河形胜主轴的基础上，运河人工工程特别是在水系交汇发展的水利枢纽设施以及湿地等运河交汇的土地开发利用工程，进一步保障了运河主轴的稳定性。结合社会农业生产与治水传统及经验的不断丰富，士人从治水到治国理念的不断发展，进一步加强、巩固了运河安全格局优势，成为运河形胜的基本格局。

（二）中聚资源格局：生聚有序

除攻守险要、贯通危重方面的军事、政治概念，“形”之“胜”地始终具有满足人类居住基本物质资料的考量。“运河形胜”中的运河水陆形势为“形”，其“胜”便在于因“运河”及与其交汇水系地势一体化开发后，而形成的丰腴便利的人居环境选址资源条件。《管子·度地》中曰：“故圣人之处国者，必于不倾之地，而择地形之肥饶者，乡山，左右经水若泽，内为落渠之泻，因大川而注焉，乃以其天才，地之所生利养其人，以育六畜。”“养其人，育六畜”，此为资源丰腴的形之胜地。

① 唐代杨惊注：形，地形，便而物产多，所以为胜。故曰如高屋之上而建瓴水也。

丰腴便利的资源格局可以说是“形胜”格局最显著的特征，因为运河“公私兼行”的发达水陆航运体系，在运河水系交汇区域形成了兼具丰饶的自然环境和便利的人工交通的运河形胜资源优势。资源丰腴繁盛的特征在“运河形胜”的“生聚”格局中更是得到集中体现和放大。其中，运河河道分化的复线、支线与大量的自然流域支线水系、泉水湖泊、山岗沟壑交汇形成的形胜格局，通过设置一系列航运设施、高效土地利用设施，随着区域治水、利民的社会理念与工商业社会传统的逐渐成熟，在基本安全格局基础上，充实了人居环境产生发展的资源条件。

除“生聚”的物资丰腴外，古代人居环境中的“形胜”还被用来评价区域经济区位优势，作为资源分配秩序及管理的重要依据。“古人对区域形胜的评价，很大程度上决定着区域政治、经济和文化的空间布局。其理论基础是空间相互作用原理和距离衰减法则。”① “运河形胜”作为在国家空间尺度上由运河联系起来的有机整体，其根本上是以运河服务的端点——帝都为选定的中心参照物，依据中国古代礼制思想，按照与帝都联系的强弱，建立“运河形胜”资源的管理与分配秩序。

除了运河形胜与帝都的距离远近空间法则外，判断某一个区域运河形胜资源格局优势等级与强弱，主要通过该区域运河形胜要素对于维护运河整体贯通的作用和意义大小，以及该要素对于运河及环境的影响作用。礼制等级制度将有机联系的运河各尺度形胜要素，进行了符合古代社会行为规范的秩序构建，即起教化作用的“人化秩序”格局，这与古代城市的礼制等级与功能作用相匹配。因此，运河形胜资源格局等级的建立对运河人居环境秩序的形成与发展起到至关重要的作用。

（三）小聚意境格局：意趣优美

相比于对纯粹的地理环境的评价，运河形胜在艺术、宗教、审美情趣等方面的评价则更加依赖人类创造的主观设定。所谓“山川林谷美、天才之利多”，其中的“优美”是人化自然的重要考量标准，也是运河形胜的重要优势格局。古人依托对“水”的精神寄托与美好向往，在各尺度形胜要素中发现运河形胜的优美意境，并在地物景致尺度层面，通过月河、减河与毛细水的交汇，在对城河城壕、景观设施的建设中进行呼应，从而创造了充满运河意趣的意境格局。

运河形胜意境格局是在其安全基本格局、资源秩序格局基础上，达到了对

① 李智君．边塞农牧文化的历史互动与地域分野：河陇历史文化地理研究［D］．上海：复旦大学，2005：9.

自然进行高度提炼与艺术映射后的“人化”自然格局，体现古人审美情趣，是微观形胜要素对宏观流域与中观城池尺度形胜要素的呼应与反射，体现出古人“人胜”之形胜思想。

（作者简介：王晶，中国文化遗产研究院文化遗产保护国际合作中心负责人，中国文化遗产研究院高级工程师。）

图说明清时期京杭大运河沿运的京畿地区（州）县级城市

张 曼 张尧鑫 杨 梦

摘要： 通过考据官修典籍、文集史书、舆地图集与地方志书，从宏观到微观，以城市建置与分布情况、城池形状与规模、城市格局与功能布局等视角，阐析京杭大运河沿运的17个京畿地区（州）县级城市的营城思想，旨在解构作为世界遗产大运河“系列遗产”的沿运城市，其受大运河发展影响所展现的营建智慧与价值内涵。

大运河沿运城市，是指在明清漕运鼎盛时期因运河而兴的城市。① 中国运河历史悠久，但在运河沿线形成一批系统化、规模化、功能化的城市，却只有明清时期，主要原因是当时商品经济进一步发展导致人口骤增与资本主义萌芽产生，京杭大运河成为联系全国经济的交通大动脉，运河沿岸成为当时全国三大经济区之一，沿线城市大量涌现并得到迅速发展。②

京杭大运河京畿地区的主河道涉及通惠河、北运河及河北省境内的南运河，全长约933.3公里。其修筑始于公元7世纪初隋唐运河北段永济渠的开凿，公元12世纪中叶，因开凿以北京为漕运中心的人工运河，金廷大力发展漕运。公元13世纪末，随着会通河与通惠河水源工程的连接，京畿地区的水利工程技术达到历史最高点。③ 明清时期京杭大运河沿运的京畿地区（州）县级城市共17处

① 牛会聪．多元文化生态廊道影响下京杭大运河天津段聚落形态研究［D］．天津：天津大学，2012.

② 傅崇兰．中国运河城市发展史［M］．成都：四川人民出版社，1985：58.

③ 王树才，肖明学．河北省航运史［M］．北京：人民交通出版社，1988：40-51；天津市地方志编修委员会．天津地方志资料丛书：天津津辰史迹［M］．天津：天津古籍出版社，2007：6-7.

(参见图 1)。这些城市虽形成年代不一，但因当时漕运管理需求或自身区位优势，均在明朝发展成（州）县级别的城市，并同期重新修筑，故在城池形状、规模、格局、功能布局等方面呈现规律性，也体现出作为大运河北端连接京师的漕运城市的特殊性。

图 1　京畿地区沿运（州）县级城市分布示意

来源：作者绘制

一、沿运城市建置与分布情况

据这 17 处城市的县志记载，这些城市在明朝之前或无城，或不可查，却均有明朝重修、增葺的记录。它们或在原基址上修筑，或择周边附近重新修建，其修筑内容多为土城墙包筑成砖墙，增高城墙，加建女墙、护城河，增设城门楼。一方面因砖墙抗压、防水及吸水能力均较好，能有效抵御水灾。另一方面则因明中后期匪患猖獗，加固砖墙可增强城池防御性。

从空间分布上看，北京地区（州）县级城市间距设置较近，均在 11 至 26 千米之间，说明为满足京师各项物资运输及其管理需求，而设置了承担多种职能的城市。河北地区大运河沿运城市间距设置更平均，多在 33 千米左右，从侧面证明（州）县级城市的设置是经过系统规划的结果（参见图 2)。

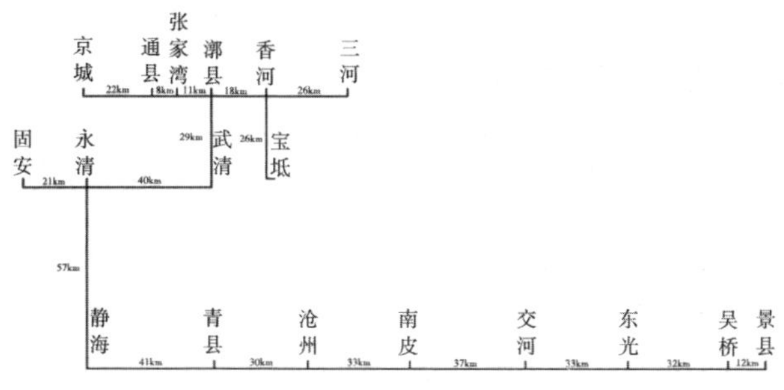

图2 京畿地区沿运（州）县级城市间距示意

来源：作者绘制

二、城池形状与规模：体现中国古代传统营城思想

在《周礼·考工记》影响下，我国古代城市城池方正，并强调因地制宜，在规则中进行变换。沿运京畿地区（州）县级城市有14座城池形状呈方形或是略长的方形。其中有10座形状规整，其余4座城市如：通县因修建新城，故在城池部分城角改为圆角的基础上，整体呈方形折角形态；固安县、沧州、东光县主要是受周边地形影响，城池一侧局部做圆角或方形折角的处理。而张家湾、永清县、南皮县3座受地形影响较大的城市，因地制宜，城池形状呈现极不规则的圆形曲折形或卵形。

中国古代城市规模通常与其行政级别有关，同级别城市大小，又受社会、经济影响，展现了中国古代传统营城思想中的礼制与规制。17处（州）县级城市中通县城池规模最大，城墙高度最高，体现其作为大运河北端漕运枢纽、京城物资转运中心的重要战略地位。武清县、沧州城池规模次之，体现出作为大运河沿线集散中心、漕运枢纽的重要性。其他城市规模多在3里至6里之间。规模稍大的城市一般是商贸重地或兼具仓储、分水或汇水枢纽、码头等多重功能；规模稍小的城市则是功能单一，多为屯兵、防御、码头等。

三、城市格局：体现大运河沿运的京畿地区城市特色

择高地而近水是中国古代建城选址的首要原则。运河城市亦如此，一方面，与省、府（州）类城市相比，除通县、沧州、武清县外，其余（州）县级城市都属小城。按照古制，小城各面城墙都开一个门，城内呈十字大街，个别将县治所等重要建筑置临北城墙，设三门，城内呈丁字形大街，城外多有护城河，或借助水利工程将运河水引入城内，城门外通常设桥梁。另一方面，不比南方自然水系发达，北方运河多依靠人工挖凿而成，“三弯抵一闸”的河道设计，闸

坝、险工等水利工事设计，均体现出南、北方大运河系统的差异性。反映到城市建设上，便是在城内角设置各种功能性水池，并有机地将其纳入水系规划中。

城内角设水池，一是因为运河沿线多为平原地区，在城内角取土，掘土奠基修筑城墙；二是受自然条件限制，北方运河更需加强水源调配能力，故将城内取土掘坑改为蓄水池，实则一举两得。此外，蓄水池还兼具理水、游憩、防护、交通、降温、卫生等功能。如通县西海子即为建燃灯塔掘土奠基所挖，后在承担蓄水功能的基础上，还与燃灯塔共呈盛景，东光县马厂湾，交河县砚池、武水等也多为此功能。水运至仓墙外的通县中仓，城内蓄水池则兼具交通作用（参见图3）。另据记载，固安县、永清县、青县、南皮县等以军事屯兵为主的城市，其城内水池面积广大，具有防护御敌的作用。

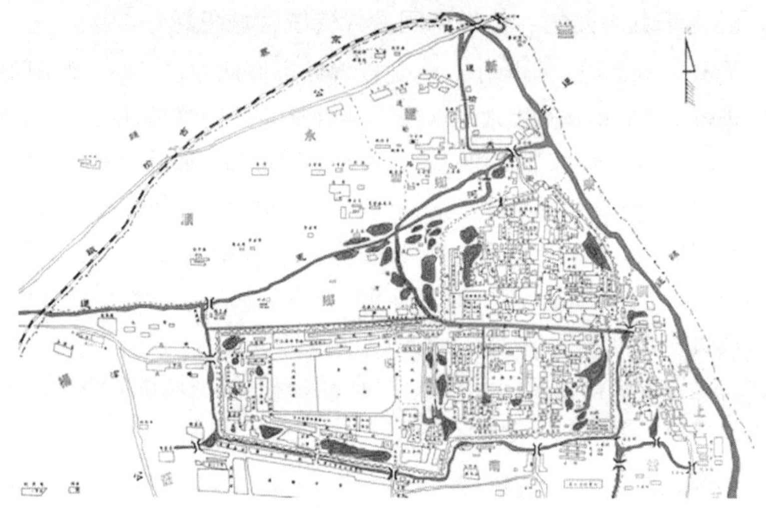

图3　通县及水系关系图

来源：根据通州区图书馆《通州区区域平面图（1954）》改绘

四、功能布局：对礼制思想的延续及因运河而兴的营建

受礼制思想影响，中国古代城市通常在功能布局上具有规律性。京杭大运河沿运城市在功能布局上大多继承了传统礼制思想中功能分区明确、轴线布局的手法，同时因其临近运河的特殊性，在公署、仓、驿站等功能性建筑以及礼制建筑的分布上也呈现出运河特色。

（一）公署、仓、驿站等功能性建筑多集中分布

自古以来，统治阶级重视粮食储备，漕运是京杭大运河的核心功能之一，故沿运城市广泛分布着各类漕仓。通常漕仓被分为三类：中央仓储、地方仓储、

藩王的王府仓储。中央仓储包括京仓（南京仓、京通仓）和水次仓，地方仓储包括官办的常平仓（预备仓）、民办的社仓（义仓）、王府仓。① 据统计，在17个京畿沿运城市中，除通州的西仓、南仓、中仓属于京通仓外，其余均为地方仓储，且常平仓数量最多，这与明朝提倡建设预备仓密不可分。②

其他与军事防御有关的建筑，多临近城门设置，且主要靠近南门分布，如固安县防守尉公署在南街西向。相较于其他城市，通州城内设置与运河相关的管理机构更多，且大多分布在新城，旧城的管理机构主要是对城市的管理，具有功能分区明确的城市格局（参见表1）。

表1 公署、仓、驿站等功能性建筑分布统计表

州县名称	行政类	防御类	漕运类	驿传类	仓储类
通州	州署（旧城西北）	通州卫	仓场总督衙门；户部坐粮厅署；大运西仓监督署；土坝掣斛厅；石坝掣斛厅；漕运厅署；运中仓监督署；驿丞兼巡检署；左营都司署；右营都司署	潞河驿；和合驿	常平仓；义仓
张家湾	—	张家湾防守营	巡检司；宣课司；大通关；盐仓批验所；漕运通判衙署	和合驿	通济仓
漷县	县治（城内东北）	—	—	—	—
香河县	县政府（城内西北）	—	—	—	—
固安县	县治（城内西北）	防守尉公署	河员公署	—	常平仓；义仓
三河县	县治（城内西北）	防衙署	—	三河驿	仓廒
宝坻县	县治（城内西南）	—	—	—	常平仓
永清县	县署（城内西北）	—	—	—	仓廒
武清县	县治（城内西北）	—	—	河西驿；杨村驿	预备仓

① 唐文基．明代粮食仓储制度［J］．明史研究论丛，2004（0）：331-351.

② 明宣宗实录：卷二（洪熙元年六月辛亥）［M］．1962年校印本．台北："中央研究院"历史语言所，1962：40，42-43.

续表

州县名称	行政类	防御类	漕运类	驿传类	仓储类
静海县	县署（城内西北）	—	—	奉新驿；静海驿	—
青县	县治（城北）	—	—	流河驿；乾宁驿	仓
沧州	州治（城内东北）	城守尉署；城守御	沧州分司署	砖河驿；沧州驿	新仓厫
南皮县	县治（城内西北）	—	—	—	预备仓
交河县	县署（城内东南）	—	—	新桥水驿；富庄驿	新义仓常平仓
东光县	县署（城内东北）	—	—	连窝驿	—
吴桥县	县署（城内东南）	—	—	—	常平仓、总仓
景县	州治（西南）	营城署守	管河公署；盐运司	东关驿	广积仓、预备仓、富民仓

资料来源：作者绘制

（二）体现运河城市礼制文化的建筑类型

礼制建筑是以天地、鬼神为崇拜核心而设立的祭祀性建筑。对于礼制建筑在城市中的布局，早在《考工记》中就有“左祖右社”的布局原则，并且《明史》中也对坛庙建筑的布局做出规定：“府州县社稷，洪武元年颁坛制于天下郡邑，俱设于本城西北……王国府州县亦祀风云雷雨师，仍筑坛城西南。”据统计，这17座沿运城市中，典型的礼制建筑包括主要分布于城内的城隍庙、关帝庙、药王庙等，以及分布在城郊的社稷坛、风云雷雨山川坛、先农坛等，其分布大多继承“左祖右社”的传统布局，但也存在如东光县“社稷坛在城西门外迤北，先农坛在城南以西”等特殊情况（参见表2）。

表2 典型性礼制建筑位置关系表

州县名称	社稷坛	山川坛	先农坛	城隍庙
通州	北门外圣人庙迪北	州南门外	八蜡庙西南	州旧城西南

续表

州县名称	社稷坛	山川坛	先农坛	城隍庙
张家湾	/	/	/	/
漷县	/	/	/	县治南
香河县	县西门外	县南门外	/	县治东
固安县	城西北	县南郭外	/	县治西北
三河县	/	县南门外	城东郊	县治西南
宝坻县	县西门外	县南门外	县东门外	邑中殿
永清县	县西门外	县南门外	县东门外	县署西北
武清县	县西门外	/	县东门外	县治西北
静海县	县城北车店屯西	县城南	县城东	西门外
青县	/	/	/	城西门外
沧州	北关外西北	南关外	东关外	州治西南
南皮县	城外西北	城外东南	城南关外	城内北街
交河县	城外西北	城外东南	城外东南	县治西北
东光县	城西门外迤北	城南门外	*城南门外迤西*	县治西南
吴桥县	城西郭门外西北	南郭外东南	东郭外东北玉皇阁后	县治西北
景县	*城北里*	城东南里	*城南三里*	州治北

注：斜体字表示与“左祖右社”礼制不符
资料来源：作者绘制

由于治理运河和漕运的现实需求，以及祈求风调雨顺的精神需要，与水神信仰有关的祭祀建筑在各州县兴盛起来（参见表3）。其中数量最多的是龙王庙，古代劳动人民对其寄予了行云布雨、保障漕运、镇服水患的质朴愿望；其次是供奉北方主宰之神与水神的真武庙；还有为永定河之神修建的惠济庙。另因静海县临近天津，受海运文化影响，通州作为重要的漕运枢纽，受南北文化传播影响，所以这两座城市内建有供奉妈祖的天妃宫、天后宫。①

表 3　与水神信仰有关的礼制建筑统计

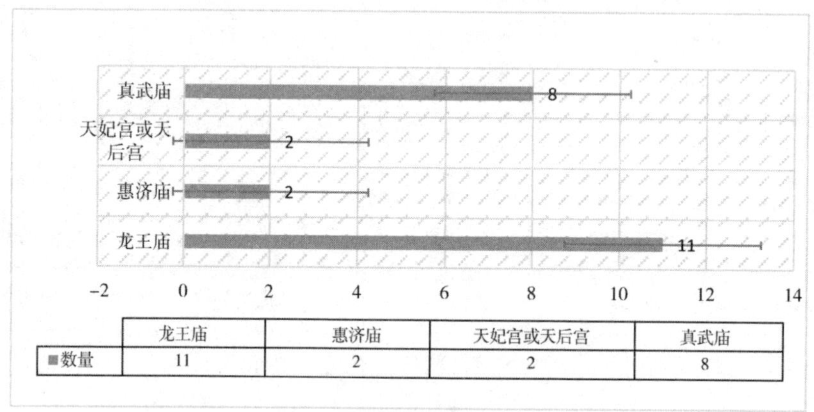

	龙王庙	惠济庙	天妃宫或天后宫	真武庙
■数量	11	2	2	8

资料来源：作者绘制

五、结语

因多承明制，京杭大运河沿运的京畿地区（州）县级城市建置呈现出一定的相似性与规律性，如多呈方形或略长的方形的城池形状，受城市功能影响的城池规模，体现了中国古代传统营城思想。此外，北京、河北地区的沿运城市又保持着地方差异性，如空间分布上与北京相比，河北沿运城市间距设置较远。城市格局上，道路结构与水系相结合、城内角设置功能性水池，体现京畿地区运河沿运城市特色。功能布局上，既有对礼制思想功能分区明确、左祖右社的延续，又有因运河而兴的水神信仰相关庙宇。作为京杭大运河北端的京畿地区沿运城市，在大运河发展与服务都城职能的双重影响下，其营建特征具有特殊的价值内涵，是对大运河“系列遗产”价值的重要补充。

（第一作者简介：张曼，北京建筑大学建筑与城市规划学院副教授，研究方向包括长城保护、历史城市保护、传统村落保护发展、建筑遗产保护等。）

① 胡梦飞．明清时期济宁地区水神信仰史考［J］．浙江水利水电学院学报，2017，29（1）：11-17.

大运河漂来的“天妃庙”
——北京通州天妃娘娘信仰刍议

勾 超

摘要：北京通州的天妃宫是民间信仰重要的载体，天妃自宋代以来，普遍受到崇拜，而北方天妃宫的形成与运河有着直接的关系。随着元明清时期，南方漕粮到达北京，所经过的城市，都要设一个“天妃庙”，作为保佑漕运安全顺畅的信仰场地。大运河对中国南北地区之间的经济、文化发展与交流，特别是对沿途地区工农业经济的发展起了巨大作用。而以大运河为载体，南北方共同传承的“天妃信仰”是重要的文化现象。北京通州天妃宫的建筑格局体现了北方天妃娘娘信仰的特色。

一、大运河与妈祖

北京城不沿海，为什么会有众多的妈祖娘娘庙？这与元明清时期粮食漕运有直接的关系。南方粮食通过船队漕运到达北京，所经过的城市，都要设一个“妈祖天妃庙”，而作为漕运终点的北京，也有相应的建筑。

京杭大运河始建于春秋时期，是世界上里程最长、工程最大的古代运河，也是最古老的运河之一，与长城、坎儿井并称为中国古代的三项伟大工程，并且使用至今，是中国古代劳动人民创造的一项伟大工程，是中国文化地位的象征之一。大运河对中国南北地区之间的经济、文化发展与交流，特别是对沿途地区工农业经济的发展起了巨大作用。而以大运河为载体，南北方共同传承的“天妃妈祖娘娘信仰”是重要的文化现象。

相传妈祖其名为林默，是福建莆田县一名渔家女子，生于北宋建隆元年（960），卒于雍熙四年（987），只活了27岁。根据1936年徐肇琼《天津皇会考》引《天后本传》及《天后传》说，林默生而神异，幼而聪颖，擅游泳，能乘席渡海，勇敢侠义，能为人治病，救助海上遇险船只，被众人尊称为“通元灵女”“龙女”“神女”，即便死后仍屡次显灵。“凡海舟危难时，有祷必应，洋中风雨晦瞑，夜黑如墨，每于樯端见神灯示祐”①，因而成为人们敬仰膜拜的护航女神。地方官多次褒奏，朝廷多次晋封。在宋代时封为“顺济夫人”，元代封为“天妃”，清代封为“天后”。

妈祖自宋代以来，普遍受到崇拜，各地供奉的妈祖，同为女性，但其形象，地域性差异较大。主要不同在于年龄、脸色。各地妈祖造像，呈现不同的年龄，主要有三种：德高望重，中年形象，以及年轻身姿。德高望重最能呈现慈祥与温和；中年形象身材丰腴，面容成熟温雅，呈现富态和蔼，智慧圆融，慈祥亲切；年轻身姿体态轻盈，气宇姣好，呈现妈祖在世二十来岁的形象。

妈祖造像的脸色主要有三种：金脸、黑脸、粉红脸。金色则是神祇的象征色彩，表现妈祖得道异天的性格。黑色的缘由有三种说法：一说原本不是黑色，因长期在庙里受到香烟供奉，熏染成为黑色；一说黑代表妈祖救苦救难；一说黑面妈祖有威慑力利于执行除煞、捉妖等职责。粉红色，呈现肤体本色，表示妈祖在世之时二十来岁少女形象，比较人性化。

二、大运河与天津天后宫

天妃是保护海上航行的女神。因此，元朝除设置漕司、海道运粮万户府外，还建有“天妃宫”，以求天妃庇佑。

《元史·祭祀志》记载：“南海女神灵惠夫人，至元中，以护海有奇应，加封天妃神号，积至十字，庙曰灵慈。直沽、平江、周径、泉、福、兴化等处，皆有庙。”② 从海运的起点刘家港到直沽，一路都建有祭祀妈祖的庙宇。随着运河漕粮运输量的不断增大，在运河沿途的城市也都建有天妃宫，祈求保佑漕运的安全。

《天妃经》载：天妃，莆田林氏女也……明太祖封“昭孝纯正孚济感应圣妃”，成祖封“护国庇民妙灵昭应弘仁普济天妃”，庄烈帝封“天仙圣母青灵普化碧霞元君”，已又加“青贤普化慈应碧霞元君”。自嘉靖朝始，南方逐渐出现妈祖庙宇与碧霞元君祠庙互相替换，二者并称天妃祠或天妃庙的现象。康熙四十七年（1708），修《御制重修西顶碧霞元君庙碑》，碑文称：“元君初号天妃，宋宣和间始著灵异。”将妈祖的事迹和封号加到了碧霞元君的身上，清帝和朝廷官员不经意间将二者合为一体。

---

① 徐肇琼．天津皇会考［M］．天津：天津古籍出版社，1988：57.

② 宋濂．元史［M］．北京：中华书局，2016：176.

妈祖信仰流传至北方后被百姓称为“娘娘”，天后宫也就被称为“娘娘庙”。沿运河北上，在天津和北京都建有天后宫娘娘庙。

天津天后宫是晚清时期华北碧霞元君信仰覆盖妈祖信仰的一个典型例证。天后宫位于天津旧城东门外三岔河口西岸，是大运河与海河的交汇处。天津天后宫又称天妃宫，俗称“娘娘庙”，始建于元泰定三年（1326），是天津市区现存最古老的庙宇，更与福建莆田湄洲妈祖庙、台湾北港朝天宫并列为中国三大妈祖庙，香火至今十分鼎盛（参见图 1）。

图 1 天津天后宫

来源：维基百科

天津因东临渤海，背倚京城，成为一个著名的三岔河口。从金元时期开始，这里就是江南盐、茶、丝绸运往北京的必经之路，伴随着漕运经过大运河转运到北京，天津作为一个内河港口开始迅速地发展起来。尤其到元代，朝廷开辟了海运路线，将所需的粮饷经由长江口的刘家港入海至直沽（天津），使三岔河口一带成为漕粮的转运之地，更加奠定了天津的水陆交通枢纽地位，因而有“先有天后宫，后有天津卫”的说法。

由于海运漕粮，时常会遭遇到许多的困难，因天津作为转运的重要码头，为保佑水上交通的安全，在元泰定三年（1326）时，皇帝下令在三岔河口码头附近，兴建祭祀海神的天妃宫，以供奉渔民信仰的海神——妈祖，祈求出海或漕运都能平安顺利。一直到清康熙二十三年（1684），朝廷敕封海神娘娘为“护国庇民昭灵显应仁慈天后”之后，天妃宫便改称为“天后宫”。天津天后宫自建成以来，屡经修葺。明代永乐元年（1403）、正统十年（1445）、万历三十年

（1602），曾先后三次重修天津天后宫。自清顺治十七年（1660）到光绪三十年（1904）先后十次重修。其中，更以康熙二十三年（1684）重修的规模最大。天津天后宫坐西朝东，面向海河，占地面积 5352 平方米，建筑面积 1734 平方米。天津天后宫的建筑格局和其他地方的娘娘庙基本相同，自东向西，由戏台、幡杆、山门、牌楼、前殿、正殿、藏经阁、启圣祠，以及分列南北的钟鼓楼、配殿和张仙阁等建筑所组成。

昔日，天后宫内供奉的主神是传说中的海神妈祖。妈祖信仰在北方流行区域很广，并且很早就在天津及东南沿海各地修庙供奉。不过，随着历史的发展演变，天津天后宫后来也形成佛道混杂、百神聚集的复杂情况。例如，南、北配殿供奉的是王三奶奶、挑水哥哥、送药天师、白老太太、龙王、药王等诸神。自此天津天后宫从早期水工、船夫、官员在出海或漕粮到达时，向天后祈福求安的地方，演变为附近百姓到此祈求不同的心愿之地，而“娘娘宫”也成了多方信仰的共同中心。每年农历天后娘娘的生日，在天后宫前的广场以及宫南、宫北一带都举行“皇会”，主要是因清乾隆下江南时曾游此会而得名“皇会”。沿街表演传统的龙灯舞、狮子舞、少林会、高跷、法鼓、旱船、地秧歌、武术以及京剧、评剧、梆子戏等。百戏云集，热闹非常。

三、大运河与北京娘娘庙

沿运河而北上，在北京城也有多处承载“天妃妈祖娘娘信仰”的建筑。妈祖在元代时，已出现在大都（北京）的皇家祭祀礼仪中。这与当时的历史有紧密联系。忽必烈于至元九年（1272）迁都北京，定名大都。大都的人口暴涨至 80 万，最迫切也最难解决的就是“吃饭”问题。

忽必烈命水利专家郭守敬疏通京杭大运河，并在京城内开凿通惠河，让南来的货物直接运抵皇宫墙外的积水潭。但每年调运进京的粮食仍然不能满足需求，忽必烈又命人开辟海上航线，至元十九年（1282），海运船队驮粮 46000 多石自刘家港（今江苏太仓市浏河）入海，跨越东海、黄海、渤海三大海域，最终在海津镇（今属天津市）靠泊，经运河运抵大都。

史籍《日下旧闻考》记载：“出朝阳门关沿河往南有天妃宫。”这段史料引自明嘉靖《京师五城坊巷胡同集》的记载。在元代熊梦祥《析津志辑佚》中有海漕天妃，“天妃，姓林氏。兴教军莆田都巡君之季女，生而神异，有殊相，能知人祸福，拯人急患难”①。可见，元代的北京有天妃庙，是因海运漕运而立。

① 熊梦祥．析津志辑佚［M］．北京：北京古籍出版社，1983：158.

《光绪顺天府志》："天妃宫，在朝阳门外大桥北西河沿。旧称天妃庙，明景泰间升为宫。"①

北京的这座天妃宫原称天妃庙，明景泰年间，天妃庙的负责人邱然源道士上奏，要求参照南京天妃宫的级别，将北京的天妃庙升格为天妃宫，景泰帝同意。但扩建工程无人问津，虽然改称"天妃宫"，可实际还是"庙"。《日下旧闻考》中记录《天妃庙碑》："京师旧有天妃庙，在都城之巽隅，大通桥之西，景泰辛未，道士邱然源援南京例，请升为宫，然规制尚存其旧，弗称宫之名也。成化庚子，然源乃募材鸠工，拓大而一新之，祠神之宫，兹其称矣。"② 从景泰辛未（1451）至成化庚子（1480）三十年间，邱道士动员各界力量才扩建成天妃宫。

元代开始从江南海运漕粮到直沽（天津），再从直沽经白河到通州，由通州经通惠河运粮来京，漕船直到大通桥下。在大通桥西建天妃宫，祈佑漕船顺利平安通过江海波涛到北京。元泰定三年（1326）于直沽南、北运河和海河交汇的三岔口两岸建天妃宫，北京大通桥边的天妃宫也应建于元泰定年间前后。

北京内城曾经有过一座天后宫，位于东四牌楼西北马大人胡同，是清朝乾隆年间福康安的家庙。乾隆五十一年（1786）福康安任吏部尚书兼协办大学士。这一年，台湾林爽文发动起义，福建提督柴大纪被围于诸罗（今嘉义），福州将军常青多次征战不能取胜。第二年，即 1787 年，福康安带兵渡台，次年俘获林爽文，台湾安定。离开台湾前，福康安在彰化和台南倡议修建天后宫。与此同时，福康安在给朝廷的奏折中，多次讲述天后神力相助的功绩。回京后不久，福康安便在东四二条府邸不远处的马大人胡同修建了天后宫，以报答天妃的保佑。福康安在《天后宫碑记》中记载了当时的情形，"予维台湾隔巨海，且地狭而长，贼势蔓结，似不免有望洋之虑。乃神风飞渡迅助成功，异鸟灵灯威光显应。是皆圣主之诚谋格天，天后之法慈济世，用能扫除蠢特，福被苍黎，予何力之有焉……"福康安将渡海作战并取得胜利，归功于天后娘娘的神力相助。

位于北京前门外长巷的汀州会馆，也曾有一座砖雕精美的天后宫。汀州位于福建西部，这座天后宫是福建人所建。

北京的诸多地方都有娘娘庙，每年的阴历四月，"士女进香，鸣金号众，四十里道相属也"。可见娘娘庙在当年的北京人生活中所占的地位了。娘娘庙是俗

① 周家楣．光绪顺天府志［M］．北京：北京古籍出版社，1987：373.

② 于敏中．日下旧闻考［M］．北京：北京古籍出版社，1981：455.

称，正式名称为“碧霞元君庙”。碧霞元君庙在北京寺庙中，建造数量众多。碧霞元君是泰山神，全称为“天仙玉女泰山碧霞元君”，道教将其奉为泰山娘娘。在民间，有“北元君，南妈祖”的说法，这两位女神仙颇受人们尊敬。她们都护佑百姓，救苦救难，普度众生。信仰传承的过程中享受崇高的地位，作为民间习俗的重要体现。

明清时期，其中有五处碧霞元君庙环列京郊，按方位顺序分别称南顶、北顶（参见图2、图3）、东顶、西顶、中顶，俗称“五顶”。明代刘侗、于奕正所著《帝京景物略》卷三“弘仁桥”条载：京城的元君庙，“麦庄桥，曰西顶；草桥，曰中顶；东直门外，曰东顶；安定门外，曰北顶。盛则莫弘仁桥若，岂其地气耶！”① 其中，乾隆年间之后，南顶之称由弘仁桥元君庙转移到大红门外元君庙。清代孙承泽《天府广记》中记载：“京都有碧霞元君庙五处，香客云集，烟雾终日缭绕，都人最重元君祠，每月初一和十五，士女云集……”

图2　北京北顶娘娘庙山门

来源：秦红岭摄于2024年2月

① 刘侗，于奕正．帝京景物略［M］．北京：北京古籍出版社，1983：264.

图 3 北京北顶娘娘庙娘娘殿 殿内除供奉主神天仙圣母碧霞元君外，还供奉眼光圣母明目元君、子孙圣母育德广嗣元君

来源：秦红岭摄于 2024 年 2 月

《帝京景物略》记载：碧霞元君祠“在北京者，称泰山顶上天仙圣母”。泰山顶上有碧霞祠，为碧霞元君本庙。因其上庙在泰山顶上，顶为高处，所以称其为“顶”。北京的碧霞元君庙源于泰山顶上的碧霞祠，因此虽在城中，亦沿称“顶”。在中顶庙里，康熙三年（1664）所建《中顶泰山行宫都人香贡碑》曰：“祠庙也，而以顶名何哉？从其神也。顶何神？曰岱岳三元君也。然则何与顶之义乎？曰：岱岳三元君本祠泰山顶上，今此栖，此神亦犹之乎泰山顶上云尔。”北京的五顶庙虽处平原，因供奉泰山顶上的碧霞元君，也像在山顶上，所以称为顶。“顶”是碧霞元君庙的专用名词，香客进庙上香称为“朝顶”。

北京的五顶庙会除众人烧香拜佛外，其功能各有特色，南顶的跑车、赛马和中顶的社火、走会（花会表演）十分闻名，东顶、北顶是物资交流、买卖日用品，西顶为皇帝幼童剃度的受厘之处。

四、皇家园林与天妃宫

除上述“京城五顶”外，皇家苑囿也有天妃宫，在圆明园绮春园内就有“惠济祠”。圆明园位于北京市西北的海淀区，是清代一座大型的皇家御园，占地约千亩。康熙四十六年（1707），皇帝将圆明园赐给皇四子胤禛。此园由圆明园、绮春园、长春园组成，而以圆明园最大，故统称“圆明三园”。雍正继位后在圆明园设八旗，专司护卫圆明园之责，圆明园成为清朝皇帝园林生活和处理政事的御园。

到了嘉庆元年（1796），嘉庆皇帝对绮春园进行了大规模修缮，其后又御制《绮春园三十景》诗自娱。嘉庆十八年（1813）又在绮春园内修建惠济祠和河神庙。这座在绮春园内的惠济祠并不是供奉碧霞元君，而是供奉妈祖。在圆明园内另有一座广育宫，供奉碧霞元君。清帝园居时，于初一、十五皆至广育宫拈香拜佛，并有首领太监充当僧人上殿念经。在清廷帝后眼中，圆明园惠济祠的妈祖是河海之神、广育宫的碧霞元君是生育之神，具有不同的功能，各司其职，不相混杂。

清朝自乾隆五十三年（1788），“颁发祭文，令地方官于春秋二季，虔诚致祭，列入祀典”。嘉庆皇帝“因廑念河防，不能亲诣神祠祝，特于御园内建立惠济祠、河神庙二处，岁时升香展礼”。因此，嘉庆二十二年（1817）在圆明园的惠济祠落成，殿内供奉的也就是妈祖娘娘，是唯一的皇家天后宫。

《大清会典事例》清楚指出：“惠济祠建于御园，供奉天后神牌，陈设与昆明湖龙神祠同。”由于碧霞元君信仰来自山东齐国之地，因此人们也尊称为“齐太太”。《万善同归铭》称：“凡男、女欲祈年，免病、求嗣、保寿，竭诚于元君前者，元君即如其意佑之。”因此，信徒心目中的“齐太太”成为慈善贤良、孕育万物的希望神祇。作为道教神祠的惠济祠，不仅奉祀“齐太太”，而且供奉道教其他诸神。原供奉碧霞元君的惠济祠娘娘庙，后来改祀妈祖信仰的“天妃庙”与其地理位置有关。

北京还有多处娘娘庙，石景山上、阜成门外、平谷丫髻山等处的娘娘庙均名扬四方，其中以门头沟妙峰山的“金顶”最为著名。康熙皇帝封妙峰山娘娘庙为“金顶妙峰山”娘娘庙，使这里位居京城五顶娘娘庙之上（参见图4）。

图4　妙峰山娘娘庙

来源：搜狐网

民俗专家容庚在1925年5月报纸撰写的《碧霞元君庙考》详细介绍了考察娘娘庙信仰的历程："十四年四月三十日，余与顾君颉刚，孙君伏园，及家弟元胎游妙峰山。归来，各为文以记之，而嘱余考其沿革。案山上天仙圣母碧霞元君庙疑建于明而盛于康熙以后。第奔走者皆为庸夫愚妇，而不见称于士夫，故简牍无征。姑草以塞责，读者恕焉！碧霞元君之起源——明王之纲《玉女传》云：泰山玉女者，天仙神女也。黄帝时始见，汉明帝时再见焉。按玉女考，李谔《瑶池记》云："黄帝尝建岱岳观，遣女七云冠羽衣，焚修以迓西昆真人。玉女七女中之一，其修而得道者。"①

五、通州与天妃宫

《光绪顺天府志》记载通州也建有天妃宫，其用途也是祝佑漕运安全。通州天妃宫其中一座位于城内东北隅，在贡院北边，隔城就是运河石坝楼。《顺天府志》记载，此宫"始建无考，明崇祯十三年修"，相传始建于元代。明嘉靖年间《通州志略》记载"天妃宫在靖嘉寺东"，元至正三年（1343）建。民国初年在贡院旧址建小学时拆除，现在只留下"天后宫"的地名。

通州天妃宫的建筑格局体现了北方天妃娘娘庙的建筑规制与特色。主要包括：（1）戏台。在旧时农历天后的生辰这一天，要在天后宫举办庙会，庆祝吉日。届时天后宫的戏台就成为举行酬神演出及聚会娱乐的场所，两侧街道则形成商业集市和购货市场。（2）幡杆。幡杆又名旗杆，高高地耸立在山门之前。据说，幡杆初立时，一方面是用来挂灯，为往来的漕船导航，另一方面则是作为天后宫的陪衬物，使整个建筑群彰显得错落有致、气势非凡。在农历初一、十五进香日及庙会期间悬挂天后封号长幡之外，夜间还会点灯为运河上的航船指明方向。（3）山门。山门乃单檐歇山顶，由砖木混合结构组成，门额用整块砖雕刻，中间为圆形拱门。（4）前殿。前殿是山门殿，歇山顶，面宽三间，进深二间。殿内有五尊泥塑神像，殿前供奉着道教护法神王灵官的神像。前殿还有四大金刚的神像，四大金刚为：东方持国天王，持琵琶；南方增长天王，持剑；西方广目天王，持蛇；北方多闻天王，持伞。（5）正殿：正殿俗称大殿，是天后宫的主体建筑，正殿为敬奉天后娘娘之所。在正殿的神龛里，天后圣母慈眉善目，仪态端详，凤冠霞帔。前后左右分列四位彩衣侍女，后两人手执长柄障扇以遮护天后，前两人则是一个捧宝瓶，一个捧印绶，恭立于娘娘的两旁。正殿平面建筑呈"凸"字形，前有抱厦，后有殿，由三座建筑勾连搭建组成。

---

① 容庚．碧霞元君庙考［N］．京报，1925-05-23（6）．

前为卷棚悬山顶抱厦，宽三间，进深一间；中间为单檐顶，面阔三间，进深三间；后殿，系卷棚悬山顶，面宽进深，均为一间。

另一座天妃宫在通州城北门外，始建时名“天妃宫”，清代时更名为“天后宫”。明《通惠河志》记载：天妃宫一座，嘉靖七年（1528）新建。每年农历天后生日，与河运有关的人不分南北，均到庙中烧香祝寿，乞求天后保佑水运平安。天后娘娘还掌管送子之事，兼能“福佑众生”，所以不少当地与行船无关的善男信女也到天后宫朝拜祈子、祈福。

除此之外，通州张家湾里二泗村西的佑民观，也是一座天妃庙，庙之前就是北运河。《日下旧闻考》记载：“里二泗近张家湾，有佑民观，中建玉皇阁醮坛，塑河神像。嘉靖十四年，道士周从善乞宫观名，赐金额，名其阁曰锡禧。万历十年，灵璧侯汤世龙复新之。”在运河上船只往来漕运频繁的时期，佑民观是祀奉天后妈祖的重要道场。佑民观所供奉的天妃娘娘实际是“天妃娘娘”与“金花娘娘”的混合体，称“天妃金花圣母娘娘”。金花娘娘又称金花夫人、金花圣母、送子娘娘，是粤、桂、鄂、浙等地民间信奉的生育女神。天妃金花圣母既能送子助产，又能保佑漕运平安。天妃娘娘在通州的这一变化，是大运河促进南北文化融合的又一证明。

通州天妃宫的娘娘信仰由来，在报纸中也有记述，《益世报》于 1932 年 2 月连续刊载《碧霞元君小志》：

> 天津商业发达，人民富庶。其对于神之敬献，自亦奢丽。今妙峰山进香者，天津人尽占大部分势力。并伴有路灯，馒头等会，非其他处所能及。至于其本地香火情形，颇不易寻，惟清稗类钞迷信有云，“天津有娘娘会，娘娘即天后也。旗帜卤簿，宝玩珍奇，无不具备。复有所谓中幡者，前导小幡数十对，最后为大幡杆，饰以龙头，悬幡于吻；锦绣璎珞，垂下及地。杆首以长绳数条，四围撷之，恐其攲侧。中一人持杆而行，重可数百斤。力向上掷之，或承以额，或接口鼻耳目，或受以肘背肩腹；一擎糜烂，屡掷屡擎，体无完肤，绝不为怪。观者交口羡赞。其同侪恐其胜己，兢奋而掷，至有争殴而酿命案者”，此外记载，吾无所见。人类通性，皆保暖而思淫欲。故愈富庶愈文明之国家，其娱乐之机会，设备益全，而娱乐之方法益愈巧繁。
>
> 在古代社会，谋生不易，人民终日劳作，何暇他类。而乡间之人，更无地可乐矣。故其娱乐地，除定时之年节可以稍息外，则为赛会。每至其时，则远近四方之人，咸集于此，以尽量享乐于短时期内。于是赛会尚焉。

赛会祭神，由来最古。《盐铁论·散不足篇》云，“古者庶人鱼叔之祭，春秋修其祖祠，士一庙，大夫三。以时有事于五祀，盖无出门之祭。今富者算名岳，望山川，椎牛击鼓，戏倡舞像。中者南居当路，水上云台，屠羊杀狗，鼓琴吹笙。贫者鸡豕五芳，卫保散腊，倾盖社场”。盖自西汉已有之矣。所谓“椎牛击鼓，戏倡舞像”者，非今之“开路”“五虎棍”“高跷”“秧歌”而何？“鼓瑟吹笙”者，非“跨鼓”“花钹”而何？不过彼时皆系个人自办，贫者富者未能合作。且未必有比赛之性质也。至后世遂变为“会”而互相“赛”矣。

柴桑《京师偶记》云，“四月，煮豆子结缘，送春赛会”。震钧《天咫偶闻》，“山期，好事者联朋结党，沿途支棚结丝，盛供张之具。无赖子又结队扮杂居社火，谓之赶会。不肖子弟，多袭服挟妓而往”。茶棚，古舍豆结缘之遗意。赛会则不惟用之于祭神，且至于送春矣。按赛会祭神，本为古时人民之一大事。今者科学万能，迷信打破，香会将自然淘汰矣。此处将绝未绝之期，若不详细志之，则将来之人，何以知其先人之文化风俗上之一种大事之情形哉？

观上述元君香火之盛，实为奇观。至此，否认当一问彼何以至此？凡事皆当求其根本，不可轻易放过，然后始能成功。于元君香火亦然。设昔日作此问，则人必答曰：“无他，灵耳！”然处于今日之世界，宁复有人以为神以威灵可以祸福吾人者哉？既不信此，则元君所以受人推崇，必有其故再也。盖古时神道设教，英明之帝王，或因此愚其民；昏庸之君，亦不免信之，于是褒封，建庙之事遂多。上下效尤，而神赖之以兴矣。元君之祀，亦不免此，然尚有其他原因，今分述之。

碧霞元君，人或以为玉女天妃诸神，前已言之矣。虽属误会，然其香火亦因之加广。金童玉女之说，于民间传说最广。愚夫愚妇，多尊信之；午称元君曰玉女大仙，人或因其玉女而拜之。至于天妃，南方人多崇之，帝王且有时误会而褒封，人民当更因误天妃而信之也。至泰山神女说兴，人当于东岳庙附祀之。其他传说者不广，影响亦小。

今之娘娘庙，无不所祀以“子孙”“眼光”“斑疹”“送生”等娘娘，盖中国自古医道不发达，人民疾病无法。在城市犹可请良医，乡间良医既无，即庸医亦难致。所费既多，又不能救急。于是多舍医而求神。斑疹本为重病之一，极不易愈，即愈亦且毁容。又无种痘之术。于是斑疹之神伤焉。我国人多易患沙眼，缠绵终身，亦不得愈，良医亦束手。故眼光之神尚焉。妇人临产，最易得病，偶一不慎，或至流产昏厥。实为急症，故送生之神尚焉。“不孝有三，无后为大。”我国之古训也。多男之人，人以为有福，设年长而无子，其奈宗嗣何？于是子孙之神尚焉。乡间请医不易，多有女巫。或书符念咒，或开方用药，在乡人心目中，固以为医者多为女。且子孙、送生等神，犹非男神可能者，故为女像，然我国自古皆以为无深妙意义之神，皆为邪神淫祀，同在打倒之列。

《风俗通》有第五轮禁绝会稽淫祀之事；并“晓论百姓，不得有出门之祀”。可见古时对于所认为淫祀禁绝之最。至《池北偶谈》，尚有汤斌毁吴下淫祠五通，刘猛将，五方贤圣等庙事。可怜之人民，彼等所信仰之神，往往为士大夫所不取，指为淫祀而禁止之。于是彼等不能不设法保护其崇拜之神，以免禁绝。碧霞元君者，历代帝王所封，而其来历颇近神话，且为女神，故举诸娘娘而腹祀之，可不致淘汰也。因此之故，而元君祠中，求子孙者往焉，祈疾病者往焉，元君香火因之日盛，又如现在北平附近各娘娘庙中，皆附祀一村妪王奶奶。传为天津人，故天津最信之。各庙中因之而天津人多往矣。吾昔得一小册曰，《慈善圣母王奶奶平安算经》，慈善圣母之名，为人民自由想象而得者。度将来或可与眼光圣母等同其位置，亦能渐次进至何种娘娘，初不必帝王之封也。

帝王之迷信，前已言之。而明季宦官之喜好建造庙宇，尤为特色。盖自历史上看来，宦官之专权，无如明代之盛。乃彼等专权愈甚，恶之者愈多。于是思行善以粉饰其罪恶。或畏死后之冥刑，乃盛建庙宇。《燕京杂记》云，“京城内外及郊场边地，僧寺约千余所，半是前明太监所建”，可知矣。对于元君，尤特为崇拜，甚至宫中皆有其祠。《酌中志》谓，“涿郡娘娘，宫中咸敬之，中官进香者络绎”，又据西顶庙天启圣母碑，可知明神宗因一传闻而遂发内帑以建庙，其信仰之深可知。后魏忠贤又重修，因彼等提倡，故西顶香火大盛。二十余年间，即有专进该地香火之会。（今庙中有天启六年，恭进西顶洪慈宫碑）故帝王权贵提倡，实为元君香火特盛之一大原因。

大凡最初人类所崇之神，无论如何民族，皆为自然。盖其时思想简单，无论日月风雨，一入眼中，便不可解；于是神秘之思想生，乃崇之畏之，恐其为祟。又偶见一较稀有之事，或因误会，乃生畏惧之心，以为有神在。亦拜之。如《史记·封禅书》谓秦文公之祠陈宝是也。又因思亡身而及父母祖先育养之恩。乃欲以报之。或念先世圣贤，有功后世，而因祠之。如仓颉等是也。其后文明发达，人类思想繁杂，乃思有一种优秀美丽之神，以象征其文化美德。如希腊之亚波罗、雅典娜等神是也。而碧霞元君者，此种神也，此本为人类之天性，故于不知不觉中而爱戴之。与狞恶可畏，令人见而生厌，不敢再往之神，实有天渊之别也，奉宽先生《妙峰山琐记》引日本人游泰山游记所云，“元君实为晨光之神，与希腊伊奥斯女神之意相似”。此以元君比希腊女神，实为妙见。较之旧说恰当。不过以之为晨光之神，则未必然耳。然则希腊文化发达，当中国周时，何以中国至纪元后千年始有此种神，胡落后如此？不然，中国上古亦有之。然为谁？数千年来传说之西王母也。

西王母，俗所谓王母娘娘。其传说最久，且亦依时代而进化，固不一也。《尔雅·释地篇》：“觚竹，北户，西王母，日下，谓之四荒”。大概当时固以西王母为一苍茫之地域，而不可测也。《竹书纪年》：周穆王“十七年，王西征昆仑丘，见西王母。其年，西王母来朝，宾于昭宫”。此处之西王母，当为一种民族。又帝舜九年，“西王母来朝。——西王母来朝献白环玉玦”。按纪年，《晋书》只言述夏以后事，今本则始自黄帝。大概为后人所益。所谓西王母来朝，盖本《大戴礼记·少闲篇》，“昔虞舜以天德嗣尧，布功，散德，制礼，朔方幽都来服；南抚交趾，出入日月莫不率俾。西王母来献其白琯”而作，且于白环之下，增以玉玦。大约最初对于西王母，稍有传说。而不含有神话性质。皆以为一种极荒远之民族，而渺茫之甚。如后世之视蓬莱、方丈各地是。其后《穆天子传》穆王见西王母事，皆不见有神话之性质而颇类一人王。至《山海经》则有大变，《西山经》，“玉山，是西王母所居也。西王母其状如人，豹尾虎齿而善啸，蓬发戴胜，是司天之厉及五残”。至此，西王母乃变而为一怪形之神。无论如何，非一地域民族，犹强为国名，盖彼始终以《山海经》为地理书也。云居于玉山，乃因其献白环也。又《海内北经》，“有三青鸟为王母取食”，非人也明矣。①

总之，北京通州的天妃宫是民间信仰重要的载体，从通州天妃宫形成和建筑的格局、信仰传承等方面都可以看到它为南北地区经济、文化发展与交流起重要作用的大运河而衍生出的“通州天妃庙”文化。

（作者简介：勾超，北京史地民俗学会副会长，北京古都学会理事，北京非遗文化研究学者，文史编辑。编著有《北京中轴线史话》《北京民俗大全（民间娱乐·戏曲曲艺）》《北京皇城史话》《北京“南中轴”文史探秘》等。）

① 碧霞元君小志［N］. 益世报，1932-02-03，1932-02-04，1932-02-05.

第二部分　长城文化带

长城文化遗产保护实现路径再认识

董耀会

摘要：本文围绕如何保护长城的历史文化价值、长城保护的主要问题以及长城保护信息数字化建设保护等展开讨论。本文认为，需要从以下五点构建长城文化遗产保护思路与体系：（一）继续完善长城保护规划体系；（二）加强政府长城保护体系建设；（三）制定社会公众参与保护机制；（四）长城保护检察院公益诉讼；（五）长城国家文化公园建设生态保护。只有健全长城保护规划体系，实现长城价值及其真实性、完整性保护，全面提高长城保护管理水平，才能实现长城永续保护和长城精神的传承弘扬。

2021 年 7 月 23 日联合国教科文组织第 44 届世界遗产大会，审议并顺利通过我国长城等 6 项世界文化遗产保护状况报告。其中，长城保护工作被世界遗产委员会评为保护管理示范案例，获此殊荣是对我国世界遗产长城保护管理工作的充分肯定。决议高度评价了中国政府在长城保护方面采取的积极、有效措施，使长城遗产突出的普遍价值得到了妥善保护，并赞赏中国政府推进长城国家文化公园建设，颁布实施《长城保护总体规划》，以及在公众传播推介、遗产的能力建设、专项保护立法、现代科技应用、国际交流合作、缓解旅游压力等方面做出的努力和取得的成效。

这届世界遗产大会，对 255 项世界遗产保护状况报告进行了审议，仅有 3 项世界遗产获保护管理示范案例，中国长城是唯一的一项文化遗产项目。中国长城保护管理的实践，为各国开展特大型线性文化遗产保护，贡献了中国经验和智慧。但是，我们知道长城保护的实际情况与长城保护的客观需要相比，工作还有很大的差距。中国长城体量很大，涉及的地方很多，我们除看到长城保护好的地方之外，还要看到长城保护做得很不够的一面。

保护长城这一古代军事防御工程杰出遗产的价值，保护各历史时期长城文物本体的形制、结构、材料、营造技术与工艺，保护古代充分利用自然环境构筑的山险、水险等其他构成要素，保护各类长城所承载的中国古代北方军事防御制度等历史信息，减少各种自然和人为因素对长城的影响。保护长城也包括保护 2000 多年长城营造过程中与周边地理环境共同形成的独特而壮美的文化景观，保护与长城军事防御功能相关的生态环境和景观风貌，保护长城周边与长城修筑、管理相关的产业方式、民族习俗，合理控制长城周边旅游等开发建设活动，协调长城保护与生态保护、基本农田保护、地方经济社会发展的关系。

保护长城文化遗产，保护长城遗址，对可以发展旅游的地方进行有序开发利用，是长城国家文化公园建设的任务和使命。从 1961 年国务院公布第一批全国文物保护单位开始，基本上每一批都有长城重要点段被公布为全国重点文物保护单位。1984 年邓小平、习仲勋题词支持“爱我中华，修我长城”活动，推动了全国长城保护工作全面开展。1987 年长城被联合国教科文组织列入《世界遗产名录》。2006 年国务院颁布《长城保护条例》，明确各级政府和有关部门的法定职责。2019 年国家发布了《长城保护总体规划》，针对长城保护的难点、痛点拿出了一些解决方案。同年 7 月，中央批准了《长城、大运河、长征国家文化公园建设方案》，对坚定文化自信，彰显中华优秀传统文化的持久影响力、革命文化的强大感召力具有重要意义。通过对中国各历史时期，分布于 15 个省的 404 个县的长城资源保护、研究和展示，来实现文化价值的传播。

中国出版集团国家文化公园建设文库项目《长城国家文化公园建设研究》，对长城保护实现路径做过专门的论述。长城国家文化公园建设四大主体功能区和五大工程，第一项都是长城保护管控。中国有各类长城遗址遗存总量超过了 43000 多处，千百年来这些长城在自然和人为的作用下保护面临各种问题，各时期的长城本体普遍存在不同程度的损坏，长城遗址遗存濒临消失和已经消失的部分占长城总量的一半左右。保护长城要实施科学的保护，这一点显得尤为重要。关于长城的保护和修缮，一直以来深受社会各界的广泛关注。

一、保护长城核心是保护历史文化价值

对长城历史文化价值的研究，要考虑到长城本体在历史演变过程中价值内涵传承的是什么，是否发生过变化，在什么节点发生过哪些变化。这一点在以往的工作中重视得还不够，2016 年国家文物局发布的《中国长城保护报告》第一次对长城文化精神和价值做出了阐述。

2002 年《中华人民共和国文物保护法》第四条确定了我国文物保护工作的总方针：“文物工作贯彻保护为主、抢救第一、合理利用、加强管理的方针。”这是对 1982 年颁布实施的《中华人民共和国文物保护法》的继承。国务院文物

主管部门是国家文物局，主要负责长城的保护工作，协调、解决长城保护中的重大问题，检查、指导、督促长城所在省市县级地方人民政府及其文物主管部门，贯彻落实《中华人民共和国文物保护法》《长城保护条例》等法律法规和《保护世界文化和自然遗产公约》等国际公约、宪章所规定的长城保护责任。

国家文物局会同国务院有关部门制定长城保护重大政策，开展长城认定，制定长城保护管理相关标准规范，进一步加强长城保护宏观管理，建立国家级长城档案和长城资源信息平台，组织长城重大保护展示项目方案的技术审核、工地检查、竣工验收等工作，指导长城所在地各省（区、市）开展长城保护、管理、展示、利用、开放等工作。上述规定基本上没有涉及长城历史文化价值的保护研究和传播。

2022 年 7 月 22 日，全国文物工作会议提出“坚持保护第一、加强管理、挖掘价值、有效利用、让文物活起来的工作方针”。这是新时代的文物工作方针，将原来的 4 句话 16 字调整为 5 句话 22 字。也是首次提出了“挖掘价值”，这项新增加的内容作为文物事业发展要义是长城保护和传承的基础。发掘长城精神价值和文化内涵，也是“让文物活起来”的前提。保护长城首先是保护文物本体，保护长城历史信息核心是保护历史文化价值。

（一）长城保护第一的原则是针对保护利用整体而言

任何与长城有关的事情都要在保护为主的原则下进行，这一点是由长城作为文物所具有的特性决定的。任何文物都是不可再生的文化资源，是千百年的历史文化留给后世的巨大财富。中国是一个文明古国，文物年代久、数量大，仅认定的历代长城遗址遗存目前尚有 21196 千米。既然是认定就是阶段性成果，随着新的考古发现一定还会有新的发现和新的认定。

20 世纪的前半期，中国基本上处于战争状态。后半期基本属于解决社会基本生存和发展经济的时期。在这两个阶段，长城及其他文物保护工作虽然也做了一些，但基本处于较为滞后的状态。今天人们已经意识到长城保护工作的紧迫性，但长城保护的形势依然很严峻。长城的体量太大，保护的难度也就很大。特别是经济发展与长城保护工作有了冲突，首先受到伤害的可能就是长城。所以，保护第一的原则是需要反复强调和坚持的原则，这是我们这一代人的使命和责任。

（二）长城保护的属地管理原则是坚持管理有效性的责任制

长城保护管理实行国家、省、市、县分级负责的管理办法，重点强调的是长城的保护实行属地管理。坚持“属地管理”，落实长城所在地县级以上地方人民政府的主体责任、文物主管部门的监管责任和管理使用单位的直接责任，注重加强跨行业、跨部门、跨地区协调。

管理属地主要指的是长城所在地的县级以上地方人民政府。省级人民政府对本行政区域内长城保护承担主体责任，负责起草或制定本地区长城保护相关地方性法规、规章或规范性文件，建立本行政区域内跨部门协调工作机制，视实际情况确定或设立专门机构负责长城具体保护工作，组织编制并实施长城保护规划，并将长城保护纳入地方政府行政考核体系。长城所在地省（区、市）人民政府文物主管部门，对本行政区域长城保护承担监管责任，监督相关法律法规规划实施，加强与相关部门的沟通、协商，受国务院文物主管部门委托负责全国重点文物保护单位、省级文物保护单位长城保护展示项目方案技术审核、工地检查、竣工验收等工作，指导长城所在地县级人民政府开展长城保护、管理、展示、利用、开放等工作。

长城所在地县级人民政府对本行政区域内长城保护承担管理的主体责任，长城管理使用者对相关长城点段保护单位承担直接责任。县级政府负责依据长城保护相关法律、法规、规划具体落实长城保护措施，负责实施长城保护的日常巡查、预防性保护和保护维修项目的经费和实施。不过，这一点说起来责任是清楚的，但是由于长城沿线的县基本上属于经济较为落后的地区，县级财政经济力量有限，很难做到有多大的经费投入。

（三）抢救第一原则强调的是为长城排除险情

长城保护修缮要坚持预防为主、原状保护原则。各时代的长城遗迹保存状况不一样，长城修缮既要抢险又要避免不当干预。特别是不要借保护长城的名义建设新的长城。真实、完整地保存长城承载的各类历史信息，就应该包括保护长城沧桑的历史风貌。

长城年久失修遭到破坏、损失，需要采取紧急措施抢险加固。但是把长城都建得崭新，也属于一种建设性的破坏。长城国家文化公园建设一定要杜绝开发性破坏事件的发生，这是长城保护面临的重大问题，绝不能含糊。坚决不允许为了追求高速的经济发展目标，忽视对文物长城的保护，也不能忽视对文化长城的传承。

长城修缮性破坏属于人为破坏，而且是花着中央财政的钱在破坏长城，造成的后果更为严重。长城修缮一定要把抢救放在首位，采取措施妥善解决长城本体病害的问题。长城肯定是要修缮的，不进行有效的修缮，很多濒临危亡状态的长城段落就不能得到救治。长城修缮工作要把抢救放在首位，还要发动社会力量关心和参与长城修缮工作。鼓励社会力量支持长城的保护和抢救工作不能停留在口头上和文件里。

（四）有效利用的原则强调利用不仅要合理更要有效

我们为什么要保护长城，道理很简单，长城这样的文化遗产有用。所以，长城保护从来都不反对合理的利用，反对的是破坏性的利用。为什么要强调长城合理的利用，因为我们要把长城给子孙后代传下去，不仅我们这一代要利用，子孙后代也要用。这种利用不仅是旅游参观，也包括在文化、历史、考古、艺术等领域的研究，包括人文领域的爱国主义教育等方面的利用。长城在精神领域的作用也很大，“把我们的血肉筑成我们新的长城”就是在精神方面的利用。

强调合理利用就要加强监督管理，在长城利用的过程中，如果没有有效的管理就可能会发生破坏长城的事情。管理的过程也需要制度和法规强有力的保障。长城保护员也是长城保护监督的重要环节，在其负责的长城点段进行日常巡查时，不但要注意人为破坏或长城自然损毁的情况，还要注意观察长城内外整体环境风貌。

从“合理利用”变成“有效利用”，虽然只有两字之改，但是含义更深刻，在对文物的“利用”上，步子可以再大一点，这也将进一步激发文物工作者的创新性和创造力。比如，北京有些地方的长城经过很大投入进行了修缮之后，不但依然不能对游人开放，反而还需要派人看护，这在某种程度上说就属于没有做好合理有效的利用。

（五）整体保护原则是保护长城建筑全部遗产

保护长城是保护什么？首先是保护长城建筑遗产。长城保护的总目标是对长城遗址遗存实施“整体保护”，整体保护包括要对长城文化遗产的真实性、完整性全面保护。整体保护就是保护长城文化遗产的精神价值和古代军事防御工程遗产价值，保护内容主要包括长城文物的本体及其形制结构、材料工艺等方面特征，也包括长城文化价值、长城防御体系、长城景观风貌及周边生态环境。整体保护还应该包括合理控制长城周边旅游等开发建设活动，协调长城保护与生态保护、基本农田保护、地方经济社会发展的关系。

长城整体保护强调价值优先。对长城进行整体保护的同时，也要根据保护需求和客观条件，针对文物本体类型功能丰富性、形制材料多样性、保存状况差异性和地理文化环境复杂性，实施分级和分类保护。整体保护还包括古代构建长城防御体系，充分利用自然环境构筑的山险、水险等。也应该包括保护长城周边民俗文化，这些与长城修筑和驻守相关的生业方式、民族习俗等内容都是长城文化的构成。各地需要因地制宜地制订个性化保护管理措施，保护长城本体和长城文化景观。

（六）让长城文化遗产“活起来”是长城保护利用责无旁贷的使命

如何在保护的基础上真正让长城世界遗产“活起来”，还是一件有待进一步研究和实践的事。长城分布范围很广泛，拥有其他世界遗产不具备的体量和最齐全的类别。在15个省的大地上，线状和点状交错分布的长城墙体及其他附属建筑，成为一个网络状的世界遗产项目。让长城文化遗产“活起来”包括通过各种传播手段，让社会更加充分地了解和更加深入地探究长城遗产的价值和文化内涵。特别是要借助现代科技和媒体融合的力量，让长城这个文化遗产走到大众生活中才能真正做到“活起来”。

讲好长城的故事，需要把长城历史文化的专业内容大众化，需要将长城博物馆的展览知识性内容通俗化，需要做好古老的长城遗址遗存与人们的现代化生活结合，向世界传播长城文化，更要将中国的叙事方式国际化。让长城文化遗产“活起来”，需要让长城文化遗产能和当代人的生活有更多的共情点。毫无疑问，所有让长城文化遗产“活起来”的努力，都是围绕着人来进行的，所以要在以人为核心的遗产价值传播过程中找到共情的方法和路径。

北京正在全面推进全国文化中心建设，这既是社会主义文化强国建设的重要举措，也是传承中华优秀传统文化的历史担当。北京应该在有长城的6个区，选择一处有代表性的地方，比如在八达岭、居庸关、慕田峪、司马台建立全国长城学研究中心，汇聚全国研究长城的大专院校和科研机构的专家学者，从长城历史文化的研究入手，参与到全国文化中心建设中来。以活动和成果支持北京长城文化带建设，打造全国长城研究和长城文化传播的高地。

二、长城保护的主要问题

从保护现状可以看出，长城的保存现状整体上还是令人担忧的。长城保护工作这么难，一个很重要的原因是长城体量太大。长城保护虽然实行整体保护的原则，但还是需要分别对待。2020年11月24日国家文物局发布的《关于印发第一批国家级长城重要点段名单的通知》（文物保发〔2020〕36号）就是试图解决这个问题。第一批国家级长城重要点段名单是落实2019年1月经国务院批准，文化和旅游部、国家文物局联合颁发的《长城保护总体规划》。国家文物局在充分听取长城沿线15个省（自治区、直辖市）以及党中央、国务院相关部门意见和建议的基础上，研究确定了第一批国家级长城重要点段名单。

第一批国家级长城重要点段构成以秦汉长城、明长城为主线，主要包括与抗日战争、长征等重大历史事件存在直接关联，以及具有文化景观典型特征的代表性段落、重要关堡、重要烽燧，共计 83 段/处。其中秦汉长城重要点段 12 段/处，明长城重要点段 54 段/处，其他时代长城重要点段 17 段/处（战国秦长城 5 段，唐代戍堡及烽燧 4 处，战国燕长城 2 段，战国齐长城、楚长城、赵长城、魏长城各 1 段，以及金界壕遗址等具备长城特征的边墙、边壕、界壕重要点段 2 段）。

国家文物局对国家级长城重要点段长城，从全面落实保护责任、重点强化空间管控、加强日常监管与监测、着力缓解消除险情、提升展示阐释水平、加大指导督促力度等六个方面也提出了具体的要求。国家级长城重要点段沿线各省（自治区、直辖市）人民政府应定期评估《长城保护条例》《长城保护总体规划》和省级长城保护规划以及国家级长城重要点段保护规划实施情况，指导、督促相关地方人民政府和有关部门贯彻落实长城保护传承利用相关任务、目标。每年 11 月 1 日前，各省（自治区、直辖市）人民政府文物行政部门应将本行政区划内的长城保护管理工作进展情况，特别是国家级长城重要点段情况以书面材料形式报国家文物局。2025 年年底前，各省（自治区、直辖市）应全面完成国家级长城重要点段机构建设、空间管控、监测管理、保护修缮、展示阐释等各项工作，全力推进长城国家文化公园建设。

（一）长城保存现状令人担忧的问题表现

相比较而言，国家级长城重要点段长城保护管理，总的来说还都是做得比较好的。长城保护的困难，一个重要的方面就是长城的体量“大”。大体量的长城遗址遗存，分散在 15 个省的 404 个县。不同地区的不同长城段落又存在着很大的差异性和不平衡性，需要对不同地段长城的修建分期、形制、工艺，对长城体系与不同自然社会环境的关系及变迁加强研究。《长城保护总体规划》将长城墙体遗存保存现状分为五个等级：较好、一般、较差、差、消失。其中，保存现状差即濒临消失的和已经消失的，约占总数的 51.2%。

第一个破坏长城的因素是自然因素。东部和中部地区的长城点段多受到水土流失、雨水冲刷、沙漠化、动物活动和植物生长等自然侵蚀影响。西部地区的长城点段多受到沙漠化、风蚀、盐碱、冻融、动物活动和植物生长等自然侵蚀影响。长在城墙缝里的树也成为长城的危害因素，特别是长在空心敌楼顶部的树，墙体被树撑坏的现象十分严重。很多空心敌楼顶部的坍塌，都与顶部的积土和生长在积土上的树有关。地震对长城的破坏作用也很大，北京、天津、河北、山西、辽宁、吉林、山东、陕西、甘肃、宁夏、新疆等 11 个省（区、市）均有部分长城点段分布于地震带。另外，除新疆外的 14 个省（区、市）均有部分长城点段分布于泥石流灾害区，这也是威胁长城保护的因素。

第二个破坏长城的因素是人为原因。这方面现在虽然比以前已经好多了，但还有长城砖被盗、贩卖等现象，还有旅游开发、城镇建设、大型基础设施建设、居民生产生活和不当干预等人为因素，特别是紧邻长城的周边区域进行农林作物耕种、灌溉等都对长城保护形成了威胁。很多长城都修建在山区，各种开采矿产资源的行为对长城也构成了严重的破坏。此外，越来越多的游人去攀爬未经修缮的长城也对长城的安全构成威胁。

（二）保护长城法律法规有待完善和进一步落实

尽管目前有很多地方政府已经意识到要对长城实施保护，但也有些地方法律意识不强，没有制订保护长城的计划和方案。我们去甘肃白银市景泰县调研长城保护工作，前几年当地政府在景泰索桥堡修建了旅游观光的木栈道，直接建在了保护区范围之内，有的甚至直接建在了长城遗址之上，看了令人非常痛心。地方政府要积极对长城保护进行有效的法治宣传，要积极采取合理有效的措施，避免长城遗址遗存坍塌损毁，更要避免在保护利用长城的旗帜下发生破坏长城的现象。

长城各地每年都会向国家文物局申报一批长城重点段落的抢救性保护维修工程，为了做好长城修缮工作，国家文物局还编制了《长城保护维修工作指导意见》。这项针对性和可操作性都较强的文件，虽不具有法律的强制性，也还是很好地规范了国家对长城保护维修、展示工程的工作程序和要求。从目前实施的情况来看，在执行的过程中，执行单位因为理解的原因常出现这样或那样的偏差，另外这个文件对一些要求的量化程度不够，也是造成执行实施效果差距较大的一个原因。

有的地方政府法律意识不强，对破坏长城行为行政处罚力度小也是一个问题。几年前，在宁夏中卫市曾发生一起将明代墩墩梁烽火台夷为平地之事，当地政府对此事的处理结果是对相关责任人给予诫勉谈话或警告处分。这样的处分与其造成的严重性后果极不相称。违法成本低是造成违法破坏行为屡禁不止的一个重要原因。《长城保护条例》中明确指出："长城所在地县级以上地方人民政府及其文物主管部门依照文物保护法、本条例和其他有关行政法规的规定，负责本行政区域内的长城保护工作。"在长城保护工作过程中，有些长城管理单位未能按期完成《长城保护条例》所规定的一些约束性任务，是《长城保护条例》落实不到位的一个重要原因。

近几年，采取法律手段保护长城的案例越来越多。2021 年 9 月，保定市中级人民法院公开审理并当庭宣判。这是河北省首例长城环境保护民事公益诉讼案件。2022 年 6 月，在河北省秦皇岛市山海关区"天下第一关"脚下的古城内，山海关区人民法院长城文化保护法庭正式挂牌成立。燕山大学中国长城文化研究与传播中心，作为智库，大力支持了这个迄今为止全国法院系统第一家专门审理涉长城文化资源保护相关案件的法庭。

（三）保护工作还存在认识和执行不到位的问题

长城保护工作责任从管理上来说还是清晰的，各级政府文物主管部门是负责的主体，政府的其他相关部门也都负有相关的责任。但是，在如何处理好长城保护和利用的具体问题上还认识和执行得不到位，包括一些文物主管部门也存在盲目性、被动性问题，做一些表面文章的问题。如何主动采取措施对长城进行保护，如何有效遏制长城自然毁损加快的现状，都缺乏有针对性的行动。

《长城保护条例》要求各级政府都要将长城保护经费纳入本级财政，一些地方政府对长城保护认识不够，并没有落实这项要求。各地在制定长城保护规划方面也有好有坏，有的地方已经制定了本地长城保护规划，很多的地方还没有制定规划。即便制定了长城保护规划的地方，有些多是规划偏于宏观，操作性并不强，很难得到具体执行。

长城保护队伍建设方面也存在问题。长期以来长城保护机构专业人员缺乏，基层管理人员无法满足保护管理需求，保护理念、法律知识、执法能力、保护技术、研究能力等亟待提升，系统化的培训亟待加强。加上长城沿线涉及行政区划交叉，涉及文物、林业等多个部门交叉管理，工作协调起来难度很大。

长城保护的技术方法也亟待提高，如何避免长城建筑遭受自然界的风雨侵蚀亟待研究。不论是两千多年历史的早期长城，还是数百年历史的明长城，城墙都已经很古老很残破，如何避免风雨的侵蚀和如何做好维护都是技术难题。长城保护监测体系建设尚未有规模地进入实施阶段，亟须开展需求和可行性分析、目标设计和系统研发等工作。目前还做不到通过有效的技术手段与保障措施，对自然破坏因素、自然灾害影响、环境变化及城镇建设等因素，对周边历史环境及长城本体影响的监测。

长城旅游配套建设及服务滞后也是一个老问题。部分长城旅游区段住宿、餐饮、商贸等相关基础设施和配套服务仍不健全，缺少必要的导览指示、解说系统，游人无法在旅游活动中充分体验长城的历史文化和精神价值。长城旅游景点的开发建设，需要兴建一定规模的旅游设施，以满足游客的基本需求。有些长城景区开发建设的不当行为，造成新建设施和建设项目与长城环境氛围不协调，甚至损害长城的整体景观风貌，降低了景观质量和意境。有些景区将现代化商业性设施建到长城脚下，相对高度甚至高过了长城。有些地方对长城的保护、研究、宣传、利用与内容丰富的长城遗产并不匹配。

（四）长城保护社会公众参与机制尚未建立起来

长城体量太大，其保护工作不能仅靠文物部门，但长城保护发展进程还没有形成“众志成城”的社会氛围。社会力量不能起到重要作用的一个重要原因是缺乏社会公众参与机制，政府行政部门动员和利用社会力量不够，长城保护的管理者还没有与社会力量形成合力。

普通民众尤其是长城周边居民对长城保护的认知度不足。长城沿线居民的受教育程度普遍较低，有的虽知道长城但不知道长城的真正价值，有居民不知道家乡拥有长城，所以没有形成对长城的保护意识。长城沿线村落的居民对长城的认知大多来自父辈的告知，村中缺少关于长城各种价值的教育活动或者宣传活动，在长城保护过程中居民较为被动。在长城旅游资源开发后，居民也很少得到利益的共享，所以普通居民保护长城意识较弱。

（五）长城保护资金保障严重不足问题

国家明确要求长城保护实行“整体保护、分段管理”的总原则，也明确了将长城保护经费纳入地方本级财政预算，成立长城保护基金等。这些制度若能得到有效的执行，可以为长城保护奠定坚实的基础。从近十年的长城保护运行情况来看，这一制度尚未有效发挥其应有的作用。长城保护实行“分段管理”，地方政府负责长城保护的日常监管和日常维护，这方面总的来说处于不利的状态。

究其原因，还是思想认识不够，更重要的原因是长城所在的地方大多是贫困地区，地方财政本来就困难，即便有意保护长城也是有心无力。由于用于保护长城的人力物力严重缺乏，出现即便明知有人为破坏也监管不力或处理不及时的情况。面对财政困难，地方目前大多处于无力有效保护长城的尴尬局面。本来《长城保护条例》明确要建立专门用于长城保护基金的筹资设想，这项工作做好了是可以部分地解决地方长城保护资金不足等问题。只是，目前这样的机制在国家层面和地方层面都尚未建立起来。

三、保护思路与保护体系构建

长城保护要保护什么？毫无疑问，首先是保护长城文化遗产的本体遗存。长期以来长城的保护虽然一直没有间断，但多是保护一些重要的点段。很多地方长城被拆毁了，很多地方长城倒塌严重。目前，在国家层面来说长城保护思路与保护体系已经初步地建立起来。但是健全长城保护规划体系，实现长城价值及其真实性、完整性保护，全面提高长城保护管理水平，实现长城永续保护和长城精神的传承弘扬，还是一项刚刚开始的工作。这也是长城国家文化公园建设把长城保护传承放在第一位的原因。

（一）继续完善长城保护规划体系

长城国家文化公园建设是国家重点工程，原计划到2023年年底基本建成。由于疫情的原因，有些项目推迟到2024年、2025年完成。长城沿线文物和文化资源保护传承利用、协调推进局面要初步形成，建立一个权责明确、运营高效、监督规范的管理模式，并形成一批可复制推广的经验，为到2035年全面推进国家公园文化建设创造良好条件。到2035年，计划建成一批长城国家遗产线路，使长城成为我国北部地区文化长廊、生态长廊、景观长廊和健康长廊。完善社会参与长城保护管理政策与措施，提升全社会的长城保护意识和保护理念，形成全社会自觉保护长城的氛围。

规划是顶层设计，长城保护需要规划先行。依据《长城保护条例》第十条"国家实行长城保护总体规划制度"要求，设立三级长城保护规划体系：长城保护总体规划、省级长城保护规划和重要点段长城保护规划。这方面的工作国家和省级层面基本上已经做了，重要点段的长城保护规划有的地方做了，有的地方还没有做。规划完成制定后还要强化对执行的评价，这方面的工作尚需要强化。

长城保护总体规划重点贯彻国家对长城"整体保护"的宏观要求。规划内容包括研究长城整体价值、评估保护管理现状，明确长城保护的总目标、总原则和主要任务，提出保护范围、建设控制地带划定原则和管理规定制定原则，明确长城管理、保护、展示开放、研究等总体要求，确定国家级长城重要点段遴选要求及管理原则，明确规划实施保障措施等。

省级长城保护规划是长城所在地省（区、市）长城点段保护专项规划，重点贯彻国家对长城保护的"分段管理"要求，编制深度应按照《全国重点文物保护单位保护规划编制要求》执行。规划主要内容包括各省（区、市）长城自身特点及其对长城整体价值的支撑作用，评估保存现状，划定保护范围、建设控制地带，制定管理规定，提出管理、保护、展示开放、研究措施和任务目标，明确国家级长城重要点段组成，提出省级长城重要点段名单和拟辟为参观游览区的长城点段清单，提出与相关规划衔接措施，并结合本地实际情况制订分期实施计划和保障措施。

长城重要点段保护规划仅针对国家级长城重要点段编制，编制深度应按照《全国重点文物保护单位保护规划编制要求》执行。规划主要内容包括在省级长城保护规划基础上，针对国家级长城重要点段的实际情况，进一步细化管理、保护、展示、开放、研究具体措施和相关考核指标，在这方面长城沿线各县都做了大量的工作。

（二）加强政府长城保护体系建设

各级政府的文物管理部门基本是健全的，只是有的地方力量强一些，有的地方弱一些。目前，建立长城保护数字化信息管理机制，在各地都是刚刚起步。建立长城基础数据资源平台，结合长城国家文化公园建设相关的资源，分类建设长城保护、长城历史、长城文化、长城旅游等方面的资源库，通过整理口述史，深入挖掘长城文化内涵都是长城保护工作的重要内容。长城保护不仅是保护遗址遗存，还要强调保护好长城文化。各地都要选择具有突出意义、重要影响、重大主题的长城历史文化题材，服务于长城国家文化公园建设。

建立统筹管理和监测机制的工作也是刚刚起步。长城国家文化公园的管理平台还没有建立起来，各级政府文物部门保护长城的职责还要进一步明确。长城沿线的区人民政府、县人民政府、乡镇政府都是长城保护的责任单位，建立有效的长城保护责任制，制定相应的奖惩制度的工作还需要进一步深化。长城保护工作文物部门负有首要责任，但保护长城却不能单纯依靠文物部门。对破坏长城问题的处理，要设置专门投诉处理、预警监测制度。

加强长城本体保护工程管控。现在的长城抢险修缮，跟以往的修缮不一样的地方，在于强调最小干预的原则和修缮措施可逆的原则，这是理念的提升，也是社会的进步。长城本体保护工程实施重点，是为濒临坍塌危险的长城点段排除险情。长城本体保护工程，管控要求按其性质主要分为保养维护工程、修缮工程、安防工程、载体加固工程。长城现状主要为遗址形态，应实行分类保护，针对不同材料、不同状态，在进行精准分析基础上，采取适当保护工程措施。

2014 年，笔者在中国文物保护基金会旗下，创办了长城保护专项基金并担任首任主任。2016 年 9 月，中国文物保护基金会主办，与腾讯公益慈善基金会合作，启动了“保护长城，加我一个”长城保护公募项目，通过线上募集与线下筹款相结合的方式，向社会公开筹集资金。我们选择了北京箭扣、河北喜峰口两处长城本体进行修缮，计划以这两处长城修缮为试点，找到最小干预和研究性保护的新模式。

万里长城究竟应该怎么修？要修成什么样才是科学的修缮？维修之前的箭扣长城，城墙顶部树木丛生，有好几处墙体的外墙有坍塌。这段长城的修缮就是为长城续命，病害已经严重危及了这段长城的生命。在整个修缮工程当中严格遵守最小干预原则的新理念，并首次应用了无人机等科技手段来帮助完善整个设计方案。将考古环节也纳入长城保护修缮，这是一个突破。因为修缮的长城上有很多杂草和渣土，在这种情况之下修缮设计者无法知道地下的情况。只有通过考古挖掘出地下真实的情况，做好记录并将最原始的数据传递给修缮设计者，这样才能保护好长城的原真性。

现在各地修长城，绝对不允许都修成新长城的样子。这个认识不仅是专家达成了共识，文物部门确定了原则，社会各界也都广泛接受了。最大限度保留长城的沧桑感这个理念，是长城保护事业的一个很大的进步。这样说并不是认为所有的长城都不能复建，只是强调复建要极其慎重。我们在做长城国家文化公园建设调研时，很多的地方政府都有复建一段长城开辟旅游景区的冲动。地方政府如果真是这么做了，一定会形成对长城新的破坏。

（三）制定社会公众参与保护机制

支持社会力量参与长城保护，目前更多的还是停留在文件上，还没有成熟的制度模式。长城保护需要吸引广泛的社会力量参与，需要吸引不同年龄段的人关注。政府有关部门放开手脚，鼓励社会力量依法、有序、科学地参与长城保护工作，这是长城保护的必经之路。要鼓励社会公益组织参与长城保护工作，要开展长城保护志愿服务工作，要发挥高校和科研院所等专业机构力量，参与长城保护研究以提高长城保护工作的研究水平。

长城研究也是长城保护工作的一个重要方面。利用高等院校打造中国长城研究与交流的基地，进行跨地域、跨学科的长城研究工作，推动世界范围内的长城学科建设，发布长城保护和利用的行业分析数据和战略研究报告等工作亟待开展。搭建更多的学术研究活动平台，有了这样的平台构建起学术交流的吸引力，参与进来的专家学者就会越来越多，学术成果会越来越丰富。在大量的、高质量的学术成果产生之后，就可以建立起长城学会的交流评价体系。通过这样一个评价体系，来不断提高学术交流的质量。长城研究是一个特殊的研究形式，具有高度的综合性。很多学科对长城从不同的角度去研究，最后的成果具有很强的综合性。这种跨学科的具有高度综合性的学术研究，更需要交流平台的促进作用。

（四）长城保护检察院公益诉讼

长城保护检察院公益诉讼开始于河北省，2019 年 6 月 5 日，河北省人民检察院联合河北地质大学，共同举办了长城保护检察公益诉讼研讨会。这是河北地质大学长城研究院成立之后，参与主办的第一场全国论坛，大家从立法司法、文物保护、旅游开发等角度，就长城保护检察公益诉讼进行了研讨，对加强诉前程序的作用、推动落实行政监管职责、优化公益诉讼提起方式等方面提出了意见和建议。随后这项工作逐渐在全国长城沿线各省铺开，检察院开展长城保护检察公益诉讼专项活动河北省一直走在全国的前面。

2022 年 3 月 22 日，河北省人民政府新闻办公室举行“河北省长城保护检察公益诉讼专项监督活动”新闻发布会。自 2020 年 6 月，河北省人民检察院部署开展长城保护检察公益诉讼专项监督活动以来，共立案办理长城保护公益诉讼案件 174 件，发出检察建议 103 件，磋商办理 76 件，提起民事公益诉讼 1 件，提起行政公益诉讼 2 件。通过办案，督促修复受损长城 87 处，划定保护范围 60 处，规划修缮方案 34 个，完善警示标识牌 933 处，拆除违章建筑 43983 平方米，推动争取文保资金 857 万余元，追偿生态修复费用、惩罚性赔偿金等近 181 万元，修复长城保护范围内生态环境面积 103800 平方米。这些工作如果只靠文物部门的力量，显然是不可能做到的。

最高检也开始进一步深化与文化和旅游部、国家文物局的沟通协作，着手联合发布长城保护专题公益诉讼典型案例，举办长城保护检察论坛，总结推广甘肃、河北、陕西、内蒙古等地典型经验，邀请长城保护专家授课加强专题业务培训等，指导地方检察机关找准长城保护公益诉讼的切入点和着力点，充分发挥检察一体化办案优势，结合服务保障长城文化公园建设，促进跨区划执法标准统一规范。最高检在 2020 年年底发布文物和文化遗产保护公益诉讼典型案例时，将陕西省府谷县检察院督促保护明长城镇羌堡行政公益诉讼案纳入，以引导长城沿线省份注重有关长城保护公益诉讼案件的监督办理。

（五）长城国家文化公园建设生态保护

作为中央生态环境保护督察专家，笔者对长城区域的生态环境给予了较多的关注。长城保护受环境影响很大。长城的历史太久远了，经过了那么长时间的风吹雨淋，加上暴晒、雷电、地震等破坏因素，造成很多的地方毁损，很多的地方濒危。万里长城正在变短，也变得更残破，这是现实。保护长城就是要把古老的长城，最大限度地留给我们的子孙后代。保护长城区域的生态环境也是长城保护的重要内容。特别是开采各种矿山而导致墙身严重损毁的现象必须严格制止。

长城国家文化公园的建设，需要处理好文物保护和文化共生之间的矛盾，既保护好长城遗迹并做好长城建筑本体的修缮，又能让更多人走进长城历史文化，还要突出生态保护的理念。长城沿线的生态环境比较脆弱，历史上人口增加、农业开垦等各种原因使得森林锐减，长城周边生态环境持续恶化，水土流失等自然灾害十分严重，急需进行环境治理和植被恢复。特别是在陕西、宁夏、甘肃等长城沿线水土流失和风沙危害严重的地区，长城国家文化公园建设要和生态保护工作紧密地结合起来。采取保护水土与防治风沙相结合，以生物措施为主做好生物措施与工程。生物措施是以各种手段恢复和建设长城内外地表植被，以减少水蚀和风蚀的危害达到保护生态目的。保护生态的生物措施应是林草结合，适合种树的地方种树，不适合种树的地方可以种草。

长城作为古代边疆社会的军事防御工事，其沿线生活的军民及至今仍保留的军事堡寨，历史上都能很好地利用周边的地形环境，今天的长城保护工作也要注意保护这些军事堡寨的周边地形地貌环境。长城内外天然草生植被保存较好的地方，以天然封育和自然恢复为主。在退耕还林的坡耕地或天然植被破坏严重的退耕还草地区，应坚决实行退耕还林、退耕还草，开展大规模人工植树种草活动，通过恢复植被保护长城区域的生态。

长城国家文化公园的生态系统保护与管理，首先要做好长城国家文化公园区域生态资源现状调查。掌握各个地方的不同情况，对其生态脆弱性进行分析。针对造成中国长城沿线生态脆弱的自然因素和人为因素，做好保护工作的开展。自然因素包括地质地貌和气候两个方面，长城沿线的地质地貌条件属于过渡性地带，长城所在的山脉的山脊线多为分水岭，极易产生水土流失和泥石流。内蒙古高原、黄土高原及河西走廊地区，则极易产生水土流失和土地沙化。

黄土高原是秦汉到明代长城的主要修建地区，长城内外千沟万壑的地貌则是长期流水侵蚀的结果。黄土高原的位置，处于我国的第二阶梯，处于黄河中上游的位置。黄河为什么是黄色的？就是因为黄河裹挟着大量的黄土，一路狂奔流向了大海。流水对地貌的破坏不仅存在于黄土高原，流水对戈壁的影响也是很大的。我们去敦煌考察疏勒河流域的汉代长城，越野车跑在戈壁滩上也会遇到深浅不一的沟壑。有时候为了翻越流水的侵蚀作用形成的戈壁断崖，需要绕很远的路才能找到下去的地方。走这样的路，需要司机很熟悉地形才行。即便是司机知道哪里有路可以下去，也会走到死路上去。原来可以通行的路，会因为一场暴雨使遭到不断侵蚀的坡地倒塌，造成沟壑加深而不能通行了。沿着河流考察戈壁和黄土高原的长城，随时随地都能感受到水流对地貌的侵蚀不断被加深的过程。

做好长城国家文化公园建设生态保护工作，要对长城沿线生态脆弱性进行定量分析。中科院地理所、北京大学地理系、北京师范大学地理系等单位完成的《生态环境综合整治与恢复技术研究》，其中一个子专题为《我国脆弱生态环境类型划分、分布规律及其评价指标研究》，其研究成果就包括长城沿线生态脆弱性的定量分析与评价，这项工作还需要继续加强。

当然，生态环境本身的变化是以千万年为单位，我们也不能过于夸大人类社会活动对自然改变的影响。自然环境的变化不是人类的干扰，更大的还是大自然本身。人类活动的影响引起的变化，或许只是使得自然的变化速度加快了一点而已。人类对自然环境的改造，或者对自然的变化有一些干扰，其作用离不开自然环境本身的变化规律，这一点也要认识清楚。

四、长城保护信息数字化建设

探讨数字技术运用，对长城文化遗产保护而言是重要的。一般来说其工作内容有：第一是有关信息的采集获取，第二是信息或者数据的处理，第三是数字化监测。采集信息很重要，有了这些信息或数据之后再处理信息，使其结果能够更好地应用于文化遗产保护。对长城遗址实施定量的检测，是实施长城保护管理的基础。

长城作为特殊的文化遗产，其保护要求有很强的复杂性。长城遗址的体量之大、长城保护涉及的面积之广、长城遗存类型之丰富都是其他文化遗产不可比的。借助多种多样的数字化信息技术，可以达到全要素的信息获取。这些信息可以涉及空间的维度，也可以涉及时间的维度。

数字化参与长城的保护和利用，需要将分布在 15 个省市和自治区的长城做资源整合。长城多处于野外，对实际的调研工作造成了一定的难度。长城的数据采集量和处理量十分巨大，时间和空间两个维度都有难度。

中国历朝历代的修建跨越两千多年，长城保护和利用急切呼唤新的技术方法。长城保护和长城文化展示，怎样认知这种新的技术方法？将信息技术引入长城文化遗产的保护和利用中来，这是拓宽对长城本体保护和文化阐释一个跨学科的开拓。把信息基础运用到长城文化遗产的保护和利用，通过数字基础信息的应用促进长城文化遗产保护与利用的理论与实践，需要构建一套技术方法体系。

（一）数字化信息的采集

通过数字化可以获取多层次信息，比如长城沿线的一段墙体，通过数字扫描可以细致地掌握遗址的真实状况。只有获取了足够丰富的信息，精细化研究才能在深度上更上一个层次。多层次信息的获取，为研究和保护提供了丰富的信息支撑。

更加全面的数字获取，对长城本体以及环境都可以采集。自然与人文景观的呈现，展开有关场景化的应用。这就是虚拟化的场景应用，通过数字空间在物质空间之外，构建起物质空间和数字信息空间的相互关联。

构建一个文化遗产的模型，需要采集毫米级精度的信息。以精细点云的机器设备，可以做到多次的信息叠加。这样就可以想要多精细，就能达到多高的精度。通过精细化的信息的采集，再做好精细化的信息的处理，便可以认识每一处长城的基本的特性和历史价值。

尽量地多采集点信息，数据记录面向保护利用工程的实际需要优化规划飞行的任务。提高信息采集的目标性，就可以大幅度地提高效率。用无人机测绘长城，对于飞行的距离和飞行的时间也都提出了更高的要求，给这种数据采集工作造成了一定困难。对长城进行无人机飞行测绘有时候会很困难，有时候测一个地方要反复去很多次。河北、北京一带的长城都在山上，而山上的风比较大，无人机甚至都飞不起来。有的地势稍微低一点的地方，信号也许特别差。如果作业是遗址状态的长城，遗址两侧树木十分密集也很难拍到想拍的内容。特别的环境，使无人机飞行作业特别不方便。

（二）数字化信息的处理

智能化的信息处理能够高效地处理信息数据，处理结果能够更快更精准。更清楚地了解到长城病害，采取长城保护措施也可以更到位。信息处理的云端化，借助于云服务以及云计算等技术手段，构建专业化的服务平台。

长城信息数字化，精准刻画长城的每一种类型和每一处的状态。帮助研究长城毁坏演进的过程，更加精准地采取实施保护措施。高分辨的遥感图像的处理，放在云端的服务器上可以帮助信息处理。逐渐积累集成这些信息，不断提升技术的方法，进行数据的定量分析之后形成更广泛的应用。多种应用场景的应用方案，既包括保护也包括文创等产品开发。

长城信息的获取和处理，要讲究高速度要有高质量，还有各种高新技术的应用。长城国家文化公园建设，要对这些技术发展的进展和方向有所了解和掌握。长城保护和利用等方面的有关文化遗产信息化技术，涉及长城遗存信息的获取记录、有关信息的管理和转换、对长城历史文化价值的阐释等方方面面。

长城数字化处理可以首先从两个方面开展工作，首先是在对长城典型的传承段落进行样本信息采集，技术方法包括多源的遥感互联网地理信息系统的信息模型的构建。第二是在虚拟空间中对实体空间做三维仿真，这与传统的技术相比是最大的一个进步，是从被动记录到主动模拟，这就是数字孪生技术的应用。包括数据采集模型构建，进行定量分析为主的服务系统搭建服务与长城的保护和利用。

（三）数字化长城保护监测

如何在长城保护和文化传承方面，开展数字化信息技术应用是一个新课题。传承文化遗产领域，最早的高科技运用是从一体化的遥感技术开始，接下来是地理信息应用系统。目前可以通过卫星导航系统，随时获取长城遗址的现场信息。通过全过程的信息获取，可以做到动态地监测每一个段落长城的变化。信息获取的动态性和实时性，能够满足长城保护的全要素要求。

河北、宁夏和甘肃的部分地段的长城数字化监测工作取得了很好的成绩，主要任务包含文化遗产地数字再现、监测预警体系建立和信息资源服务平台。以“问题导向”和“内容大于形式”为指导原则，为文化遗产地保护和预防潜在风险，建立三维可视化信息资源管理平台，他们的成功经验应该向全国推广。

文化遗产数字再现，首先是利用无人机高分辨率倾斜摄影测量与遥感技术，采集遗产区和缓冲区的基础信息和地理数据，建立遗产要素名称、地理信息、分布范围、类型、规模及保存状况等遗产空间信息数据，作为世界文化遗产监测和保护利用的基准数据。通过建立高精度实景三维模型，创建空间型三维档案，最大化地利用科学技术手段对历史建筑及遗址进行数字化留存。

建立文化遗产监测预警体系，基于“3S”空间信息技术，按照《世界文化遗产监测指南》的原则和要求，建立文化遗产动态监测运行体系。针对文化遗产本体监测、总体布局、环境监测、人类生产活动、气象监测、病害及微环境监测、游客承载量等监测指标，进行有效的数据收集、整合与技术分析，为文化遗产的保护管理和申遗工作提供有效的工作平台。加强不可移动文物保护规划实施状况的动态监管，有效提高文物行政监管能力。

通过对文化遗产地现场勘查和需求研究，建立遗产总图和分布图、遗产要素清单。通过日常监测和有针对性的专项监测，搭建基础数据库和监测信息子系统，设置监测阈值，针对遗产地的空间布局、周边环境、遗址病害和保护措施效果四大类监测指标，开展定期、实时或应急性的监测、评估和分析，形成监测报告，为日常维护、保护工程实施决策、突发事件决策提供数据支撑。

（四）长城保护修缮虚拟修复

近年来国家文物局对长城文物本体保护修缮，提出了文化遗产虚拟修复的新需求。长期以来长城修缮的设计方案，一直是报纸质的方案。最后长城修出来的结果什么样并不能看到。获得这段需要修缮长城的实测数据，对这段长城做出虚拟修复相关的数据，可以直观地看到修缮后的结果。这样一来长城修缮就有了科学的修缮依据，如何排除病害，如何对缺失部位、缺损部位进行重建都有了可遵循的依据。在上报给国家文物局的本段长城修缮方案中就包括虚拟的修缮结果，直接应用于长城本体的保护。

虚拟修复长城，最大的好处就是成果直接可见。虚拟修复长城，可以通过长城文化遗产虚拟修复补足长城建筑缺失的部位。今后长城保护对虚拟修复的期望值会越来越高，开展这项工作很可能成为一个特殊的行业。虚拟修复的意义是能够以数字化的形式，对文化为本体修复提供科学的指导和有价值的参考。

（五）数字化信息应用于文化传播

长城国家文化公园建设起来之后意味着什么，意味着要面向广大公众进行文化的传播。传统文化遗产的宣传工作，办展、做宣传牌等方式需要迭代了。今天的文化传播，不应该再是硬邦邦、冷冰冰的了。在数字化时代背景下，我们要用采集的数据加上我们的情感，带着我们对文化遗产的理解和认识，给参观者提供全新的参观感受。

长城的展示也可以利用虚拟技术，以多层级长城数据信息包括影像点云文档、长城历史模型等构建为基础，做好长城文化的阐释和展示。博物馆更是要充分利用数据图像处理和虚拟信息技术，做好基于高精度的三维模型来实现长城文物几何形态和纹理的呈现。在这个过程中，让长城博物馆的文物陈列真正地火起来、好玩起来。开展长城文化遗产保护的信息化工作，需要吸纳更多的研究团队，形成长城文化遗产保护信息化发展的生态圈。学术研究和应用研究也要精诚合作，学术和应用共同推动国家文化遗产保护的数字化发展。

当下以及未来，需要携起手来共同开展长城文化遗产信息化的研究。这项工作不是靠某一个领域、某一个方面的专家，更不是靠某一个人或某一个团队就能做好的。长城国家文化公园建设保护规划，从设计、建设、传承、利用等方面都考虑了数字化的问题。面向长城沿线基层的培训工作，也是开展工作的一个重要方面。结合增强现实技术和虚拟现实技术，面向大众游览者的维度还没有出成果。开发沉浸式体验的项目和案例还不多，这是当前长城数字化研究存在的不足。

总之，长城数字化研究近几年不断取得新的成果，国家牵头的重点项目研究成果较多，但实际应用的研究成果则较少。长城文化遗产的时空跨度十分大，目前对于明长城的研究相对较多，对其他年代修建长城的研究相对匮乏。数据更新比较慢是一个很大的问题。长城文化遗产的保护是一个动态的过程，因此对长城遗存保存状态的数据更新就显得尤为重要。

（作者简介：董耀会，现任中国长城学会副会长，国家文化公园建设工作专家咨询委员会专家委员，河北地质大学长城研究院院长，燕山大学中国长城文化研究与传播中心主任、教授。2007—2017 年，担任总主编历时十年编纂完成了“十二五”国家重点出版规划项目、国家出版基金项目《中国长城志》。）

从北京三部长城专项规划看大型文化遗产专项规划的重要作用

汤羽扬 刘昭祎 蔡 超

摘要： 以《北京市长城保护规划》《北京市长城文化带保护发展规划》《长城国家文化公园（北京段）建设保护规划》三部专项规划编制为例，提出大型文化遗产专项规划对于落实国家重大文化战略和地区发展目标的重要意义，以及完善大型文化遗产专项规划体系的必要性。我们迫切需要构建大型文化遗产相关专项规划体系与编制方法，加强遗产保护的引领，落实国家重大文化战略任务，衔接地区发展规划。以期通过持续创新大型文化遗产专项规划理念与方法，提高规范性，发挥历史文化资源禀赋，突出文化遗产、突出普遍价值在特定区域的影响力和凝聚力，探索一条符合中国国情的大型文化遗产保护利用之路。

长城是我国也是世界上现存体量最大、分布最广的文化遗产，以其上下两千年、纵横数万里的时空跨度，成为人类历史上宏伟壮丽的建筑奇迹和无与伦比的文化景观，在中华文明发展和多民族文化交融的历史上有着不可替代的作用，具有独一无二的突出普遍价值。自2012年国家文物局发布长城资源调查和认定成果以来，国家在长城保护方面出台了多项政策与规划，包括2016年《中国长城保护报告》、2019年《长城保护总体规划》、2021年《长城国家文化公园建设保护规划》等。作为中华民族精神的重要标志，长城的保护与开放受到各级政府和广大人民群众的高度关注。

北京辖区内分布有北齐和明两个时代的长城及相关遗存，其中长城墙体总长度520.77km，各类型遗存2356处。因地处黄土高原、内蒙古高原、松辽平原与华北平原交界地带，担负着拱卫京师的重任，北京的明代长城各类设施最密集、建造最坚固，是中国长城的代表性精华段落。在2008年长城资源调查背景下，北京在保存有长城遗存的15个省份中率先启动《北京市长城保护规划》编制工作。2017年国务院批复《北京城市总体规划（2016年—2035年）》，该规划提出“一核一城三带两区”全国文化中心建设总体框架，明确建设长城文化带的任务，2019年发布《北京市长城文化带保护发展规划（2018年至2035年）》。2021年年底，在国家文化公园建设工作领导小组印发《长城国家文化公园建设保护规划》后，北京市发布《长城国家文化公园（北京段）建设保护规划》，并同步印发了《长城国家文化公园（北京段）建设实施方案（2021年—2023年）》，明晰了国家文化公园建设保护实施的时间表和路线图。2022年国家文物局批复北京长城重要点段八达岭长城保护规划，北京市完成了长城文化带四处重点组团的详细规划。

北京长城三部专项规划均有“保护”这一主词。在北京长城文化带的保护发展规划中，长城不再只论长度，资源也不再是散点，而是有了协同管控的空间范畴——北京北部生态涵养区。北京的长城资源几乎全部位于生态涵养区内，历史文化与生态环境资源共同保护成为这个区域发展的支点。在长城国家文化公园规划中强调了整合具有突出意义、重要影响、重大主题的文物和文化资源，集合形成具有特定开放空间的公共文化载体，做强中华文化重要标识，创新传承利用新路径，长城不仅是作为景区开放，而且要在中华民族精神传承中发挥重要的作用。

北京与长城相关的三部专项规划编制历经10余年，正是我国社会文化和各项建设事业高速发展时期，长城作为大型文化遗产，相关专项规划编制的理念与方法也在发生变化。首先，大型文化遗产分布地域广阔，对区域文化形成乃至人居环境都曾产生重要影响，且这样的影响还在继续，因此其保护不仅要关注文化遗产资源，还应特别关注与其相伴共生的自然资源，将文化（过去的历史）与规划（未来的愿景）相融合，为当今社会提供历史的结构化视图。其次，大型文化遗产多跨越行政辖区分布，以遗产突出普遍价值为纽带的专项规划有利于凝聚区域文化精神，增强群众的认同感和归属感，从而带动区域振兴（长城多分布在乡村）以及跨区域协同发展。最后，大型文化遗产具有突出的文明进步意义和重要的社会影响，是国家文化兴国战略实施的特殊公共文化空间，其专项规划将国家战略与地方资源禀赋结合，推动重大工程项目落地实施，为建设社会主义现代化强国提供有力支撑。

一、北京长城保护规划编制策略与思考

（一）突出属地管理责任的“1+6+N”规划分级

与所有全国重点文物保护单位保护规划编制相同，北京长城保护规划编制

的依据为2004年国家文物局发布的《全国重点文物保护单位保护规划编制要求》。但通常情况下全国重点文物保护单位的保护对象构成较为单一，像长城这样分布范围广阔、资源点多而分散、保护级别不一的文物保护单位极少。因此，在北京市的长城保护规划编制中除满足全国重点文物保护单位保护规划编制要求外，还需参考城乡规划、风景名胜区规划等区域性规划分级的思路，以促进属地责任的落实。

省级长城保护规划在我国长城保护规划体系中具有承上启下的纽带作用，是各省份执行长城保护管理的主要依据。但实际操作中，因为省域范围过大，省级长城保护规划的深度往往难以满足市（县、区）一级属地管理工作的需求。为加强长城保护规划的可操作性，在保持与其他各省份一致的情况下，结合长城分布于北京6区的情况，北京确定了“1+6”的保护规划分级，之后扩展为“1+6+N”的分级，即1册北京长城保护总体规划、6册分区长城保护规划、N处重要点段长城保护规划，并同时启动了“1+6+N”规划编制工作。在全国15个省份中，唯有北京一次性统筹完成了省市级与区县级长城保护规划。同时，作为世界文化遗产重要构成的八达岭长城保护规划也已经获国家文物局批复原则同意。

（二）统筹遗产资源与自然资源的整体保护

北京长城保护区划面积范围约2900平方千米，这在全国15个有长城遗存的省份中是非常特殊的案例。

保护区划定是保护规划编制的核心内容，在规划编制之初，经过了多次讨论与研究。早在2003年，长城保护范围和建设控制地带尚未划定前，北京市规划委员会、北京市文物局根据《北京市长城保护管理办法》规定，公布了北京长城临时保护区，提出长城墙体两侧500米范围按照非建设区管理，长城墙体两侧500~3000米按照限制建设区管理的临时管控要求。提出这个范围的目的是防止人为建设对整体环境的破坏。通过在地形图上将2003年长城临时保护区划边界线落位，发现500米的距离基本是长城墙体所处山脊至山脚的距离，结合北京北部山区为北京城市后花园、水源涵养地、生态屏障的总体定位，保护区划基本沿用2003年提出的500米和3000米的保护边界概念，并在保护区划定中明确“通过立法的手段实现长城遗存与相关遗存保护的结合；长城遗存保护和长城依附环境保护的结合；长城遗产保护与地方社会发展的结合”，以及“保护区划定满足长城遗存本体及文化景观要素的价值性、真实性、完整性保护要求”的原则。2011年年底，北京市人民政府公布北京长城保护区划。

将已经公布的北京长城保护区划落位在2017年国务院批复的《北京城市总

体规划（2016 年—2018 年）》“市域空间结构规划图”中，北京的长城资源及长城保护区划几乎全部落在北京生态涵养区内。这说明北京长城保护区划的划定在原则上符合北京城市发展的总体要求，文化遗产资源与自然资源共同保护既是长城遗产保护的需要，也是城市健康发展的需要。2021 年北京市发布《北京市生态涵养区生态保护和绿色发展条例》，从生态保护、绿色发展、保障措施、法律责任 4 个方面对自然资源保护提出明确要求。对照长城沿线六区国土空间规划，强化生态涵养功能和加强历史文化保护传承均作为各区发展的重要支撑（参见图 1）。

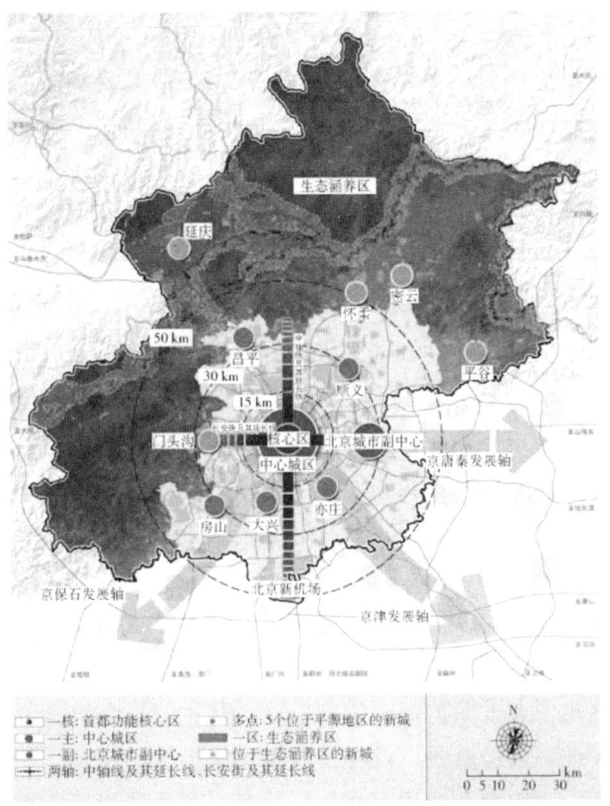

图 1　北京长城、长城保护区划与市域空间结构规划分析图

来源：基于北京市城市总体规划市域空间结构规划图标绘，底图无修改

在十余年的保护管理中，约 2900 平方千米长城保护范围和建设控制地带出现了一些问题，包括受限于早年地形图精度不够，部分散落在长城一类建设控制地带内的村庄，或是漏划建设用地，或是与长城本体之间距离远且无通视关系但管控过于严格，发展受到较大制约。再如，北京市文物保护区划执行统一的保护区划管控规定，但因统一管控规定主要是针对老城的建设情况制定，不完全符合山区地形多变的区域情况。另外，延庆区地貌特殊，因位于延怀小盆地，三面环抱的山脉上均分布有长城遗存，简单的外扩划定方法导致长城保护区划面积占到延庆区辖区面积约50%。对于长城保护区划的深入调查评估，将细化后的保护区划管控线纳入国土空间一张图是当前的重要任务。

（三）前置保护管理与重要点段规划措施

除完成文物保护规划编制常规要求的内容外，北京长城保护规划编制中结合资源禀赋和管理部门职权，特别强调了管理保障、重要点段、相关规划协调的措施。

针对北京长城资源、地理环境特点，特别是各级政府和各部门管理职责范围，保护规划强调落实“整体保护，属地管理”的责任，突破《全国重点文物保护单位保护规划编制要求》常规体例，将保护管理规划前置，并在管理规划内容上汲取了国际遗产保护管理规划经验，明确管理目标，在管理机制、管理制度、管理责任、技术保障等方面提出规划措施。保护管理规划的前置，所改变的不仅是规划体例，而且体现了规划概念变化。对于大型文化遗产的保护，除要做好保护对象的准确梳理和评估外，尤其需要重视的是管理保障。保护管理规划内容的前置，后来在其他一些省份的长城保护规划中也有所体现。

重要点段规划措施作为专门的板块是创新。在规划编制过程中，通过对北京500余千米长城及上百座长城关堡和其他遗存进行深入研究，可以清晰地看到北京明代长城军事设施布防重点分区，如著名的南口城、居庸关、上关、八达岭所在的关沟区域，古北口铁门关、镇城、营城、潮河堡区域，还有当代由长城城堡发展至今的名村名镇，如中国历史文化名镇古北口镇、中国传统村落沿河城村等。通过价值梳理和现状研判，规划增加了长城重要点段规划的专门章节，并对这些重要点段保护提出规划措施，其目的是将最具价值的长城精华部分予以重点关注，促进重要点段在长城整体保护中的带动作用。在长城国家文化公园背景下，2020年年底国家文物局发布《关于印发第一批国家级长城重要点段名单的通知》总计83处，北京8处，保护规划确定的重要点段全部位列其中。①

---

① 汤羽扬，刘昭祎．北京长城保护规划编制的思考［J］．中国文化遗产，2018（3）：41-47.

二、北京长城文化带保护发展规划编制策略与思考

（一）明确规划总体思路和重点任务

北京是世界著名古都，有着3000多年建城史、860多年建都史，具有丰富的历史文化积淀，是中华文明源远流长的伟大见证。1949年以来，文化中心一直是北京重要的首都功能。《北京城市总体规划（2016年—2035年）》提出四个文化中心建设的战略定位，以及四个层次、两大重点区域、三条文化带、九个方面的历史文化名城保护体系，"一城三带"成为北京历史文化地标和文脉标志。在总规批复后，北京启动了三条文化带保护发展规划。

经前期讨论研究，《北京市长城文化带保护发展规划》定位在城市总体规划之下的文化遗产类专项规划，突出总规目标落地及可操作性，明确分年度推进总规对长城文化带保护提出的任务，主要内容包括有计划地推进重点长城段落维护修缮，加强未开放长城的管理，对长城保护范围及建设控制地带内的城乡建设实施严格监管，以优化生态环境、展示长城文化为重点发展相关文化产业，展现长城作为拱卫都城重要军事防御系统的历史文化及景观价值。

保护发展规划首先明确了以长城价值保护为基础，以长城精神弘扬为主线，优化整合区域内各类资源，带动以长城关口及沟域为聚居特点的北部山区发展，赋予长城文化与时俱进生命力的总体思路，将重点解决的问题和任务聚焦在四个板块：第一，推进长城抢险保护，提升遗产保护管理水平；第二，修复长城赋存环境，构筑长城生态屏障；第三，传承长城文化价值，弘扬长城民族精神；第四，统筹人口资源环境，促进区域可持续发展。四个板块涵盖了长城遗产保护、监测、研究、防灾；长城生态文化景观塑造；长城与相关文化资源整合，提升展示水平；区域村落生活条件改善、道路交通优化等内容。为了使规划切实落地实施，另外形成《北京市长城文化带保护发展五年行动计划（2018年—2022年）》，夯实责任，明确年度项目。

（二）盘点各类资源存量凝练整体价值

长城文化带保护发展规划汲取了文物保护规划编制路径，第一步明确资源对象，但不仅仅关注长城遗产资源，而是按照区域内各类资源与长城价值的关联程度进行全面系统梳理分类。资源的系统梳理帮助回答了什么是长城文化、

长城文化的价值载体是什么、长城在区域的辐射力如何等问题。①

第二步，将区域内保护类资源分为文化资源和生态资源两大类，共计 664 处/片。其中，文化资源包含世界遗产、不可移动文物、历史文化街区、历史文化名镇名村、传统村落、非物质文化遗产 6 类，计 624 处，涉及文化旅游（文物）、国土资源、建设、农村等行政管理部门。生态资源包括自然保护区、风景名胜区、森林公园、湿地公园、地质公园、矿山公园、重要水源区 7 类，计 40 片，涉及建设、林业、农业、国土资源和水利等行政主管部门。按照资源与长城价值的关联程度，规划对 664 处/片保护性资源的 2873 处资源点进行价值主题分类，划分为长城遗产、相关文化和生态资源等三类。其中，相关文化包括了军防村镇文化、寺观庙宇文化、抗战红色文化、交通驿道文化、陵寝墓葬文化、历史文化景观 6 小类，计 424 处资源点（参见图 2）。

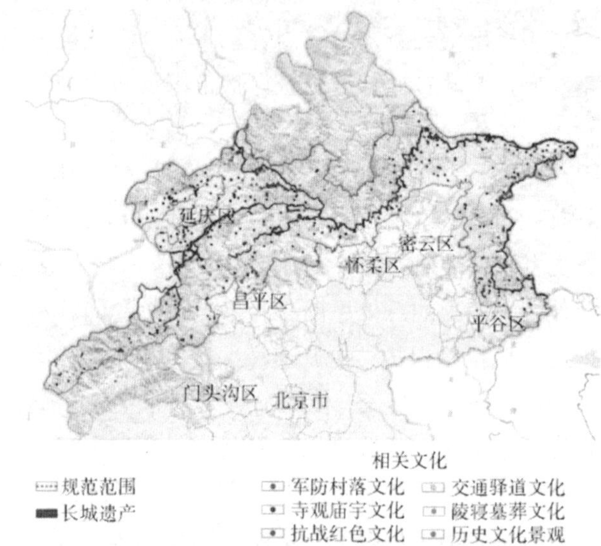

图 2　北京市长城文化带资源分布示意图

来源：基于审图号为 GS（2019）3333 号的标准地图制作，底图无修改

在各类资源的详细梳理中，特别关注了人、地、遗产的空间演化关系，通过历史资料、城堡与村落变迁的时空叠加图，将长城文化带自然山水特征概括为“两山四水十八沟”。“两山”即燕山山脉与太行山山脉，是长城墙体分布的

① 汤羽扬，蔡超，刘昭祎．北京市长城文化带保护发展规划编制回顾［G］//中国长城学会．万里长城：庆祝中华人民共和国成立 70 周年论文集．北京：《万里长城》杂志社，2019：36-41.

区域；“四水”即潮白河、永定河、温榆河和泃河等四条水系；“十八沟”是与长城防御体系的重要关口存在紧密关联的18组自然河道，这些自然河道形成的沟域也正是明代长城的主要防御关口。通过分析能够看到长城对这一地理区域人地关系产生的深刻影响，以长城文化为主线的文化丰富性与多样性，以及文化多样性与其所处的大尺度自然地理单元系统所共同呈现出的这一地带自然与人文景观无与伦比的高度统一特征。关心和维护这个特殊区域的自然与文化整体性，能够给文化传承与生态保护提供更加稳定的社会环境，让我们的子孙后代可以继续享有它（参见图3）。

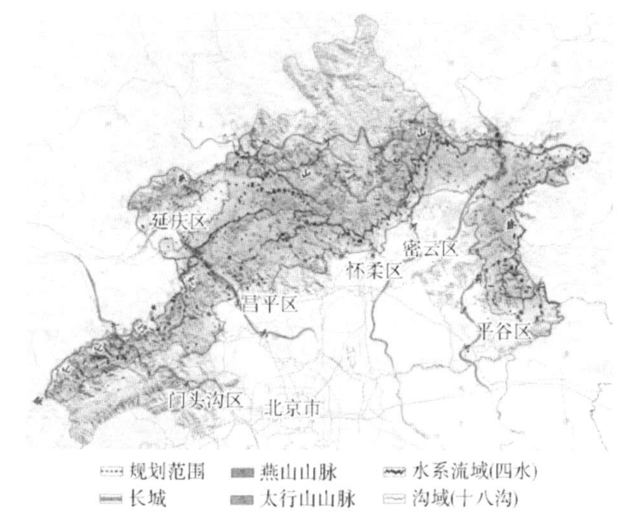

图3 北京市长城文化带两山四水十八沟示意图

来源：基于审图号为GS（2019）3333号的标准地图制作，底图无修改

（三）整合与疏解结合平衡资源利用关系

针对北京长城沿线存在的长城开放景区分布不均、资源缺乏整合、发展模式单一等问题，依据资源禀赋及价值特点，规划将北京市长城文化带的空间布局确定为“一线五片多点”。“一线”是保护工作实施的主要对象，涉及北京长城墙体520.77km，突出长城本体的保护。“五片”是疏解长城开放景区游客压力的集中展示地区，结合明代长城军事防御体系及现代长城开放利用需求设置，同时兼顾组团内各类其他资源形成的合力。规划选取5个重点组团片区，即马兰路组团、古北口路组团、黄花路组团、居庸路组团和沿河城组团，通过示范引领产生辐射带动作用，期望实现长城管理开放的长度能够达到北京长城总长度的10%左右，使公众更好地享受长城大型文化遗产保护的成果。“多点”是长城相关文化传承、发展的主要区域，是长城沿线卫城、所城等指挥中枢及关口、城堡、堡寨延续至今的村镇，也是人群集中生活生产、最具“烟火”气的传统聚落。“多点”可以从更广的空间区域引导公众理解长城文化和地方特色文化，也为长城脚下村堡发展带来更多的机遇。① 合理谋划长城文化带空间布局有利于实现区域内不同地段文化与自然资源整合，整体平衡资源保护与利用关系，实现总规提出的长城文化对北部山区的带动作用、凝聚作用②（参见图4）。

图4　北京市长城文化带空间布局示意图

来源：基于审图号为 GS（2019）3333 号的标准地图制作，底图无修改

考虑从区域角度加强大型文化遗产价值引领和凝聚力作用，重点组团范围的划定打破了行政区划分界，因此在组团命名方式上采用了古代军防单元设置的名称，如居庸路组团，面积约 130 平方千米，明代为昌镇居庸路辖，涉及现在延庆和昌平两区，沿关沟古道 20 千米古道有居庸关、八达岭两个长城开放景区，规划提出了景区联动全面提升展示阐释水平的具体要求和项目。

规划确立以文化与自然资源的保护为重要前提，以长城遗产价值阐释与展示体系为抓手，以资金、人才、技术和设施的科学合理配置为手段，以长城遗

① 汤羽扬．北京长城文化带背景下的传统村落发展之路［G］//中国文物保护基金会．“望山·看水·记乡愁”：生态文明视域下传统村落保护与发展论坛文集．北京：文物出版社，2017：73-79.

② 汤羽扬，刘昭祎，张曼．区域协同发展框架下的“北京长城文化带”建构初探［J］．北京建筑大学学报，2016，32（3）：1-5，15.

产、相关文化和生态资源的系统整合为切入点，以管理与运行的长效机制为保障，带动北京北部山区社会、文化、经济活力的整体提升。提出以保护长城遗产、修复长城生态、传承长城文化、增进民生福祉、健全管理机制为主线的基本策略。以及加强管控立法，协调利益相关者关系，实现北京市长城文化带各类资源的协同管理的组织保障措施。

三、北京长城国家文化公园建设保护规划编制策略与思考

（一）立足国家文化战略提供北京样板经验

国家文化公园是国家推进实施的重大文化工程，在国家层面有明确的建设保护原则和总体安排，以及建设目标和任务要求。其中，长城国家文化公园是以长城遗产为重要载体，开展保护传承、文化教育、公共服务、旅游休闲、科学研究等各项活动的公共文化区域。国家长城文化公园明确了“1+15”的规划体系，即 1 部国家长城文化公园建设保护规划，15 部分省规划。

在规划编制程序上，长城国家文化公园分省规划建议编制在前，国家层面建设保护规划在后，待国家层面建设保护规划完成后再修改分省规划建议，形成省份建设保护规划，因此长城国家公园（北京段）建设保护规划如何编制同样是初期反复论证研究的问题。

从规划体系层面，《长城国家文化公园建设保护规划》为国家级专项规划，北京长城国家文化公园建设保护规划应为其下位的地方专项规划，规划的核心任务是细化落实国家层面对长城国家文化公园提出的战略任务，同时与地区发展规划、国土空间规划等各类规划做好衔接协调。为此，北京长城国家文化公园建设保护规划要着眼国家对重大文化工程建设的目标要求，立足北京全国文化中心建设，确定北京段长城在中国长城中的价值定位，借助北京已经先行启动的长城文化带保护发展工作，站在做大做强中华文化重要标识、探索新时代文物和文化资源保护传承利用新路的高度编制《长城国家文化公园（北京段）建设保护规划》。①

从空间范围上，两个重大文化战略任务同时落在同一地理空间，如何衔接好两者建设目标和建设项目的关系是首先要思考的问题。《北京市长城文化带保护发展规划》编制在先，其空间范围综合考虑了已经颁布的长城保护范围和建设控制地带、乡镇行政边界、自然资源分布，以及北京浅山区、生态涵养区等

---

① 刘庆柱，汤羽扬，张朝枝，等．笔谈：国家文化公园的概念定位、价值挖掘、传承展示及实现途径［J］．中国文化遗产，2021（5）：15-27.

相关规划的各类边界，其范围涉及北京市行政辖区近30%的面积。在确定长城国家文化公园（北京段）范围时，一方面考虑到文化公园与文化带具有共同性文化资源要素，另一方面考虑到提高地方管理效率，由此确定两者空间保持一致，项目任务各有侧重、协调推进的策略。

从目标定位上，虽然北京长城文化带和长城国家文化公园的文化与自然资源、空间范围基本一致，但是在战略定位和着力点上依然各有侧重。

北京长城文化带强调"首都文化传承及首都生态屏障"定位，突出长城文化对区域振兴发展的带动力，描绘了让历史文化与自然生态永续利用、与现代化建设交相辉映的可持续发展蓝图。

北京长城国家文化公园突出了北京在国家文化公园建设中的定位，"中国长城国家文化公园建设保护的先行区、服务首都及国家对外开放的文化金名片"。长城国家文化公园涉及15个省、自治区、直辖市，各省份长城均有自己的资源禀赋特色。北京八达岭长城（世界遗产）、慕田峪、居庸关、古北口、箭扣长城在中国长城中具有重要的历史地位及当代国内外知名度。同时，北京具有多年的长城保护和开放利用经验，且率先启动了长城文化带保护建设工作，北京有条件创建长城国家文化公园先行区，为长城国家公园建设保护提供有益的样板经验。由此，北京长城国家文化公园规划强调了3个方面的带动作用：在长城遗产保护传承方面，开展濒危点段抢险保护，探索抢险保护、研究性保护、预防性保护结合途径，建设保护第一、传承优先的样板区；在展示阐释方面，通过改造提升，形成以中国长城博物馆为引领的长城展示陈列馆、长城乡村记忆馆、研学基地系列，结合"京畿长城"国家风景道，形成特色突出、互为补充的长城文化综合展示传播系统；在长城文化弘扬方面，持续开展北京长城文化系列节庆活动，举办国际长城学术论坛、长城设计周、长城非遗表演，形成长城文化传播的品牌影响力，进一步扩大北京长城遗产保护的国际影响力。

北京长城国家文化公园建设保护充分吸收北京长城文化带保护发展成果，着重凸显北京长城在中国长城中的代表性价值地位和保护利用工作的领先性，以及长城文化精神在现代社会教育传承中的功能作用，通过长城国家文化公园建设向国际展现大国形象、首都风范。坚持"首位担当、首善标准"的高站位和高质量发展目标要求，推动北京长城国家文化公园建设保护持续走在全国前列。

同时，建设保护规划明确了"漫步长城史卷的历史文化景观示范区"和"文化、生态、生活共融发展的典范区"的建设保护目标，强调北京长城文化是中国长城历史文化景观的最优资源区，在保护与发展上应当成为示范区。不仅为社会服务，也要为当地人民提升生活品质，增进民生福祉，助力地方社会文化与经济发展服务。通过持续接待多国首脑观览北京长城，领略长城雄伟景观及文化内涵，接待好年超千万的长城游客，充分阐释长城文化，保持排名前列的世界知名文化遗产地位，促进长城文化交流传播，擦亮中国长城文化金名片，旨在为各省份长城国家文化公园建设保护提供有益北京样板经验。①

（二）聚焦具有全局影响的标志性项目

为保证国家文化公园建设重大战略任务的针对性和可操作性，省级国家文化公园建设保护规划需要因地制宜地将国家文化战略任务转化为不同类型和级别的项目，落位到遗产空间，嵌入具体情境中，同时转化为各管理部门年度工作任务。这项规划内容与常规的文物保护规划编制中的项目规划有很大不同，既要与建设目标一致，还要落实到年度任务考核。北京在长城国家文化公园规划中按照上位要求明确了保护管控、主题展示、文旅融合、传统利用四类主体功能区，并按照国家级、市级、区级划分，将上位规划要求的保护传承、研究发掘、环境配套、文旅融合、数字再现五大基础工程落到具体空间和主责管理部门。

对标长城国家文化公园建设保护规划确定的到 2035 年，长城国家文化公园全面建成，符合新时代要求的长城保护传承利用体系全面建立规划目标，北京结合长城文化带的空间结构布局，制定了马兰路、古北口路、黄花路、居庸路、沿河城五个重点区域的 100 个项目，并细化了分类分期项目实施台账，保证逐年滚动稳步推进。

在 100 个项目中，选择了 10 个项目作为标志性项目重点推动，旨在通过标志性项目管理与实施，探索先行案例经验，带动其他项目有序推进。其中国家层面要求的中国长城博物馆改造提升工程已经完成国际招标；箭扣长城修缮工程第五期启动，国家文物局支持的“长城保护修复基地”挂牌，长城保护维修工程中的多专业参与、考古前期介入的研究性项目成为媒体和公众关注的话题；北京长城文化节庆系列活动已经持续 3 年，长城研究学术交流、长城非遗表演、长城文创产品大赛、最美长城守护人发布等成为长城文化节庆的常驻节目（参见图 5）。

为了明确公园建设保护的各项任务时间表和路线图，配合建设保护规划编制了《长城国家文化公园（北京段）建设保护实施 3 年行动计划》。计划遵循科

① 张曼，汤羽扬，刘昭祎，等．长城国家文化公园：重塑建成环境与公众健康的关系［J］．北京规划建设，2020（4）：54-57.

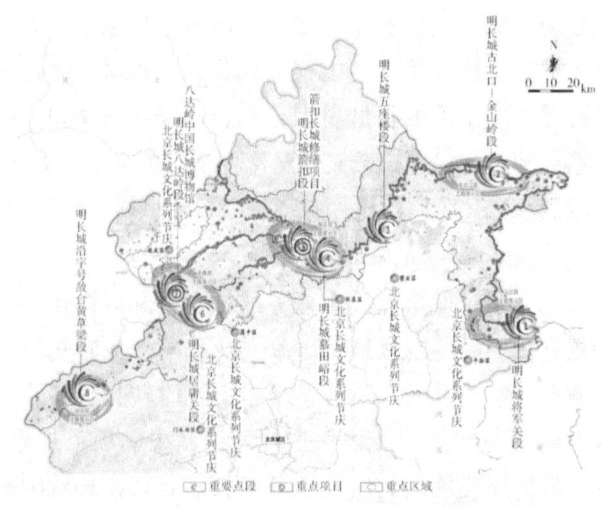

图 5　北京市国家级长城重要点段及重点项目空间分布图

来源：本图基于审图号为 GS（2019）3333 号的标准地图制作，底图无修改

学保护、价值延续，文化引领、创新驱动，环境友好、整体发展，分级分类、统筹协调的基本原则，将 100 项任务中的 24 项作为近期任务实施。对标国家长城文化公园规划提出的“到 2023 年年底，长城沿线文物和文化资源保护传承利用协调局面初步形成”“形成一批可复制推广的成果经验”的近期目标，24 项任务的完成将推出“北京经验”，为国家文化公园建设保护提供首善标准、北京智慧。

（三）汲取多方规划凝聚各方共识

北京长城国家文化公园共涉及北京六区 42 个乡镇，考虑到地方区、乡镇、村各级政府落实多个长城文化遗产专项规划的可行性，建设保护规划充分衔接了各级国土空间规划的布局和管控要求，以及自然保护区等相关专项规划、美丽乡村规划等部门专项规划，引导各级相关部门聚焦北京长城文化遗产保护传承孵化亮点措施和优质项目。建设保护规划编制过程中，多次征求北京市各级相关管理部门、长城沿线六区等乡镇意见，充分理解利益相关方的合理诉求，积极吸收各方有效建议。规划征求以及吸纳意见的过程，也是凝聚各方合力共识的过程。

由于长城国家文化公园文化遗产类型多，保存和利用状况差异大，涉及管理部门多，相互之间沟通协同是难点。北京四个文化中心建设之初，即成立了市委、市政府主要领导挂帅的全国文化中心建设领导小组。领导小组在统筹中央和地方文化资源、协调推动全国文化中心建设各项重点任务落实中起到了重要的中枢作用。规划建议在全国文化中心建设领导小组下设国家文化公园建设保护专项工作组，同时在六区同样设各区国家文化公园建设专项工作组，各乡镇人民政府工作组下设公园管理办公室，形成三级国家文化公园（北京段）的组织领导构架，实现高位统筹、跨区协调、联动发展的管理保障机制，强化督促规划实施和项目落实。

对标《长城、大运河、长征国家文化公园建设方案》提出的“加强组织领导、健全管理机制、完善制度设计、加强宣传引导、鼓励社区参与、强化督促落实”六个方面，北京长城国家文化公园建设保护规划提出了落实措施，聚焦三个方面的管理保障和实施路径探索。一是针对公园多层级和多部门统筹协同的管理体系，按照长城保护管理的整体保护和属地管理原则，探究规划实施的“目标化”总体审批监管和“属地化”任务分解落实的统筹实施策略和管理模式。二是针对公园广阔范围内社会生产生活事项庞杂，按照共商共建共享原则，在统一的管控要求和建设目标下，鼓励探索多方参与模式，吸纳社会力量有序参与，通过目标认同、细化任务、捋顺机制，形成全社会参与的长城文化公园建设保护工作模式。三是针对长城遗产线性分布及公园带状跨区域的空间特点，基于京津冀协同发展国家战略大背景，鼓励跨区跨乡镇跨村的合作，探索突破行政区划和部门分权管理瓶颈，激发公园建设保护内生动力、打通实施环节渠道、创新公园运维管理模式的途径和方法。①

四、结语

从十余年来北京三部与长城相关专项规划编制的历程，可以深刻感受到我国大型文化遗产因为延续时间绵长、空间分布广阔、文化标志性强，对区域人地关系演进、社会进步发展曾产生过重要影响，由此对彰显中华优秀传统文化持久影响力、增强文化自信有重要意义。以大型文化遗产为对象的相关专项规划在地区空间结构优化与管控、自然生态系统保护、公共文化资源配置等方面作为政策工具有着越来越重要的作用。我们迫切需要构建大型文化遗产相关专项规划体系与编制方法，加强遗产保护的引领，落实国家重大文化战略任务，衔接地区发展规划。

确保大型文化遗产保护管理目标在各类文化遗产相关专项规划中的传导作用非常重要。当前需要有强力的措施，将大型文化遗产保护管控双线（保护范

---

① 中国国家公园体制建设研究丛书编委会．中国国家公园体制建设研究丛书［M］．北京：中国环境出版有限责任公司，2018.

围线、建设控制地带线）纳入国土空间管控一张图。文化遗产是优秀文化传承的根基，保护是基础，是第一位，不能动摇。为保证文化遗产在社会发展中发挥作用需要定好规矩，加大文化遗产保护法律法规建设，完善深化制度保障。针对目前多种原因造成的文物保护规划滞后现象，有必要探讨将大型文化遗产保护管控双线作为单独事项推进的可行性，保证地区快速发展进程中大型文化遗产保护与利用能够与各项建设一盘棋推进。同时也有必要对2004年《全国重点文物保护单位保护规划编制要求》进行修编，加强在社会发展各项事务中文物保护管理的话语权。

北京长城三部专项规划分别由文物、发改、宣传部组织编制，大型文化遗产专项规划已经不仅是文物部门的事项，完善大型文化遗产专项规划体系非常有必要。五大国家文化公园建设战略充分体现出大型文化遗产在文化强国战略和各项建设事业中的支撑力量，无论是发展规划、国土空间规划，当其规划区域与大型文化遗产分布空间重合时，文化作为重要引擎和增长极的作用已经非常明显，我们需要打开行业壁垒，创新大型文化遗产专项规划理念与方法，提高规范性，发挥历史文化资源禀赋，突出文化遗产突出普遍价值在特定区域的影响力和凝聚力，探索一条符合中国国情的大型文化遗产保护利用之路。

（第一作者简介：汤羽扬，北京建筑大学建筑遗产研究院常务副院长，北京长城文化研究院常务副院长，主要研究方向为中国建筑历史、历史城市保护与更新规划设计、遗产保护规划与设计。《北京市长城文化带保护发展规划（2018年至2035年）》由汤羽扬教授科研团队编制。）

基于锚固理念对长城文化带沿线传统村落规划设计研究

——以令公村为例

荣玥芳　吕虎臣

摘要：长城文化带内分布有大量传统村落，在自然资源、历史文化上各具特点。在传统村落的发展过程中，这类村落老龄化严重、村民保护意识薄弱且缺乏理论指导、乡村文化缺乏传承途径等问题凸显。锚固层积理论从时间和空间两个维度对城市历史景观进行研究，该理论经过转化也同样适用于传统村落，借鉴该理论研究方法并拓展为传统村落保护引入新的视角。以密云区令公村乡村规划为例，挖掘其物质和非物质文化要素，形成锚固点和相作用的层积化空间，针对现状问题从山水、林田、遗址、街廊、建筑五个方面提出空间方案，提出传统村落的保护要协同周边环境、引入现代文化产业、重塑历史景观格局等针对性策略，以期对长城文化带传统村落的文化传承研究提供参考。

一、引言

自党的十九大明确提出乡村振兴战略以来，各级政府、部门持续开展了一系列乡村振兴工作。目前全国范围内乡村基础配套设施建设和公共服务日趋完善，人居环境普遍提升。我国的乡村建设经历了解决基本保障性配套设施的阶段，开始从乡村人居环境改善阶段进入乡村品质提升的新阶段。

《北京市长城文化带保护发展规划（2018 年至 2035 年）》是《北京城市总体规划（2016 年—2035 年）》提出的“三条文化带”中“长城文化带”的专项规划（参见图 1）。中国长城分布在 15 个省、自治区和直辖市内部，其中北京长城是其中保存最完整、价值最突出、文化最丰富的部分。长城文化带横贯北京北部生态涵养区，以长城墙体为主线，呈带状展开。长城文化带范围内分布有很多传统村落，其中划入长城资源的城堡 143 个，位于长城保护区划内的村庄近600个，初步估计长城文化带范围内的村庄750个左右。①

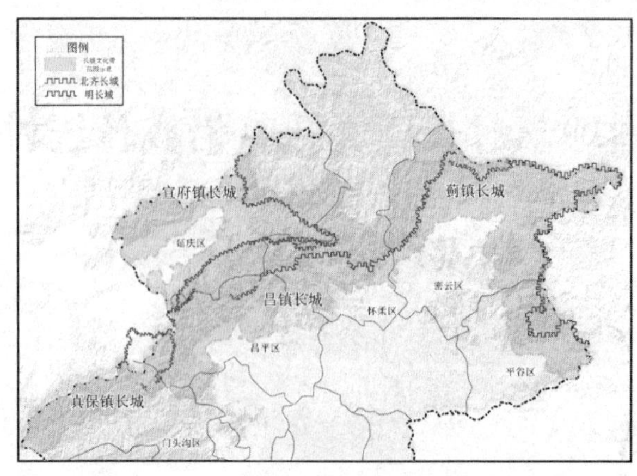

图1 北京市长城文化带范围示意图②

乡村振兴作为新时代“三农”工作的总抓手，文化振兴是其中重要的组成部分。“乡村振兴”战略的提出，使得保护传统村落、传承传统文化备受关注。传统村落是指村落形成较早，拥有较丰富的传统资源，具有一定历史、文化、科学、艺术、社会、经济价值，应予以保护的村落。③ 当下传统村落的建设需要基于乡村的地域性特征，在科学分类的基础上，从乡村的“地域性”“文化性”及“时代性”视角，提出乡村个性化问题的解决路径与策略，这是当下及未来乡村振兴工作的重要内容之一。纵观目前对于传统村落的研究，国内学者邱扶东等针对传统村落的特点，分析传统村落保护主体、保护方法、保护中存在的问题等多个方面，确定合理的保护思路，为传统村落保护提供参考。④ 此外，贺雪峰认为当下乡村的问题主要是文化建设问题。⑤ 现有研究对传统村落的特征阐

① 汤羽扬．北京长城文化带背景下的传统村落发展之路［G］//中国文物保护基金会．望山·看水·记乡愁：生态文明视域下传统村落保护与发展论坛文集．北京：文物出版社，2017：73-79.

② 《北京市长城文化带保护发展规划》公布 520 公里长城串起 2873 处资源点［EB/OL］．北京市人民政府，2019-04-17.

③ 马航．中国传统村落的延续与演变：传统聚落规划的再思考［J］．城市规划学刊，2006（1）：102-107.

④ 邱扶东，马怡冰．传统村落文化遗产保护研究综述与启示［J］．中国名城，2016（8）：89-96.

⑤ 贺雪峰．乡村建设的重点是文化建设［J］．广西大学学报（哲学社会科学版），2017，39（4）：87-95.

述得较为清晰，关注保护原则、保护模式，但是村落保护关注整体保护，对地域性关注较少，特别是在保护规范以及理论建设上的研究较少，导致传统村落文化保护效果不佳。虽然在政策和资金的扶持下，大部分传统村落的人居环境有了较大的改善，但是这类村落常常被随意开发，未能有效挖掘历史信息，地区特色与文化逐渐丧失。总的来说，目前对于长城文化带周边传统村落文化“在哪里，如何用，怎样传承”需要进一步的研究。

二、锚固层积理论指导传统村落保护的思考

（一）锚固层积理论基础

锚固层积理论是刘祎绯搭建的认识城市历史景观的模型，由早期研究城市中潜在的认知方式——地标—基质理论模型演变而来。在美国学者凯文·林奇（Kevin Lynch）发表的《城市意象》一书中，通过研究可见实体如何激发人们的深刻印象，归纳城市设计的原则，提出城市物质形态内容的五大要素，分别是路径、边界、区域、节点以及地标五个方面。[①] 地标—基质理论则是建筑师在研究城市时，从城市地标和城市基质两方面入手形成的模型。

刘祎绯在之前学者研究的基础上将地标扩展为“城市锚固点”，是一定时期城市的历史景观风貌；将城市基质扩展为“层积化空间”，是锚固点通过时间积累发展形成的空间。两者相互作用，循环往复，相似扩张，用以认识城市历史景观的发展过程。先前学者对城市历史景观的认知，缺少在时间维度上的扩展。而城市是一个不断积累和沉淀的过程，是动态变化的，过去的历史文化影响着现在的城市形态、特色，而现实的城市中往往是一系列具有时间层次性和空间结构性的城市锚固点和层积化空间此起彼伏地共同发挥作用。

刘祎绯提出的“城市历史景观”可以重新理解为：“以一系列具有时间层次和空间结构的城市锚固点为骨架，以可能历经多种层积模式至今的层积化空间为肌肉，始终处于变化中的有机体。”城市历史景观的发展可以划分为三个阶段，第一阶段以城市锚固点为核心的层积化空间的初步形成，第二阶段层积化空间扩张，有新的城市锚固点转化，第三阶段是城市更新背景下的反向覆盖，指随着城市锚固点形成的层积化空间在一定范围内铺满，远离城市中心的锚固

① 顾朝林，宋国臣．城市意象研究及其在城市规划中的应用［J］．城市规划，2001（3）：70-73，77.

点会趋向中心早已形成的锚固点，呈现不同程度的反向覆盖。①

（二）锚固层积理论指导传统村落保护

城市和乡村，在人口、文化、服务设施、人际关系等方面存在很大区别，在研究方法和研究理论上也有所不同。在研究传统村落时，可以借鉴研究城市的方法和理论，发展转化形成适用于乡村的理论研究框架。

基于传统村落的文化特征，锚固层积理论将传统村落的保护更新过程从时间和空间两个维度解读，最终落实到空间要素呈现（参见图2）。传统村落是由"乡村锚固点"和"层积化空间"两类要素构成。"乡村锚固点"包括传统村落的周边环境、自然资源、已有的或者已消失的文化遗存，在长城文化带特指古堡、古城墙等文化要素。此外，还有非物质性的"乡村锚固点"包括长城文化、红色文化等精神记忆。"层积化空间"指乡村锚固点通过时空的积累形成的村落肌理、山水格局、街巷空间、古宅聚落格局等，强调动态时间中的静态空间和具有限定空间中的连续时间特征。② 根据锚固层积理论，锚固点对层积化空间有一定影响，如村落老宅，即使年久无人居住，人们还是愿意将其保护起来，因为其见证村落的历史，具有很高的保护价值。老宅周边一般不建新宅，维持景观的原真性和历史性。同时，层积化空间对锚固点具有反作用，不同形式的空间衬托出锚固点的文化价值，展现村落文化内涵，这种作用力与反作用力的相互作用正是乡村文化传承的主要动力。

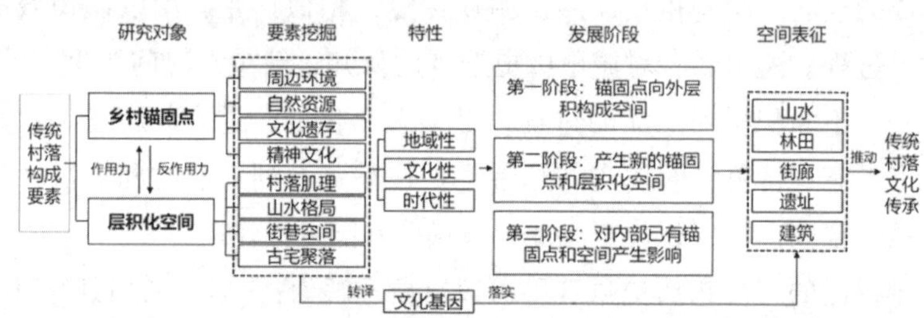

图2　长城文化带传统村落"锚固—层积"理论分析框架

来源：作者自绘

传统村落的锚固点和层积化空间具有地域性、文化性及时代性。对传统村

① 刘祎绯．认知与保护城市历史景观的"锚固—层积"理论初探［D］．北京：清华大学，2014.

② 田梦瑶，郑文俊，艾烨，等．桂林山水城市历史景观"锚固—层积"时空过程解译［J］．中国园林，2022，38（3）：26-31.

落文化要素所形成的整体空间结构和时间层次以及其共同发挥的作用进行研究，长城文化带周边大量历史遗存景观是成片的、线性的，其相互作用所影响的空间不限于单个村落中，其影响范围包括整个镇或相应片区之中，因此在保护时要统筹考虑村落所在区域的整体协同。

对锚固层积理论进一步拓展，传统村落的发展通常也有三个阶段：第一阶段民居、构筑物等乡村锚固点向外层积形成村落最初的空间形态；第二阶段因人口流动或其他文化介入等因素，产生新的锚固点和层积化空间；第三阶段村庄内部新的锚固点和与其作用的层积化空间受到资源等因素的限制，不再增加，转而影响内部已有的锚固点和空间，这个阶段对原有锚固点的保护尤为关键。

从"乡村锚固点"和"层积化空间"作为研究对象出发，将村落文化要素的挖掘作为基础，通过对各要素时间和空间的分析，转译形成村落的文化基因，有助于村落文化的传承延续。文化基因通常反映文化要素的时空演化规律，并且能在不同空间组合中找到其痕迹。此外，文化基因概念也常伴随着文化传承和文化内涵挖掘而受到国内外学者的关注。①

因此，借助锚固层积理论，梳理乡村锚固点和层积化空间的相互关系，有利于利用动态的视角理清传统村落的发展脉络，通过文化要素向文化基因的转译过程，基于地域文化对山水、林田、遗址、街廊、建筑等空间特性提出解决方案，体现传统村落保护的地域性、文化性及时代性。

三、密云区令公村传统村落保护的研究

（一）村落概况

令公村位于北京市密云区东部太师屯镇的东北端，距离太师屯镇区直线距离 50 公里，距北京市中心直线距离 102 公里，距离古北水镇车行距离 10 公里，是前往密云区特色九龙十八潭景区的必经之路。令公村位于密云人文旅游区、长城文化带，入选北京首批市级传统村落名录。

笔者以令公村传统村落保护为例，探究锚固层积理论如何在长城文化带传统村落保护的过程中起作用。

（二）现状问题

通过调研分析，令公村目前存在的问题主要在生产、生活、生态三个方面。生产方面，传统村落经济发展滞后是因为产业结构单一且规模偏小，缺乏产业

① 赵海英．文化基因研究缘起、进展与未来研究思考综述［J］．中国传媒大学学报（自然科学版），2021，28（5）：1-10.

的升级转型。薄弱的经济基础也限制了村庄公共服务设施的建设和环境的改善与提高。生活方面，村庄内常住人口 889 人，老龄化、劳动力外流现象较为严重。传统村落由于开发管控不利，村落内部新建现代房屋与传统民居混杂，住宅布局散乱。道路体系不健全，公共空间不成体系，人与人之间缺乏交流的场所。① 生态方面，传统村落的景观通常以单点的形式进行开发，缺乏整体性。

（三）挖掘乡村锚固点和层积化空间

长城文化带周围传统村落的历史景观包含物质的与非物质的，物质文化通过防御遗址、山水生态、生产生活工具或是古建筑等形式保存。非物质文化一般通过村民口口相传，或是通过村志、县志、传统文献等记载下来。根据锚固层积理论，首先对村落历史脉络、乡村锚固点和层积化空间进行梳理，分析其在发展过程中的作用和对周边环境的影响，再从空间的角度进行串联，形成村落整体保护的体系。

对令公村各类锚固点历史价值、艺术价值、文化价值、社会价值等方面的普遍性和特殊性展开分类研究，村内有令公城堡为可利用的重要旅游资源，村庄北部有自然风景区，古迹众多，如三清宫、二柏搭枝等古迹，村庄内部也分布有部分传统民居。②

整合文献和实地访谈的资料，令公村传统文化体现在防御遗址、生态、农业、聚落、边防、民俗几个方面，形成各类乡村锚固点，如古堡、古城墙等，同时标识文物保护建筑、遗址点和空地，挖掘各锚固点周围的层积化空间与锚固点的关系和表现形式，形成乡村的层积化空间分布（参见图 3），对各文化要素进行识别转译，判断其主要承载的文化功能形式，作为村落保护方案的基础。③ 物质文化多以展示作为主要功能，而非物质文化多以交流作为主要功能（参见表 1）。

---

① 李勤，周帆，崔凯，等．基于乡村振兴战略下的人居环境改善策略研究：以西岭村乡村规划竞赛为例［J］．北京建筑大学学报，2021，37（2）：9-14.

② 密云县志编纂委员会．密云县志［M］．北京：北京出版社，1998.

③ 吴士锋，李丹．文化基因视角下金山岭生态文化旅游经济区创新发展研究［J］．河北经贸大学学报（综合版），2020，20（4）：19-26.

图 3 令公村内文化锚固点形成的层积化空间分布

来源：作者自绘

表 1 令公村文化要素挖掘与文化基因转译表

文化要素	要素类型	文化基因转译	主要承载的功能类型
古堡	物质文化	长城防御遗址文化	文化展示
古城墙	物质文化		文化展示
安达木河	物质文化	生态文化	文化展示
仙居谷	物质文化		文化展示
二柏搭枝	物质文化		文化展示
古碾	物质文化	农耕文化	文化展示
古井	物质文化		文化展示
古民居	物质文化	聚落文化	文化展示
长城精神	非物质文化	边防文化	文化交流
令公神话	非物质文化		文化交流
菩萨庙	物质文化	民俗文化	文化展示
养蜂传统	非物质文化		文化交流
民俗市集	非物质文化		文化交流

资料来源：作者自绘

（四）令公村传统村落保护方案

1. 研判定位

当前传统村落普遍关注旅游经济的开发，模式化地复制理念而缺少自身文化特色的表达。通过对令公村自身历史、文化、景观等要素关系的分析，研判令公村的文化要素如何有效利用，为加强区域休闲文脉的传承、文化资源的共享，将令公村定位为京郊旅游胜地、密云文化休闲节点、太师屯镇旅游节点村落，形成与周边村落协同发展的模式，促进文化产业的发展。

2. 产业模式

产业转型是传统村落发展经济、传承文化的重要途径之一。宏观层面，为实现镇域空间的联动发展，与周围古北口村、吉家营村、黄峪口村协同发展，促进镇域范围内锚固点的整体保护与村庄层积化空间的优化。依托长城文化带的旅游资源，如白龙潭景区、人间花海、九龙十八潭等，通过现代化手段与平台的引入，打造区域内旅游资源联动，形成研学—住宿—游览一体化的产业体系，活化村落内部文化遗存，提升整个镇域的经济水平（参见图4），吸引年轻人返乡就业，解决劳动力流失的问题。

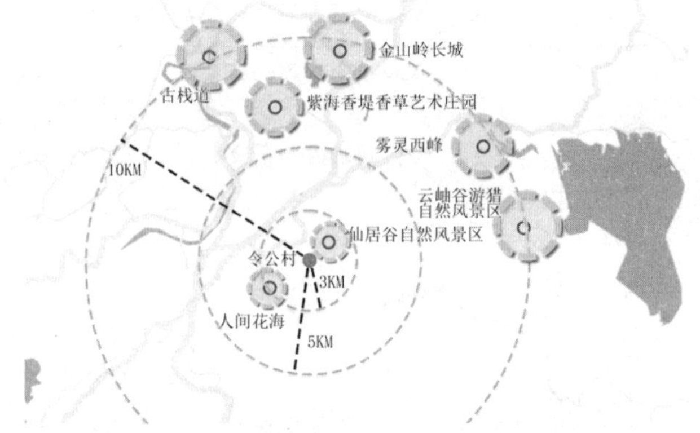

图4　令公村与周边村落锚固点联动发展

来源：作者自绘

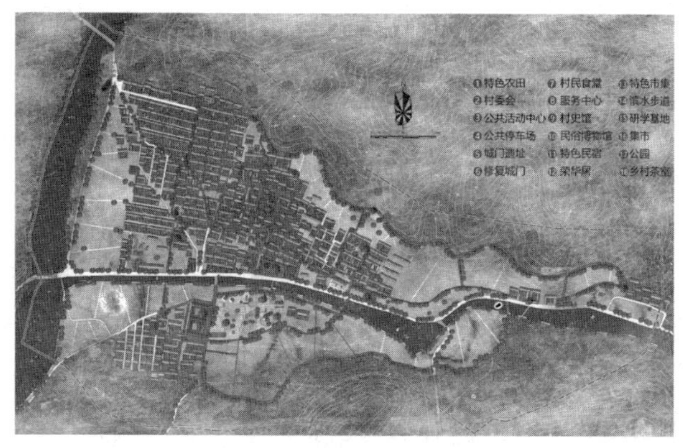

图5　令公村竞赛规划方案

来源：作者自绘

3. 山水

山水保护的主要路线是以生态锚固点作为本底，通过旅游、农业与文化相结合，融合乡村时代、地域与文化，形成层次性的治理保护模式，复兴山水资源。山水资源是传统村落山水文化层积化的结果，受气候、植被多方面的影响。令公村内部本有一条持续蓄水的河流，因为环境恶化、缺乏保护，蓄水量难以维系，因此对河流蓄水量进行生态恢复，对于传统村落河道整治，可以生态补水、加强管护、逐步回补地下水的方式，使河道形态逐步恢复。规划以东西向的安达木河作为村庄发展的主要景观轴线，南北向以靠山和岸山作为视线通廊，结合村内部古堡、古城墙遗址等锚固点构建次要轴线（参见图5）。

4. 林田

长城文化带周边传统村落林田所形成的层积化空间一定程度影响村落产业，林田保护与村落环境和产业的发展息息相关，对林田的恢复尤为关键，在保护时构建雨水收集系统，将易造成水土流失的坡耕地有计划、有步骤地停止耕种，按照适地适树的原则，因地制宜地植树造林，恢复森林植被，实现退耕还林，能够有效保护林田资源。在林田资源的保护过程中，将乡村锚固点形成的层积化空间进行分区，与村庄的景观轴线相结合，分类指引保护。

5. 遗址

长城文化带文化遗址是传统村落内最重要的乡村锚固点，对其进行活化开发、合理利用周边空间是目前传统村落发展亟待解决的问题。令公村的长城文化遗址按用途可分为两类：古井与古堡。将现有古井、石墩、石磨等表现古代农耕情况的历史遗存保护起来，尽可能保持其原真性。其周围的层积化空间随村落发展形成，一般为空地或是传统民居，因此，利用周边空间进行景观设计，发展文化产业，借用科技手段赋能，改变其层积化空间自发生长的无序性，面向不同人群策划开展长期或临时性的活动，以文创周边拓展或文化传承展示的形式向公众开放。

令公城堡遗址范围内文化空间塑造更多从长城本土化元素出发，提取乡土（石材、瓦片）、民俗（花会、集市）、长城（历史、农耕）等文化要素应用在建筑材料、场地标识等位置，同时利用古树、古井等较小遗产作为文化潜在空间营造。古堡是令公村内最具长城防御文化的标志，现状古堡各面墙体都已残损不齐，原城堡的墙体上有的建有房屋，有的垒上了院墙，堡内均为民房。在保护过程中，尊重墙体的使用方式，在不破坏其结构的前提下，进行加固。古堡附近开敞空间较大，可以利用古堡的历史属性和场所记忆，打造为居民和游客共同使用的公共活动空间，成为东西主要道路上的重要节点，与周围环境共同构成“令公品牌”（参见图6）。

图6　令公村古堡修复方案

来源：作者自绘

6. 街廊

村庄内的街廊空间是各锚固点连接形成的层积化空间，随着村落的发展，原有的肌理会受到锚固点和层积化空间反向覆盖的影响，原来内部的锚固点和层积化空间会受到破坏，因此，保持街巷传统的肌理、维持山水视线的开阔是传统村落保护的主要方法。村落入口景观是整个乡村景观序列的起始部分，设计时综合考虑地域特色，突出村落文化。游客缺乏近距离体验长城文化的途径，可以采取开发特色登山步道、治理街巷空间，或者利用现有古堡、古城墙对空间进行引导，强化主要街廊空间等方法来改善。

7. 建筑

建筑由砖石形成，是村落最小的锚固点。令公村内部有很多传统民居，位于村北，村南为大量新建民房，风貌与传统民居不协调，保护过程中统一河流两侧的风貌，逐步渗入居民生活。部分长城城墙是以民居外墙作为存在形式的，这是令公村的特色，这类民居在保护中可以通过视线或者标牌的指引让外来人员游览和居民步行时可以注意到这种形式，提升公众对文化的保护意识。

从文化遗存（古堡、古城墙、古戏台、古井、古柏）入手，如复原古城墙、古堡等防御设施的方式，体现长城文化的地域性。建筑节点设计，引入活动中心、博物馆、研学基地等文化功能，营造院落内外空间，与现代生活相结合。传统村落建立活动中心和博物馆可以丰富居民的文化生活，是传承村落文化的方式之一。建立居民活动中心为居民提供议事交流活动的空间，建立博物馆保存村落内的文化记忆并向外界传达（参见图7）。

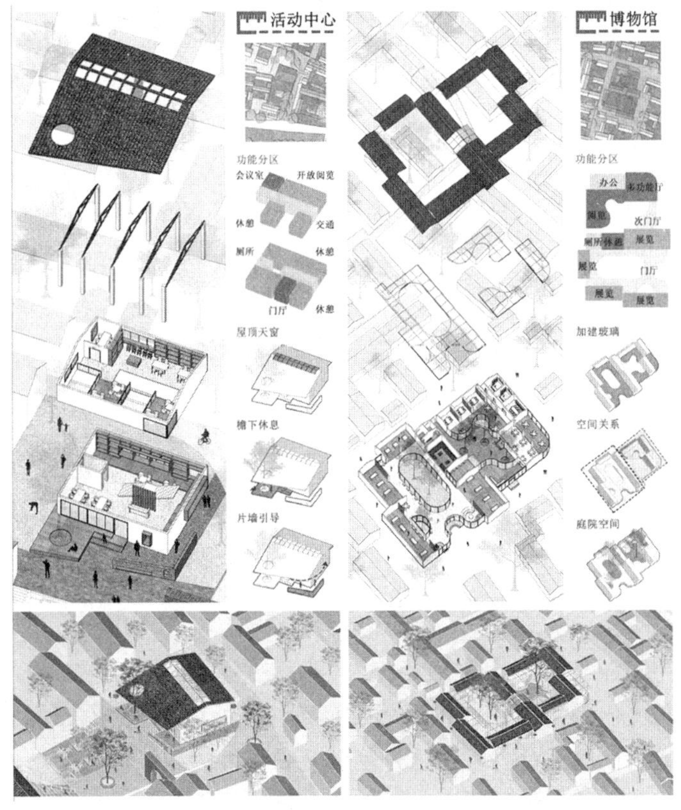

图7　令公村活动中心和博物馆更新设计方案

来源：作者自绘

8. 治理机制

在活动路线组织方面，以令公城堡与东西向安达木河为契机，在东西向，引入具有长城脚下令公特色的农耕育种沙龙，参观村史，讲解令公文化与长城文化，体验民风。沿河道组织令公集市等活动，丰富村内民俗体验的同时，唤醒居民对集市文化的记忆和保护景观资源的意识。在南北向，串联古堡内各文化基因，进行空间转译，形成文化印迹。通过长城文化来串联令公复兴集市以及农产品加工制作的体验流线，展现地域文化（参见图8）。

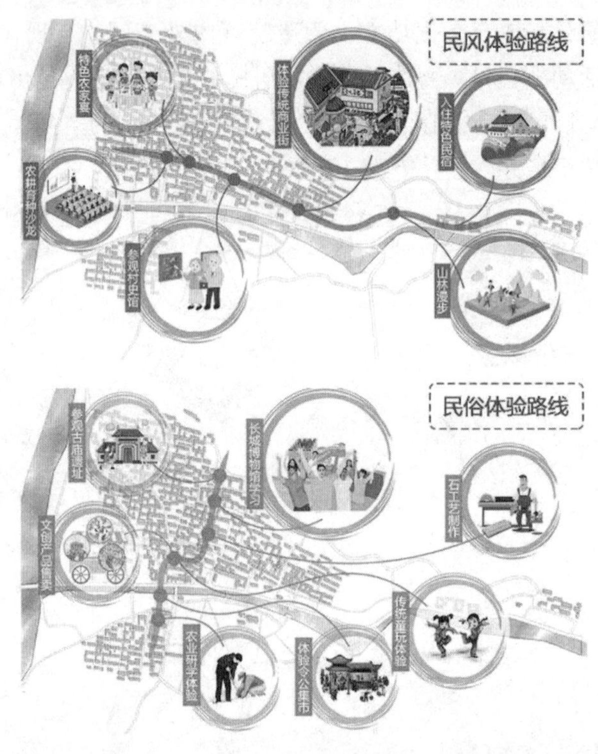

图8　令公游线设计

来源：作者自绘

依托长城文化带，长城文化遗产旅游活动的参与以及旅游合理利益的获得，可以充分调动当地居民对当地旅游开发和文脉保护的积极性和主动性，能够加强当地居民对文化遗产的保护意识，提高当地居民文化遗产保护的积极性。在对村民的宣传上，要让居民真正感受到文化遗产的重要意义以及真切地了解到文化遗产本体所经历的历史，并在宣传中让居民理解和领会到文化遗产与地域之间的完整概念，巧妙地制止居民对文化遗产所依存环境的破坏，加强居民的文化遗产保护意识，促进遗产地居民的文化遗产保护行为（参见图9）。

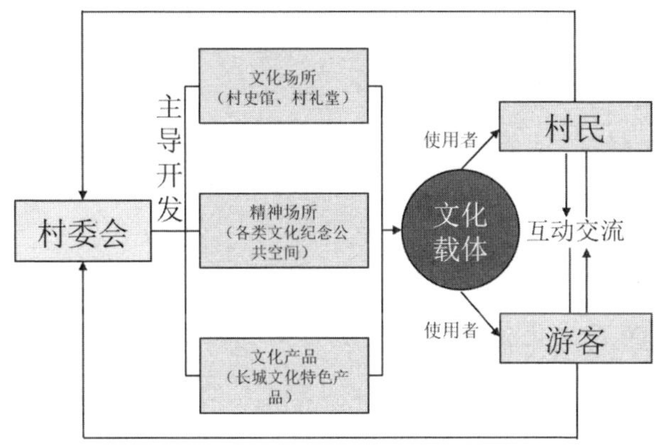

图9 令公村落治理机制

来源：作者自绘

四、锚固层积理论下传统村落文化传承的策略

长城文化带传统村落的保护，首先要把握长城文化的特殊性，构建体现地域特色的保护体系。基于锚固层积理论，锚固点不仅受到村落内部的影响，还有周边自然环境和区域内其他村落的共同影响，对锚固点在不同时间切片下进行空间分析，评判村落文化的价值，保持传统村落历史景观的真实性或者探寻其现代表达，延续村落传统文化。

（一）协同村落周边环境，强化区域文脉传承

锚固层积理论，强调锚固点与层积化空间的关系，两者是相互影响的。长城文化带传统村落众多，锚固点表现形式多样，受到周边环境的影响，在保护的过程中要从区域的角度入手，在尊重村落间文化的前提下，协同发展。在村落保护的过程中，对不同村落类型的锚固点进行整体指引，盘活历史景观资源和人文资源，延续区域间的文脉。

（二）识别转译文化基因，发展现代文化产业

文化基因是决定文化系统传承与变化的基本要素，文化基因在文化传承和保护，甚至文化产业中的作用日益凸显出来。将非物质的乡村精神作为抓手，对传统村落的文化基因进行识别转译，通过空间的链接层积效应，作用于村落的保护之中。在村落发展的过程中，需要引入“变量”与“不变量”的锚固点相协调。

长城文化带传统村落的产业发展要表现出现代与传统的结合，现代体现在产业的进步性和可持续性、产业形式以及推广方式的多样化。传统村落产业的转型，通常根据经济结构以及文化特征引入新的业态作为催化，促进村落的文化传承。以往对于乡村的认识是资源匮乏，没有产业支撑，难以解决就业和增收问题，而现在通过对各类物质和非物质锚固点的整合，理清与其影响的层积化空间，引入文化IP，将村落文化通过文化产业产品来表现，关注产品的图形元素、色彩元素、材质元素与传统文化的协调，增强文化自信，形成具备传统村落属性的文化品牌。①

（三）时间为尺文化为脉，塑造历史景观格局

锚固层积理论认为，乡村锚固点在时空上的积累形成层积化空间，这个过程在村落发展的过程中是不断演变的。长城文化带传统村落在保护过程中，要以时间为尺、文化为脉，将村落保护的广度进行扩展，分析各锚固点在时间和空间上的变化，最终落实到村落空间上，以此塑造传统村落历史文化格局。

千年为尺，以保护山水林田为底线。山水资源是传统村落的基质，是自然的文化遗产。在保护过程中要协调区域内的自然资源，同时保持山水资源的视线畅通，让人们看得见青山绿水，记得住乡愁。

百年为尺，以遗迹、街廊为根本。长城文化带周边传统村落在历史的发展进程中体现了农耕文化与草原文化的结合。将锚固点周围进行活化，将文化渗透进居民生活，提升居民的文化自信。并且文化要与空间相复合，以文化场馆、文化展示区的形式体现，以此来解决传统村落有文无景、文化与空间割裂的问题。

十年为尺，以砖石作为村落最小的锚固点。村落的建筑、公共空间是乡村本土的特色之一。建筑空间改善要尊重村落肌理，以微更新作为主要更新方式，如有新建建筑的需要，在空间及选址上要与文脉结合，更要结合实地衍生的建筑逻辑。年代较久远的建筑根据损坏程度，在不破坏外观的基础上，通过科技手段在内部进行保护，以此保护村落风貌的统一。

---

① 吴士锋，李丹．文化基因视角下金山岭生态文化旅游经济区创新发展研究［J］．河北经贸大学学报（综合版），2020，20（4）：19-26；钟琪．乡村振兴战略下乡村区域文旅形象IP设计研究与应用：以沉抗镇文化IP为例［J］．美与时代（城市版），2022（1）：94-96；张美亮，崔慧芬，张琪瑞．乡村振兴中农民主体地位的规划保障机制研究：以仙居县乡村规划管理机制创新为例［J］．小城镇建设，2019，37（4）：67-71.

五、结语

本文试将研究城市历史景观的锚固层积理论向传统村落保护方向进行转化，用来指导长城文化带传统村落的保护。笔者认为，传统村落的文化衰败需要从乡村历史景观的角度，提取分析“乡村锚固点”与相互作用的“层积化空间”，作为统一体分析两者在乡村发展过程中的影响，作为改善的依据。现在传统村落的保护要从周边环境以及村庄现有文化资源入手，从历史景观和文化的角度进行修缮保护，构建完善的研究保护机制，最终落实到空间表现上，提高传统村落的凝聚力，促进传统村落文化的传承。

从锚固理念出发，分析长城文化带传统村落的文化特征，将物质的长城遗址、传统民居、传统街巷空间和非物质的长城文化精神、红色文化等相结合作为乡村锚固点和层积化空间。将无形的文化与有形的空间结合，将锚固点的时空变化通过空间的形式呈现，创新保护制度，推动村落传统文化的传播。长城文化带的传统村落具有“依山傍水”、城防遗产丰富的特点，该类村落的整体性历史遗存与遗产保护价值在乡村振兴背景下的北京长城片区具有重要地位越发珍贵。

尽管长城文化带的历史文化生态的保护受到政府的重视，但是保护情况日渐堪忧，文化的整体性保护正面临巨大挑战。一方面，是对传统村落保护方法的认知不够，对文化遗产、山水资源没有有效利用，大量记载长城文化的城防遗址被破坏或是闲置，乡村的经济落后，劳动力外流；另一方面，对传统村落的保护，不能用单一化的旅游民宿来带动经济发展，促进乡村经济的振兴要以文化为抓手，在时间和空间两个维度上对每个传统村落的文化特征因地制宜地分析，才能对传统村落的保护提出切实有效的策略。

（第一作者简介：荣玥芳，北京建筑大学建筑与城市规划学院教授，主要研究方向为城市规划与设计、城市社会学。）

基于自然景观与文化遗产要素融合的北京长城文化带景观特征识别研究

贺 鼎

摘要： 在国家文化公园建设背景下，国家对于大尺度线性遗产所在区域的保护工作重视程度日益提升，但对大尺度线性遗产所在的带状区域景观特征识别研究尚属空白。本文基于景观特征评估理论，借助地理信息系统技术，围绕长城防御、屯垦和军情三个历史功能逻辑建立长城边墙、城堡和烽火台的文化遗产要素识别框架，创新性地提出将自然景观要素与文化遗产要素相融合的景观特征识别方法，并以北京长城文化带为例，在对自然景观要素和文化遗产要素进行分类、融合的基础上形成31种景观特征类型，并针对不同的景观特征类型进行关键特征识别，最后深入研究自然景观与文化遗产的耦合关系及其形成机制，对于我国的大尺度线性文化遗产区域总体评估和保护利用具有重要意义。

近年来，国家对区域性、大尺度线性文化遗产的整体性保护工作日益重视，党的十九届五中全会审议通过的《中共中央关于制定国民经济和社会发展第十四个五年规划和二〇三五年远景目标的建议》（以下简称《建议》）中指出，建设国家文化公园是探索新时代文物和文化资源保护传承利用的创新型道路①，《建议》提出，建设长城、大运河、长征、黄河等国家文化公园，形成中华文化的重要标识。国家文化公园是在吸收国外国家公园和区域性遗产等相关经验的基础上，依托我国特有的大尺度线性文化遗产，在国家公园体系和制度上的大胆衍生和发展②。自然景观和文化遗产的耦合关系构成了以线性遗产为核心骨架的国家文化公园的深层结构，国家文化公园的管控保护和展示利用应当对其自然景观和文化遗产之间深度耦合关系进行深入研究，并针对自然与文化相融合

① 龚道德．国家文化公园概念的缘起与特质解读［J］．中国园林，2021（6）：38-42.

② 冷志明．国家文化公园：线性文化遗产保护传承利用的创新性探索［N］．中国旅游报，2021-06-02（3）.

的景观特征类型进行深度识别和描述，从而为国家文化公园的进一步规划建设提供依据。

景观特征评估（Landscape Character Assessment，LCA）通过对景观特征的分类、识别和评估，使得景观特征能够被各个专业部门所了解，从而成为统一的系统语言①。景观特征评估是英格兰乡村署最早提出的②，随后荷兰、新西兰、韩国等国家也进行了景观特征分类与评价的相关研究。香港景观特征评估也提供了实践经验，为当地的景观保护发展提供了依据。国内学者对景观特征类型的研究大多基于自然景观要素且研究区域多为自然区域③，缺少针对文化遗产要素的景观特征类型评价；而对文化遗产区域的景观特征类型研究大多使用文化景观基因方法④，且多集中于传统村落区域⑤，很少涉及对大尺度线性遗产区域的研究；基于自然景观要素与文化遗产要素相融合的景观特征类型识别的研究尚属空白。本文基于 LCA 理论，借助地理信息系统（Geographic Information System，GIS）技术，围绕长城防御、屯垦和军情三个历史功能逻辑建立长城边墙、城堡和烽火台的文化遗产要素识别框架，创新性地提出将自然景观要素与文化遗产要素相融合的景观特征识别方法，对于大尺度线性遗产所在区域的景观特征识别研究具有借鉴意义。

北京长城文化带是大尺度线性文化遗产区域的典型代表，是历史文化和自然生态永续利用的代表性地区⑥。《北京市长城文化带保护发展规划（2018 年至 2035 年）》分别对长城历史文化遗产和长城文化带的自然生态环境做出了保护规划。但对于如何将长城本体的保护发展融入沿线的自然环境中从而进行整体

---

① 朱里莹，徐姗，兰思仁．基于灰色统计分析的中国国家公园景观特征要素选择［J］．中国园林，2018（10）：98-102.

② 司万维克，高枫．英国景观特征评估［J］．世界建筑，2006（7）：23-27.

③ 孙乔昀，张玉钧．自然区域景观特征识别及其价值评估：以青海湖流域为例［J］．中国园林，2020（9）：76-81；张天骋，高翅．武当山风景名胜区五龙宫景区风景特质识别研究［J］．中国园林，2019（2）：54-58.

④ 郑文武，李伯华，刘沛林，等．湖南省传统村落景观群系基因识别与分区［J］．经济地理，2021（5）：204-212；董禹，费月，董慰．基于文化景观基因法的赫哲族传统聚落文化景观特征探析：以四排赫哲族乡为例［J］．小城镇建设，2019（3）：98-105.

⑤ 李果，王艺颖．湘西州传统村落景观类型与关键特征识别研究［J］．中国名城，2021（3）：90-96；向远林．陕西传统乡村聚落景观基因变异机制及其修复研究［D］．西安：西北大学，2020。

⑥ 汤羽扬，蔡超，刘昭祎．北京市长城文化带保护发展规划编制回顾［C］//《万里长城》编辑部．万里长城：庆祝中华人民共和国成立 70 周年论文集．北京：中国长城学会，2019：6.

性系统性的保护尚在探索中，北京长城文化带作为自然与文化高度融合的区域，其景观特征类型研究尚有欠缺。因此，本研究以北京长城文化带所在区域为对象，尝试构建自然景观要素与文化遗产要素相融合的景观特征类型识别方法，并进一步探究其自然生态环境与历史文化遗产的深层耦合关系及形成机制，从而对国家文化公园的建设规划提供依据，实现文化遗产的整体性保护。

一、材料与研究方法

（一）研究区域

北京长城文化带横贯北京北部生态涵养区，它以燕山和太行山两大山脉为基底，以潮白河、永定河、温榆河和泃河四大水系为脉络，以长城墙体为主线，呈带状展开，涉及今平谷区、密云区、怀柔区、延庆区、昌平区和门头沟区六个区①。

本文研究区域的划定依据为《北京市长城文化带保护发展规划（2018 年至 2035 年）》，以该规划中划定的“北京长城文化带核心区”为研究区域，它是文化遗产要素最为密集、历史文化价值最为突出的区域，包括长城遗产保护范围和一类建设控制地带，该带状区域以长城边墙为骨架，最远处距长城 9.5 千米，最近处距长城 0.5 千米，面积共计 2228.02 平方千米（参见图 1）。

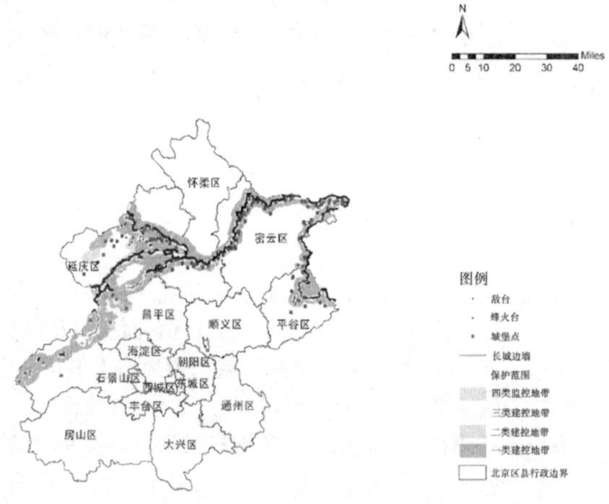

图 1　北京长城文化带核心区范围，包括长城遗产保护范围和一类建设控制地带

来源：作者自绘

① 崔晨．推进北京长城文化带建设［J］．北京观察，2019（12）：20.

（二）数据来源与研究流程

研究数据主要包括基础自然地理数据和北京市长城遗产信息两部分。基础地理数据为北京土地利用（参见图 2）、北京地形地貌（参见图 3）和行政区划等信息。北京土地利用数据和北京地貌数据来源于中国生态系统评估与生态安全数据库，其中，土地利用数据涉及植被和用地类型，具体包括：低覆盖度草地、中覆盖度草地、高覆盖度草地、旱地、水田、有林地、灌木林地、疏林地、水库、湖泊、裸土地、城镇用地、农村居民点用地等，地貌数据涉及海拔和地形地貌信息，具体包括：低海拔山地、海拔山地、中高海拔山地、低海拔丘陵、低海拔平原、低海拔台地等类型；数字高程模型来源于由中国科学院计算机网络信息中心科学数据中心建设的地理空间数据云平台，精度 30 米；行政区划等信息来源于百度地图，由 BIGEMAP 影像平台下载。

北京市长城文化遗产主要包括长城边墙、烽火台和城堡，其历史和地理信息采集整理来自北京市《第三次全国文物普查不可移动文物登记表》，因存在历史变迁等复杂情况，遗产基本信息具有不完整性和不准确性等问题，缺损数据辅以《九边图说》《四镇三关志》《中国长城志》等志书，对其名称、类型、建置年代和地理位置等加以考证，并作补充。最后确定北京市长城文化带有边墙 461 段，烽火台 154 座，城堡 143 处。

本文参考了英国、新西兰、中国香港等国家和地区的景观特征识别方法，结合对地理信息系统软件（ArcGIS）的使用，得出本研究的研究流程和研究方法。研究的操作过程（参见图 4）分为 5 个步骤：（1）案头研究：收集北京长城文化带相关文献和规划信息，了解其自然景观现状和文化遗产的类型、数量和空间分布；（2）景观特征因素的选取：从自然和文化遗产两个方面，分别选取自然景观特征要素和文化遗产要素；（3）实地调研：通过现场实地调研，验证案头研究结论并记录感知到的景物，为后期景观特征类型和景观特征单元的识别提供相应依据；（4）景观特征单元的可视化：在 GIS 中通过对自然要素的叠加分析绘制出自然景观特征类型图并将其归纳为不同的自然景观特征类型，之后将文化遗产要素与自然景观特征类型相融合形成北京长城文化带景观特征类型，而后对景观特征类型进行识别；（5）分析规律：进一步探究其自然生态环境与历史文化遗产的深层耦合关系及形成机制。

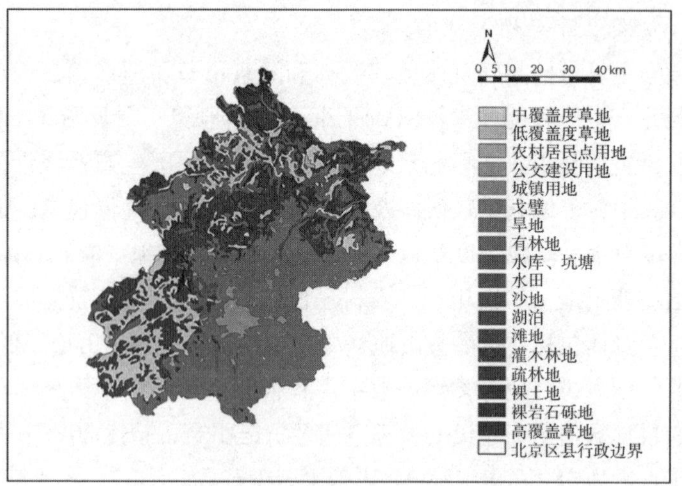

图 2　北京土地利用图

来源：引自中国生态系统评估与生态安全数据库

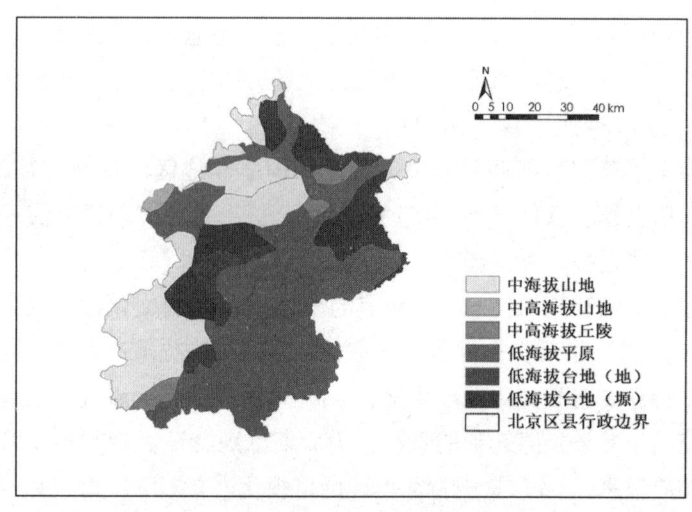

图 3　北京地形地貌图

来源：引自中国生态系统评估与生态安全数据库图

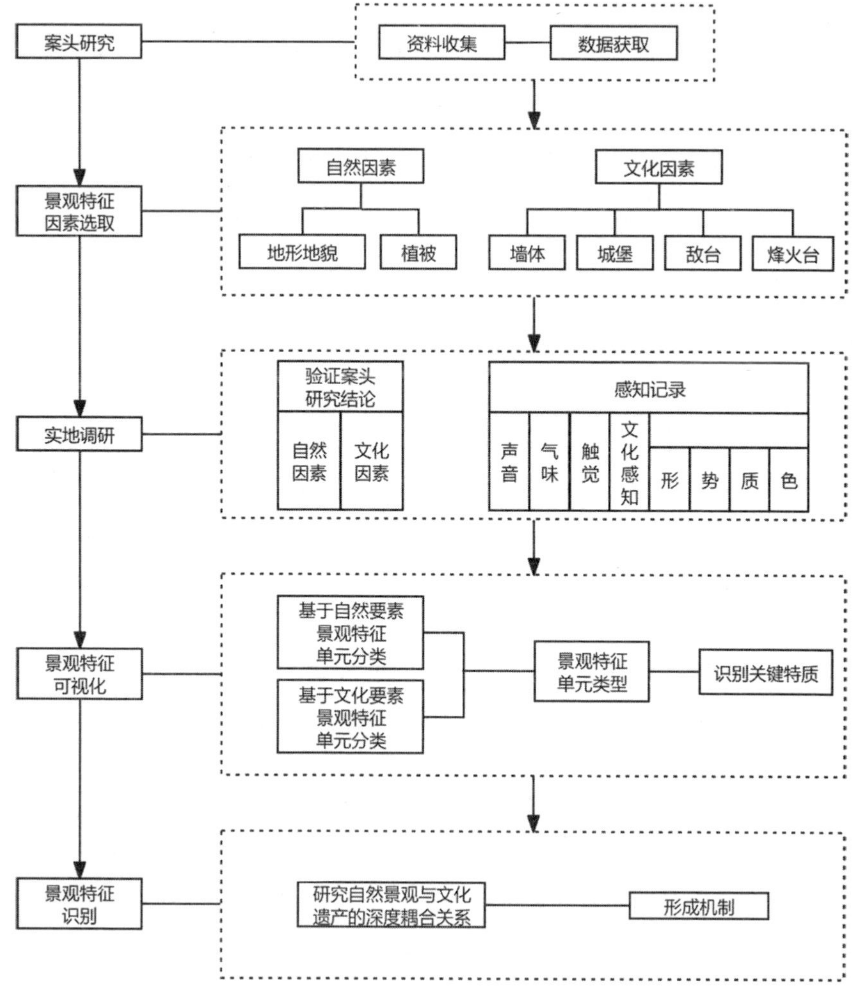

图4　研究操作过程①

二、景观特征类型分类与整合

（一）基于自然景观要素的景观特征单元分类

景观特征类型是指在地形地貌、植被覆盖以及土地利用等方面具有相似性的景观结合体②。基于内业研究和外业调研，从能体现长城文化带景观中提取关

---

① 图片来源：张天骋，高翅．武当山风景名胜区五龙宫景区风景特质识别研究［J］．中国园林，2019（2）：54-58.

② TVEIT M，ODE A，FRY G. Key concepts in a framework for analysing visual landscape character［J］. Landscape Research，2006，31（1）：229-255.

键性景观特征要素。北京长城文化带作为自然景观与文化遗产高度融合的历史文化区域，其自然景观要素和文化遗产要素是类型识别的关键，而在自然景观要素中本文选择地形地貌和土地利用类型作为自然景观特征构成的基础要素。地形地貌是地域景观最基本的外在特征，土地利用类型则反映了景观的人工干扰方式与程度①。土地利用数据包含长城文化带植被和用地类型，地貌数据包含长城文化带海拔和地形地貌类型，基本包含研究所需的自然景观要素数据内容。

（二）融合文化遗产要素的景观特征单元分类

在关于长城军事体系的研究中，学界普遍认为长城不只是一道墙体，而是一个复杂系统，即长城是由点（城堡、烽火台）—线（长城边墙、讯息传递线路）—带（军事防御、文化交流及物资交换所在的长城防区）—层次体系（防御体系的层级关系）构成的地理尺度的空间实体和文化遗存②。长城作为复合型文化景观，其内涵包括防御、屯垦和军情三种军事功能区域及其混合形成的复合功能区划，其中，长城边墙具有军事防御功能，城堡具有屯兵和垦殖的功能，烽火台具有军情瞭望和信息传递的功能。长城边墙、城堡和烽火台可以作为长城历史功能的三个重要的功能向度，由此形成了不同的空间防御逻辑和视觉景观特征，因此，需要将长城边墙、城堡和烽火台这三种核心文化遗产要素及其排列组合方式③作为景观特征单元分类的重要依据。

本文主要选取北京长城文化带文化遗产要素中最具有文化价值属性，同时也最具有景观特征标识作用的长城边墙、烽火台和城堡三类要素④作为文化遗产要素指标融入基于自然要素的景观特征单元中，根据基于自然景观要素形成的景观特征单元中的文化遗产要素种类，可以将景观特征单元划分为七种文化景观单元类型（参见图5）。其中，文化景观特征Ⅰ型是指仅包含长城边墙要素的景观特征单元。文化景观特征Ⅱ型是指仅包含长城城堡要素的景观特征单元。

① OSHER LJ, BUOL SW. Relationship of soil properties to parent material and landscape position in eastern Madre de Dios, Peru [J]. Geoderma, 1998 (83): 143-166.

② 李严，张玉坤，李哲．明长城防御体系与军事聚落研究［J］．建筑学报，2018（5）：69-75.

③ 具有单一文化遗产要素区域和具有复合文化遗产要素区域的景观特征类型与历史功能不同。例如，平原草地与长城边墙要素融合的景观特征单元，具有单一的军事防御功能；平原草地与长城边墙、城堡要素融合的景观特征单元，具有军事防御和屯兵垦殖的综合功能；二者所形成的空间模式和景观特征类型不同。

④ 北京长城文化带长城遗产主要包括长城墙体、烽火台、敌台、城堡、挡马墙和关隘等，挡马墙和关隘数量较少，敌台通常沿边墙分布，故没有将挡马墙和敌台数据选做文化遗产要素使用。

文化景观特征Ⅲ型是指仅包含长城烽火台要素的景观特征单元。文化景观特征Ⅳ型是指包含长城边墙和城堡两种要素的景观特征单元。文化景观特征Ⅴ型是指包含长城边墙和烽火台两种要素的景观特征单元。文化景观特征Ⅵ型是指包含长城城堡和烽火台两种要素的景观特征单元。文化景观特征Ⅶ型是指包含长城边墙、城堡和烽火台三种要素的景观特征单元。

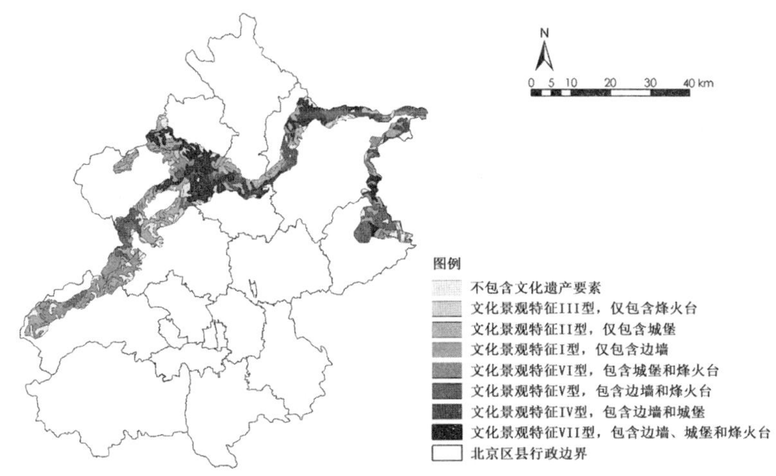

图5 融合文化遗产要素的景观特征单元分类

来源：作者自绘

（三）自然和文化遗产要素融合的景观特征单元整合

北京长城文化带中自然景观和文化遗产的耦合关系构成了其景观特征的深层结构。我们通过对自然要素景观特征单元（大类）和文化遗产要素景观特征单元进行交叉融合，基于8个自然要素景观特征类型和7种文化遗产要素景观特征类型得到56种北京长城文化带景观特征类型，依据每个景观特征类型中所包含的文化遗产要素数量，将数量为0的景观特征类型进行筛减，最终得到31种景观特征类型。我们对31种景观特征类型进行命名和统计，景观特征类型的名称主要由自然景观特征类型代码和文化遗产景观特征类型代码组合而成，例如景观特征a-I代表仅包含长城边墙要素的平原草地型景观特征单元；景观特征b-Ⅳ代表包含长城边墙和城堡两种要素的平原林地型景观特征单元（参见表1）。

表 1 融合自然与文化遗产要素的长城文化带景观特征类型及其斑块数量

（表格来源：作者自绘）

序号	景观特征类型名称	文化遗产景观特征要素及其文化景观功能	自然景观特征类型	斑块数量（个）	斑块面积（km^2）（斑块平均面积/斑块总面积）
1	景观特征类型 a-I	仅包含长城边墙要素（具有军事防御功能）	平原草地	15	4.337/69.055
2	景观特征类型 b-I		平原林地	16	2.343/37.481
3	景观特征类型 c-I		平原旱地	2	17.264/34.527
4	景观特征类型 e-I		山地草地	45	4.924/221.568
5	景观特征类型 f-I		山地林地	58	4.331/251.171
6	景观特征类型 h-I		山地旱地	8	0.930/7.439
7	景观特征类型 e-Ⅱ	仅包含长城城堡要素（具有屯兵垦殖功能）	山地草地	37	0.438/16.213
8	景观特征类型 f-Ⅱ		山地林地	29	0.365/10.518
9	景观特征类型 h-Ⅱ		山地旱地	19	0.190/3.602
10	景观特征类型 a-Ⅲ	仅包含长城烽火台要素（具有军情传递功能）	平原草地	20	0.613/12.261
11	景观特征类型 e-II		山地草地	62	0.178/11.051
12	景观特征类型 f-Ⅲ		山地林地	47	0.551/25.880
13	景观特征类型 h-Ⅲ		山地旱地	26	0.210/5.455
17	景观特征类型 a-IV	包含长城边墙要素和烽火台要素（具有军事防御和军情传递功能）	平原草地	9	2.567/23.107
18	景观特征类型 b-IV		平原林地	9	2.763/24.867
19	景观特征类型 e-IV		山地草地	21	1.903/39.968
20	景观特征类型 f-IV		山地林地	15	9.618/144.269
21	景观特征类型 h-IV		山地旱地	6	0.784/4.706
28	景观特征类型 b-VⅡ	包含长城边墙要素、城堡要素和烽火台要素（具有军事防御、屯兵垦殖和军情传递功能 ）	平原林地	3	12.544/37.632
29	景观特征类型 e-VⅡ		山地草地	9	37.652/338.868
30	景观特征类型 f-VI		山地林地	6	19.675/118.048
31	景观特征类型 h-VⅡ		山地旱地	2	5.907/11.813

资料来源：作者自绘

三、自然景观与文化遗产要素融合的景观特征类型识别

上文已经基于自然景观要素与文化遗产要素分类整合出 31 种北京长城文化

带景观特征类型。长城作为复合型文化景观，其内涵包括防御、屯垦和军情三种军事功能区划及其混合形成的复合功能区划。长城边墙、城堡和烽火台可以作为长城历史功能的三个重要的功能向度，故本文选取景观特征类型 e-Ⅰ、f-Ⅱ、e-Ⅲ和 e-Ⅳ四个分别仅包含边墙、城堡和烽火台等单一文化遗产要素的景观特征类型和包含两种及以上复合文化遗产要素的景观特征类型进行识别，探究其不同的空间防御逻辑和视觉景观特征。

2002 年《英格兰和苏格兰景观特征评估导则》以及其后形成的大量论文中对景观特征识别多为描述性识别方法，即在实地踏勘基础上，通过景观特征的分析与归纳，对其关键特征进行定性描述。本文延续此 LCA 经典研究范式，选取典型景观特征类型中的典型景观特征单元，进行关键特征识别，通过实地踏勘和分析归纳，进行关键特征的定性描述。

四、结论与讨论

本文借鉴英国 LCA 方法，通过景观特征识别将自然景观与文化遗产要素相融合并进行分类整合，最终得到 31 种景观特征类型，并对一些景观特征类型进行了深度的识别，揭示了大尺度线性遗产区域自然环境与文化遗产之间存在的耦合关系。这种耦合关系一方面反映了长城区域景观特征的历史形成逻辑，为其景观样貌提供了功能的历史的生态的解释；另一方面，这种耦合关系最终以一定的视觉组合模式呈现出来，所形成的自然与文化要素组成的特定的景观特征单元成为其形成逻辑的物质见证和视觉表征。

基于北京长城文化带景观特征类型斑块数量的分布统计（参见表 2），我们发现文化遗产的分布与自然环境存在密切关系。第一，从斑块总数来看，山地草地和山地林地的板块数量在自然景观特征类型的板块总量中占比最多，分别占比 37. 72%和 34. 04%，同时，各个文化景观特征类型中山地草地和山地林地占比均居前两位，这是长城防御体系的客观需求导致的，长城的防御属性使其倾向于选址在“山高谷深”的山地区域，而非无险可守的平原区；在山地中又以林地和草地为主，则是该区域年降水量和总体气候导致的①，并非长城建成后人为因素导致。

① 根据《中国长城志 环境 · 经济 · 民族卷》长城通常选址于农牧交错地带，年降水量山麓迎风坡 600~700 毫米，山地背风坡 300~400 毫米。

表 2　自然要素景观特征单元(大类)和文化遗产要素融合后的类型与数量

文化景观特征类型 / 自然景观特征单元	文化景观特征 I 型（包含墙体）	文化景观特征 Ⅱ 型（包含城堡）	文化景观特征 Ⅲ 型（包含烽火台）	文化景观特征 IV 型（包含墙体和城堡）	文化景观特征 V 型（包含墙体和烽火台）	文化景观特征 VI 型（包含城堡和烽火台）	文化景观特征 VⅡ 型（包含墙体、城堡和烽火台）	总计	比例
平原草地	15	0	20	5	9	2	0	51	9.48%
平原林地	16	0	0	0	9		3	29	5.39%
平原旱地	2	0	0	0	0		0	3	0.56%
平原水域	0	0	0	0	0	0	0	0	0.00%
山地草地	45	37	62	15	21	14	9	203	37.72%
山地林地	58	29	47	16	15	12	6	183	34.02%
山地旱地	8	19	26	0	6	8	2	69	12.83%
山地水域	0	0	0	0	0	0	0	0	0.00%
总计	144	85	155	36	60	38	20	538	100%

资料来源：作者自绘

第二，在各类自然景观特征单元中，旱地（包括山地旱地和平原旱地）总占比 13.4%，虽占比不多，却因其具有农业生产功能而非常重要，在旱地斑块数量中，以包含城堡（Ⅱ型）和烽火台（Ⅲ型）的文化景观特征单元为主，分别占比 27.5%和 42.0%，这表明“城堡—旱地”景观模式在维系长城防御体系的粮饷供给中具有重要作用，而烽火台单元的高比例则是由于在延庆、密云等地普遍存在“烽堡链”的军情传递与兵力屯守的空间分布模式①。

国家文化公园以文化遗产和生态资源保护为前提，主要目标是协调推进文化遗产资源保护传承利用，景观特征识别作为辅助管理和决策的重要工具对于国家文化公园的建设具有一定的启发作用。长城国家文化公园的建设要对文化遗产进行系统的调查，在充分考虑自然景观和文化遗产之间深度耦合关系的基础上研究景观单元类型，并针对不同的景观特征类型进行深度的识别和描述，由此针对不同景观特征类型制定差异化的整体保护和展示利用策略。本文提出的基于自然景观与文化遗产要素融合景观特征识别方法，为大尺度线性遗产区域的国家文化公园规划建设提供了有益的参考与借鉴。

（作者简介：贺鼎，北京建筑大学建筑与城市规划学院副教授，城乡遗产大数据研究所所长，研究方向为历史城市与文化景观保护。）

① 曹迎春、张玉坤、李严在《明长城军事防御聚落体系大同镇烽传系统空间布局研究》论文中指出，在长城沿线沟谷的地带中存在堡寨和数个烽燧线性串联的布局模式，以达到军事防御聚落体系军情传递和兵力屯守的复合功能。

长城国家文化公园（北京段）民宿艺术性提升对策研究

陈荟洁　孙冬梅　李守玉

摘要：创建“长城人家”民宿是长城国家文化公园（北京段）建设任务之一。本文通过对延庆区代表性民宿进行实地考察与问题研判，提出三点民宿艺术性提升对策：一是政府牵头统一标准，开发制作与长城相关的宣传品及文旅产品。二是鼓励民宿加强长城相关设计元素的应用。三是多方发力，激活民宿活力，持续增加游客黏性。

一、问题的提出

2019 年 12 月，中共中央办公厅、国务院办公厅印发《长城、大运河、长征国家文化公园建设方案》。① 2021 年年底，北京印发《长城国家文化公园（北京段）建设保护规划》，明确统筹建立“长城人家”“长城村落”北京乡村联盟，开展北京市“长城人家”“长城村落”挂牌活动，真正形成长城民宿和长城村庄的品牌。②

不少专家学者就长城国家文化公园（北京段）、“长城人家”建设进行研究。汤羽扬认为，长城沿线的自然及人文景观资源十分丰富，民俗文化浓郁，民间工艺和非物质文化遗产也形式多样。目前，这些资源尚待进一步深入发掘。③ 张佰明提出，通过政策鼓励民宿主人将长城文化带的故事、民俗、器物、

① 新华社．中共中央办公厅、国务院办公厅印发《长城、大运河、长征国家文化公园建设方案》[EB/OL]．中国政府网，2019-12-05.

② 北京市文物局，北京长城文化研究院．长城国家文化公园（北京段）建设保护规划[Z]．2021：12.

③ 汤羽扬，刘昭祎．北京长城保护规划编制的思考[J]．中国文化遗产，2018（3）：41-47.

文创产品等引入民宿空间，多主题开发游客探索、体验长城文化的参与性活动，可以促进“以文促旅，以旅彰文”目标达成。① 董耀会指出，通过研究不断发掘长城的文化精神内涵，把建设长城国家文化公园与乡村振兴、美丽乡村建设结合起来。②

上述专家学者都提出应深入挖掘长城文化艺术资源，并将其进行合理利用。目前以延庆区代表性民宿为例，究竟存在什么问题、如何才能更好地将长城文化艺术资源融入其中并更好地发挥作用，这些问题尚未解决。本文将从政策研读、案例分析、提升对策三个方面来回答上述问题。

二、“长城人家”民宿创建标准思考

我们认为，“长城人家”是更具代表性的品牌民宿群。“长城人家”是融入长城文化、长城元素的主题民宿，旨在加强文物保护为先，深入挖掘长城文化，讲好长城故事，为游客提供长城脚下的生活体验和度假方式。2020 年 7 月 31 日，位于长城脚下的延庆区石光长城精品民宿作为首个“长城人家”正式揭牌。以此次揭牌为开端，延庆区将计划围绕八达岭长城、九眼楼长城等长城文化区域，逐步有序培育 100 家“长城人家”主题民宿。

截至 2020 年 8 月，延庆区开业精品民宿 100 处，民宿小院 319 个，实现全区 15 个乡镇均有开业民宿的全域布局，并形成“奇迹长城”“缤纷世园”“激情冰雪”“生态画廊”“红色故里”五大精品民宿集聚区。2019 年北京世园会举办期间，延庆区已经成功培育 200 余家“世园人家”精品民宿。在冬奥会举办前，延庆区精品民宿将按照不同区域和产品特色，培育形成 100 家“冬奥人家”。

2020 年 9 月 17 日，为深入贯彻落实乡村振兴战略，推动乡村旅游产业提质增效，加快形成农业农村发展新动能，切实规范乡村民宿业的经营行为，创建品牌优势，扩大区域影响力，促进本市乡村民宿的高质量发展，北京市市场监督管理局发布北京市地方标准（DB11/T 1752-2020）《乡村民宿服务要求及评定》，该标准于 2021 年 1 月 1 日实施。③

《乡村民宿服务要求及评定》要求在乡村民宿的建筑外观、空间设计、服务设施、运营管理中，要结合地域文化、民宿主人自身经历和美学创意形成独具

---

① 张佰明. 长城文化带沿线的乡村精品民宿发展［J］. 前线，2020（11）：71-73.

② 董耀会. 长城文化经济带建设研究［M］. 秦皇岛：燕山大学出版社，2021.

③ 乡村民宿服务要求及评定［EB/OL］. 北京市文化和旅游局官网，2020-08-04.

特色的文化内涵。其中对环境、景观与建筑、公共服务、住宿服务、餐饮服务、主人精神、特色文化、社会责任、服务人员管理、卫生管理、治安安全、消防安全、设施安全、人身安全、规范经营、等级评定等做了具体的基本要求（参见表1）。

表1 《乡村民宿服务要求及评定》评定项目一览表

序号	评定项目	赋分		得分	
		大项	分项	自检	评定
1	环境、景观与建筑	20			
1.1	环境		6		
1.2	景观		6		
1.3	建筑		8		
2	公共服务	16			
2.1	公共区域		8		
2.2	公共服务及设施		8		
3	住宿服务	42			
3.1	客房装修		10		
3.2	客房设施		12		
3.3	床及布草		10		
3.4	卫生间		10		
4	餐饮服务	16			
4.1	厨房		10		
4.2	餐厅		6		
5	特色文化与社会责任	36			
5.1	主人精神		12		
5.2	特色文化活动		10		
5.3	社会责任		14		
6	综合管理	20			
6.1	服务管理		10		

续表

序号	评定项目	赋分		得分	
		大项	分项	自检	评定
6.2	安全管理		10		
总计		150	150		

参照《乡村民宿服务要求及评定》，我们制定了《“长城人家”民宿评分细则初稿》。《“长城人家”民宿评分细则初稿》从环境、景观与建筑，公共服务，住宿服务，餐饮服务，特色文化与社会责任，综合管理六大板块来对民宿做出评分，最终形成一套评判“长城人家”民宿的评分细则和标准（参见图1）。同时，《“长城人家”民宿评分细则初稿》将在调研的过程中依据实际情况进行调整，最终形成《“长城人家”民宿评分细则》。

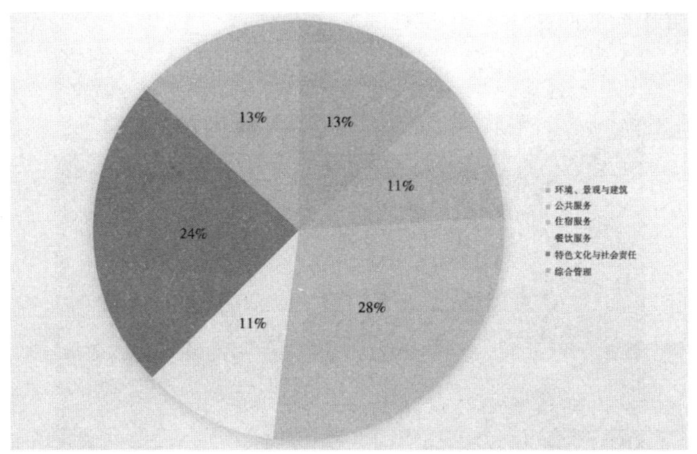

图1 “长城人家”民宿评分细则占比

来源：作者自制

《“长城人家”民宿评分细则》紧密围绕“长城”以及“长城文化元素”展开。例如，与长城遗产（城墙、烽燧、城堡、关城等）物理距离、民宿有面向长城某遗产元素的视廊、建筑物外部造型（内部装饰）体现长城遗产元素或符号、提供与长城遗产元素（如长城遗产设计产品、长城摄影作品、纱幔、摆件等）相关的不同文化创意风格的主题客房等。

三、首家“长城人家”——石光长城精品民宿

2020年7月31日，延庆区石光长城精品民宿作为首个“长城人家”正式揭牌。以此次揭牌为开端，延庆区原计划在2020年内围绕八达岭长城、九眼楼长城等长城文化区域，逐步有序培育100家“长城人家”主题民宿。但因多方面原因，目前仍只有石光长城精品民宿一家“长城人家”。因此，对首家且唯一的一家“长城人家”进行充分调研显得十分必要。我们于2021年3月24日、9月1日先后两次前往石光长城精品民宿调研（参见图2）。石光长城精品民宿位于延庆区八达岭镇石峡村。因该村处于深山，村出口处岩崖陡峭，石多裸露，故名石峡。石峡明代建村，该村为居庸关北部关隘，曾属战略要地。石峡村位于残长城、石峡关长城脚下，紧邻八达岭长城。村域内有12公里长的古长城、古砖窑以及石峡古堡遗址等遗址，另外也流传有石峡小调以及李自成奔袭闯关《三疑记》等民间戏曲。

图2　“长城人家”调研小组在石光长城精品民宿调研

来源：2021年9月1日陈荟洁拍摄

石峡村风景优美，石光长城精品民宿散落其间。民宿由北京未名空间建筑设计咨询有限公司主持投资设计，并由北京迈克之家集团负责运营。据统计，民宿目前开放石光长城1号院春居、石光长城2号院缙云、石光长城6号院逸树、石光长城8号院星空、石光长城10号院听雨、石光长城11号院树影、石光长城12号院醉秋、石光长城13号院幽夏、石光长城15号院冬隐九座院落可供客人预订，且均为整院出租。院子房型面积多为30~35平方米，能住2~18人不等。

石光长城精品民宿运营方重视对整个石峡村文化历史的挖掘。他们在石峡村村史博物馆开设“非遗手工艺课堂”，弘扬和传承非遗文化。村史馆曾先后组织上百位手工艺匠人，提供数百种传统手工艺制作指导，让更多人能够体验中国传统手工艺和非遗文化的魅力。非遗手工艺制作体验包括：布艺、面人、糖画、编织技艺、香皂、剪纸、皮雕、葫芦画、衍纸画、毛猴、灯笼等多种项目。非遗手工艺老师现场指导，项目易学易会，成品可作为纪念品。还能够为团建、亲子、会议等主题提供团队手工艺活动。

除了村史馆外，村口墙上有对长城建筑遗址的相关图解。另外，村里的府西街、学院街两条进村石板路两侧墙壁上悬挂有长城摄影作品。游客穿行其间，就能欣赏到摄影师所拍摄的长城四季美景，有很强的代入感，也营造了良好的氛围。

石光长城精品民宿还打造了咖啡厅和书店等公共空间。书店中与长城相关的书籍也比较多。从以上这些方面均可以看出，民宿在多个方面都比较用心地凸显与长城相关的文化元素。

总体来说，作为延庆区第一家“长城人家”，石光长城精品民宿代表了“长城人家”评定的参考标准。从民宿设计、经营、文化氛围营造、公共空间打造、非遗手工体验活动等多个方面，石光长城精品民宿的表现都可圈可点，具有借鉴意义。

四、北京延庆区“长城人家”民宿现场考察

（一）基本情况

2021 年北京建筑大学“长城人家”民宿调研志愿者在延庆区八达岭镇、井庄镇、康庄镇、张山营镇开展民宿调研活动。志愿者团队赴延庆勿忘山・印巷、勿忘山・归谷、石光长城、里炮别苑（花间笑语）、仙居婵庭唯里山居、桥头小舍、桐府大院、心享花氧等 17 家民宿（参见表 2）进行调研。

表 2　2021 年北京建筑大学“长城人家”民宿调研志愿者调研表

名称	级别	地点	与长城相关元素	调研时间
石光长城	首家“长城人家”（目前唯一一家）	延庆区八达岭镇石峡村村委会西 30 米	摄影作品、图书、画册、明信片等	2021 年 3 月 24 日 2021 年 9 月 1 日

续表

名称	级别	地点	与长城相关元素	调研时间
勿忘山·印巷		延庆区八达岭镇石佛寺村京藏高速路水关长城 G53 出口	LOGO、地砖	2021 年 9 月 1 日
勿忘山·归谷		延庆区八达岭镇三堡村 12 号		2021 年 9 月 1 日
仙居婵庭		延庆区八达岭镇岔道村 274 号		2021 年 9 月 1 日
花美涧·花间笑语		延庆区八达岭镇里炮村路北 2-10 院		2021 年 9 月 1 日
桐府大院	原豆腐文化博物馆	延庆区井庄镇柳沟村社区卫生服务站边		2021 年 10 月 10 日
桥头小舍		延庆区井庄镇宝林寺村二区甲 38 号		2021 年 10 月 10 日
司间小空		延庆区井庄镇二司村甲 81 号		2021 年 10 月 10 日
泽心小栈		延庆区井庄镇窑湾村 23 号		2021 年 10 月 10 日
心享花氧		延庆区张山营镇大庄科乡 5 号院		2021 年 10 月 10 日
唯里乡居		延庆区张山营镇大庄科乡 S212 东二道河村 37 号		2021 年 10 月 10 日
里家民宿		延庆区井庄镇柳沟村 39 号		2021 年 10 月 10 日
清孔雀	延庆区首批民宿营业执照	延庆区井庄镇二司村 55 号		2021 年 10 月 10 日
乡里乡居		延庆区康庄镇火烧营村中一巷 13 号		2021 年 10 月 10 日

续表

名称	级别	地点	与长城相关元素	调研时间
大隐于世		延庆区张山营镇后黑龙庙村	图书	2021年10月10日
乐在窑湾		延庆区井庄镇窑湾村	图书	2021年10月10日
妠心宿		延庆区井庄镇柳沟民俗度假村南起1栋6排4号		2021年10月10日

调研团队分成三个调研小组，前往多家民宿进行实地参观和访谈。团队与民宿负责人、管理人员等进行访谈，了解环境、景观与建筑，公共服务，住宿服务，餐饮服务，特色文化，综合管理等方面具体情况。同时，针对调查表上的问题进行访谈和现场打分。据志愿者团队了解，所采访的民宿客房出租率比较稳定。近年来“京郊游”“住民宿”逐步升温，周末去郊区民宿成为北京很多家庭的休闲度假方式。同时，因为收入水平提高，人们的消费理念提升，也因此诞生和带动了户外“野奢风”“民宿打卡风”等多种新兴的旅游风尚，促进了民宿发展。需要注意的是，尽管北京郊区的民宿发展得比较红火，他们在经营上都呈现出比较良好的态势。但如果以石光长城精品民宿作为“长城人家”民宿标准，志愿者团队所调研的这些民宿离“长城人家”品牌仍有不小的距离。

（二）存在的主要问题

“长城人家”志愿者团队在实地走访中，把调研重点放在民宿中有无与长城相关的文化事项和艺术元素上，并希望以此为“长城人家”的评定提供基础参考模块和评分标准。通过初步调研，志愿者团队认为延庆区民宿普遍缺乏与长城相关的文化活动及设计元素。

1. 民宿公共空间及室内外设计中长城元素缺乏

一般情况下，游客对民宿最直观的感受在于民宿公共空间及室内外设计风格及装饰。调研团队发现，除了“长城人家”——石光长城精品民宿和勿忘山·印巷（参见图3）之外，几乎没有在其他民宿中看到与长城相关的设计元素。民宿多数都是极简风、现代朋克风、ins风、日系风等比较流行的风格。但这些民宿除了所在地是延庆，很难发现它们与外省市的民宿有什么区别，也很难在其中体验到长城脚下的历史底蕴和文化气息。

图 3　勿忘山·印巷的地砖与招牌 logo

来源：2021 年 9 月 1 日陈荟洁拍摄

2. 长城传说、人物故事、歌谣、手工艺等文化活动匮乏

《八达岭长城传说》是流传于延庆区八达岭长城沿线 170 余公里范围内的民间文学，于 2008 年被评为国家级非物质文化遗产。如《望京石》《六郎影》《金牛洞》《石佛寺》《穆桂英点将台》《弹琴峡》等八达岭长城传说是非常丰富的文化旅游资源。受其影响所产生的歌谣、民间手工艺等也比较丰富。但调研团队发现，几乎很少有民宿经营者或工作人员能讲述与长城相关的传说故事。除石光长城精品民宿外，其他所调查的民宿几乎没有组织过相应的文化体验活动。如果民宿只是提供游客休闲娱乐与放松的场合，没有相关的文化活动做黏合剂，即便游客因住宿环境和条件对民宿产生黏性和口碑传播，也很难在众多的民宿中脱颖而出，达到参选“长城人家”的标准。

3. 休闲体验活动方式单一

调研团队所调查的民宿中，休闲体验活动方式单一。部分民宿只提供住宿服务，不提供休闲体验活动服务。少数民宿只提供采摘、骑行、徒步等简单的活动。民宿对当地文化旅游资源挖掘很少，几乎没有一家民宿有关于长城红色文化、民俗文化等体验线路的设计。

五、北京“长城人家”民宿艺术性提升对策

（一）政府牵头统一标准，开发制作与长城文化带相关的宣传品及文旅产品

调研团队在调研中发现，多家民宿经营者都希望由政府统一提供长城文化带民宿手绘地图、长城文化相关的宣传手册（包括传说、故事及景点介绍等）和文创产品。这样可以让游客更直观地了解到旅游目的地的所处位置与周边的环境，同时还能体现民宿群的位置，促进游客打卡更多民宿，同时也能更好宣

传和传播长城文化和长城形象。

（二）鼓励民宿加强长城相关设计元素的应用

尽管有无长城相关设计元素不能成为评价一家民宿优劣的绝对标准，但既然是“长城人家”的评选，如何在众多民宿中挑选出一些具有共性和特性的代表性民宿，这就有必要紧密贴合长城做设计，这是一个比较好的突破口。对于“长城人家”民宿来说，与长城遗产物理距离相近是非常直接的参考标准。如与长城遗产（城墙、烽燧、城堡、关城等）直线距离小于5公里，或介于5~10公里之间，但这些是客观环境决定的，很难通过现有民宿的努力达成。但通过增加与长城相关设计元素的应用来突出民俗特色则是可以通过努力做到的。

比如，民俗建筑物外部造型或内部装饰可适度增加长城遗产元素及符号；室内装修适度体现长城遗产元素（如长城遗产设计产品、长城摄影作品、纱幔、摆件等）；在公共空间等为游客自由活动、休闲、交流的场所可多放置与长城相关的画册、书籍、绘本、县志、桌游、模型、积木等等。

（三）多方发力，激活民宿活力，持续增加游客黏性

一是开发与长城文化相关的创意产品。长城文化历史底蕴丰富且文化符号性强，作为特色产品和礼物都有一定的优势。民宿可以通过长城的军防村镇文化、寺观庙宇文化、抗战红色文化、历史文化与传说、居庸叠翠、慈禧西逃泪洒八达岭、詹天佑修建京张铁路、孙中山先生登临八达岭、闯王破关、孟姜女的传说、秦始皇的传说、风物传说等为背景，单独或组群共同设计制作一些相关的纪念品或礼物。

二是组织与长城文化相关的特色活动。长城文化带有较多民俗活动，如划旱船、跑驴、二鞑子摔跤、正月十五花会走街、永宁竹马等传统民俗表演。民宿可以此为内容制作一些相关活动视频、图片、宣传图册等，向游客展示；有条件的还可以组织现场表演。

三是销售与长城文化相关的特色产品。长城文化带有较多有特色的民间手工艺品。如葫芦烙画、妫川布艺、毛猴、捏面人（面塑）、戏楼灯笼、草编、丝绫堆绣、植物画、粮食画（豆塑）、布老虎、糖人、根雕、钩织、皮雕等特色手工艺品，都可以适当引进民宿，提供给游客购买、定制，甚至参与制作。

四是挖掘延庆区的特色饮食文化。民宿可以结合提供延庆“八八席”部分餐食、闯王餐、石烹乡宴、筒子肉、永宁豆腐、火勺等特色美食，挖掘和讲述丰富的特色饮食与长城文化的故事。另外，民宿提供的饮食可以通过长城文化相关的故事或元素命名，提升食物的趣味性和文化韵味。

总体来说，下一步需要通过更持久的体验与观察，并面向更多的民宿经营

者、游客、政府管理者开展调研与研讨，制定更为详细且客观的“长城人家”民宿评选标准，最终通过“长城人家”民宿评选达到提升游客因长城文化滋养而获得的良好的住宿体验感，以及向国内外更好地展示和传播中国长城文化的目的。

（第一作者简介：陈荟洁，北京建筑大学人文与社会科学学院助理研究员，博士，主要研究方向为非物质文化遗产。）

新时代长城精神的科学意涵*

李守玉 陈荟洁

摘要：长城精神作为中华民族精神的重要元素，随着时代的发展不断吸纳新的思想养料，呈现新的科学内涵。习近平总书记提出的“血肉筑成的钢铁长城”概念，是对新时代长城精神的科学性把握，标志着中国共产党对人类精神生活发展规律的认识跃升到了一个新阶段。从民族气节、团结伟力、精神状态、国家使命等方面，认识和把握新时代长城精神的科学意涵，对于我们深刻领悟中华民族精神谱系，汇聚中华民族伟大复兴精神力量，具有重要的思想引领和理论指导作用。

在人类历史上，中国的万里长城不仅是最卓越的建筑工程，也是最伟大的思想杰作，而长城精神就是这一思想杰作的鲜明称谓，是中华民族精神的重要组成部分。新时代长城精神既有历史继承性，又体现出鲜明的时代特征。习近平总书记在庆祝中国共产党成立100周年大会上的讲话中指出：“中国人民也绝不允许任何外来势力欺负、压迫、奴役我们，谁妄想这样干，必将在14亿多中国人民用血肉筑成的钢铁长城面前碰得头破血流!”① “血肉筑成的钢铁长城”是新时代长城精神的科学概括，从民族气节、团结伟力、精神状态、国家使命等方面，赋予长城精神新的时代意涵，对于我们深刻领悟中华民族的精神谱系，汇聚中华民族伟大复兴的精神力量提供了根本遵循。

* 北京市社会科学基金重大项目“长城国家文化公园北京段建设保护实施路径研究”的阶段性研究成果（项目编号21ZDA01）。

① 习近平．在庆祝中国共产党成立100周年大会上的讲话［N］．人民日报，2021-07-02（2）

一、崇尚正义、不畏强暴的民族气节

崇尚正义、不畏强暴，构成了长城精神的价值基石。正义是人类永恒的价值追求。社会充满正气正义，社会活力才能竞相迸发，民族复兴才能获得不竭的精神源泉。在几千年的历史长河中，中华民族历经挫折而不倒，饱受磨难而不灭，一个很重要的原因就是有着崇尚正义、不畏强暴的民族气节。春秋战国时期，各诸侯国为了抵御诸侯国之间的侵犯、兼并以及抗击匈奴诸胡，在自己易受侵犯的边境筑起了道道长城。秦始皇修筑的万里长城，使得匈奴不得不北徙 700 余里。“胡人不敢南下而牧马”，确保了国家的安全和边郡百姓的经济生活。2000 多年的长城修筑史从建筑设计、工程材料、建筑工艺等多方面，展现了人类建筑史上罕见的古代军事防御工程的浩大与雄伟，象征着中华民族坚不可摧、不畏强权的意志和力量。抗日战争期间，万里长城作为中国人民在抵抗近代列强入侵时的精神长城，成为举国上下同仇敌忾、浴血奋战的精神象征，凝聚了全民族崇尚正义、不畏强暴的坚强意志。抗日战争作为中华民族历史上最伟大的卫国战争，是中国人民反抗日本帝国主义侵略的正义战争，是世界反法西斯战争的重要组成部分，也是中国近代史上抗击外敌入侵第一次取得完全胜利的民族解放战争。“血肉筑成的新的长城”谱写了中华民族不屈不挠抵抗外来侵略的壮丽史诗。《义勇军进行曲》将长城所承载的崇尚正义、不畏强暴的民族气节展现得淋漓尽致，被西方誉为“中国的马赛曲”，成为中华人民共和国国歌。崇尚正义、不畏强暴的民族气节，让觊觎她的侵略者望而却步，让中华民族找回自信，赢得尊严。

新时代是我国日益走近世界舞台中央、不断为人类做出更大贡献的时代。在世界多极化与经济全球化的发展趋势下，各种反华论调在极力遏制中国的发展与强大。中国面临的国际环境日趋复杂，中国人民更需要弘扬新时代长城精神和崇尚正义、不畏强暴的民族气节。中华民族伟大复兴绝不是轻轻松松、敲锣打鼓就能实现的。中国要坚定走和平发展道路，始终做世界和平的建设者和国际秩序的维护者。中国不觊觎他国权益，不嫉妒他国发展，但也绝不放弃正当权益。“血肉筑成的钢铁长城”阐释了新时代中华民族崇尚正义、不畏强权的决心和意志，是长城精神在新的历史起点上的迭代与升华，铭记着历史、警示着未来、孕育着无限生机与活力，是中华民族伟大复兴征程上取之不尽用之不竭的精神财富和动力源泉。我们要用好这一强大的精神武器，直面挑战、不畏强暴，以强烈的民族自豪感和自信心，确保中华民族在世界百年未有之大变局下，始终走在时代前列。

二、举国同心、众志成城的团结伟力

举国同心、众志成城，体现了长城精神的意志品质。几千年来，中华民族以强大的凝聚力、向心力经受住一次次严峻考验，向世人展示着永不褪色的团结伟力。雄伟壮观的万里长城是历代劳动人民举国同心、众志成城创作的稀世珍宝，蕴含着中华民族团结一致、众志成城的爱国主义精神。从秦始皇修筑第一道万里长城到明代完成的东起鸭绿江、西抵嘉峪关的万里长城，无不见证了广大劳动人民团结协作，以钢铁般的坚强意志，创造性的智慧，巧用山川河海之险，创造的世界奇观。只有伟大的民族，才会建造出伟大的长城。如今长城实用价值虽已消失，但长城的精神作用却大大加强。新时代长城精神推动的物质生产的发展已经远远超越了长城本体，扩展到中华民族的振兴与繁荣。革命领袖毛主席写下了“不到长城非好汉”的壮丽诗篇，长城成为共产党人坚定革命信仰的重要载体，成为中华民族的精神象征。长城抗战激发了全民的爱国主义精神和民族精神，中国共产党领导人民军队深入敌后，发动广大群众，开展了各种形式的抗日游击战争，如地道战、地雷战、麻雀战等。举国同心、众志成城的团结伟力形成了人民战争的汪洋大海，创造了人类战争史上的奇观。

习近平总书记深刻指出：“团结是中国人民和中华民族战胜前进道路上一切风险挑战、不断从胜利走向新的胜利的重要保证。”① 新时代中国共产党将在新的历史条件下继续夺取新时代中国特色社会主义伟大胜利，任务将更加艰巨，更需要中国人民汇聚强大的精神力量，坚定理想信念，团结一致，以顽强的拼搏精神，开展具有新的历史特点的伟大斗争，取得中国特色社会主义的伟大成就。长城精神根据新时代精神需求，衍生出抗洪长城、钢铁长城、抗疫长城……实现了长城精神到精神长城的时代转换。然而无论哪座长城，归根到底都是汇聚中华民族精神力量、实现长城精神新时代再生的阐释。“血肉筑成的钢铁长城”绵延了深厚的中华历史文化底蕴，融合了抗战精神、建国精神、抗洪精神、非典精神、抗震精神、抗疫精神等新时代精神，体现了中国共产党在重大风险挑战面前，号令四面、组织八方，集中力量办大事、办难事、办急事的制度优势，体现了国家制度与国家治理体系的优越性，是战胜一切风险挑战、从胜利走向胜利的不竭力量源泉。

---

① 习近平．在庆祝中华人民共和国成立70周年招待会上的讲话［N］．人民日报，2019-10-01（3）.

三、敢于斗争、敢于胜利的精神状态

敢于斗争、敢于胜利，蕴含着长城精神的奋斗姿态。良好的精神状态是开展一切工作的重要前提，它不仅能为实现高质量发展提供强大动力，还能转化为攻坚克难、一往无前的奋斗姿态。长城在打击侵略者的锐气、挫败其阴谋的同时，还激发出保卫者的英雄气概，他们骁勇善战、甘于奉献、不怕牺牲，他们的事迹与长城一起铸就了长城精神。1937 年抗日战争全面爆发，在敌我军事装备悬殊巨大的情况下，中国军队利用近距离作战的战术，硬是用血肉之躯，以敢于斗争、敢于胜利的精神，与日寇进行殊死搏斗。“血肉筑成的新的长城”鼓舞了无数中国人民抗日的壮志，成了中国人民战胜风险挑战的民族共识。“打得一拳开，免得百拳来。”新中国成立之初，中国人民志愿军雄赳赳、气昂昂，跨过鸭绿江，高举保卫和平、反抗侵略的正义旗帜，同朝鲜人民和军队浴血奋战，赢得了抗美援朝战争的伟大胜利。战争硝烟散去，但这场带有国际性正义战胜邪恶的现代化局部战争，对亚太战略格局和世界和平安全产生了极为深远的影响。这背后是中国人民对国内外局势的科学研判，是中国人民敢于斗争、敢于胜利的精神外显。“血肉筑成的新的长城”铸就了抗美援朝惊天动地的立国之战，是长城精神在新中国成立之初的迭代与升华。

新时代是全体中华儿女勠力同心、奋力实现中华民族伟大复兴中国梦的时代。实现伟大梦想必须进行伟大斗争。站在新的历史起点上，面对世界百年未有之大变局和新冠疫情的叠加冲击，中华民族大家庭更需要发扬斗争精神、增强斗争本领，以敢于斗争、敢于胜利的精神状态，审视各种风险带来的挑战。“血肉筑成的钢铁长城”代表着中国人民不怕事、不惹事、不避事的处事原则。用“血肉筑成的钢铁长城”抵御错综复杂的国际环境带来的新矛盾新挑战，以不怕牺牲、勇敢无畏、坚韧不屈的优秀品格，增强忧患意识，提高斗争本领，敢于同反动势力做斗争，防范化解各种风险与挑战，为实现中华民族伟大复兴的中国梦开创新局面。

四、力排万难、强固国防的国家使命

力排万难、强固国防，彰显了长城精神的硬核力量。大国崛起，离不开撑起国家脊梁的硬核力量。硬核力量背后迸发着民族伟大复兴的国家使命。强国必然强军。长城作为古代主要的国防工事，创造了人类历史上军事防御工程的奇迹，是抵御北方游牧民族南下侵扰的中坚力量，其修筑技艺集古代建造业之

大成。长城所到之处地理情况变化万千。高山峻岭、沙漠草原、大河深谷、戈壁滩石等都有长城的穿越。在修筑长城时，劳动工匠和军事将领们，利用自然地形，在险要处修筑城墙、关隘和烽燧、烟墩、城堡等建筑物，不仅在规划设计上“因地制宜，用险制塞”，完成了设防的需要，而且在施工管理、材料供应、施工方法等多方面都有着重大发明创造，克服了重重困难，完成了艰巨任务。这一伟大艰巨的军事防御工程，是古代劳动人民创造的智慧财富，承担着力排万难、强固国防的国家使命，是中华民族的硬核力量。清王朝的闭关锁国政策与长城精神背道而驰，长城精神在“血肉筑成的新的长城”下再生。“血肉筑成的新的长城”虽然在精神上鼓舞了中华民族的斗志，但是对比敌我武装力量，残酷的现实告诉我们，落后就要挨打。今天，万里长城虽然已经失去了它原来的作用，但它汇聚的力量将激励中华民族再创辉煌。

中华民族伟大复兴离不开富国和强军的统一。中国特色社会主义进入新时代，国防和军队建设也进入新时代。新时代明确了国防和军队建设发展的历史方位和新起点。加强信息化建设和战略能力、实现军事现代化是新时代对国防建设的新要求。“血肉筑成的钢铁长城”在血肉长城基础上强化了“钢铁”的含义。“钢铁”代表的是中国现代化军事水平。与国家现代化进程相一致，中国现代化军事水平正在不断提高，中国军队的威慑和实战能力不断增强，由过去的“小米加步枪”发展成为基本实现机械化、加快迈向信息化的强大军队。这些无不彰显尊重科学、开拓创新的“硬核力量”。“血肉筑成的钢铁长城”展现出党在新时代的强军目标，走的是中国特色社会主义强军之路。在全面建成社会主义现代化强国的新时代，这支硬核力量将始终与国家安全和发展战略需求同步，为实现中国特色社会主义现代化强国保驾护航。

综上，长城精神伴随了2000多年的长城史，汇集了中华民族的思维与情感，蕴含着丰富的民族精神，滋养着中华民族和中国人民的精神世界，是中华民族精神的重要组成部分。习近平总书记提出的“血肉筑成的钢铁长城”赋予了长城精神的新时代意涵，为实现中华民族伟大复兴中国梦汇聚磅礴力量。

（第一作者简介：李守玉，北京建筑大学副研究员，研究方向为思想政治教育。）

第三部分　西山永定河文化带

论“北京的母亲河”——永定河

朱祖希

摘要：永定河是流经北京地区的最大河流，形成于百万年前，蜿蜒于京华大地，对北京区域地理环境、人文历史产生了极为深远的影响，被称为北京的“母亲河”，科学地认识永定河与北京城之间血肉相连的关系，对于认识永定河的时代价值尤为重要。对此，本文从地理环境塑造、水源供给、园囿水泊湿地营造等角度，分析了永定河冲积扇、地下水源、古河床遗存对城市起源、发展和繁荣的重要影响，并对永定河的保护利用提出了展望，以期为永定河保护利用提供参考借鉴。分析表明，永定河对北京的贡献在于：所形成的洪冲积扇为北京城起源发展提供了优越地理空间、为北京城的起源发展提供了不可或缺的水源、在迁徙过程中遗存的古河床是营造古典园囿的自然基础。未来永定河的保护要从生态文明的高度着眼，注重流域生态环境的保护，使永定河成为真正意义上的生态之河。

2022 年 5 月 12 日，随着天津市屈家店枢纽开闸放水，来自官厅水库的永定河生态补水水头汇入永定新河，标志着永定河实现全线通水了！清亮的河水，满载着沿岸人民“水长流，鱼常游”的殷切期望，欢唱着奔向渤海。近些年来在调动黄河之水对全流域进行生态修复以及喝上了南来之水后，社会大众终于迎来了“永定河全线通水”的夙愿。

永定河是“北京的母亲河”，这一提法由笔者提出，并见之于《北京晚报》1996 年 4 月 14 日至 18 日的“五色土 · 百家言”。20 多年来，这一观念日渐深入人心，并被广为引用。既要发展经济，又要敬畏大自然、遵循生态规律，是我们永远的守则。科学地认识永定河与北京城之间血肉相连的关系尤为重要。

一、水是生命之源，也是城市之源

人类发展的历史业已证明，人类城市文明总是在具有可靠水源和土地肥沃的地方首先诞生。换言之，河流孕育了人类文明，也孕育了代表人类文明的城市。

美索不达米亚文明的产生，是由于那里有底格里斯和幼发拉底两条河流所提供的稳定而丰富的水源，及其所在流域拥有肥沃的土地，使农民能够生产出大量剩余的农产品，使得数以百万计的农民从田间的生产劳动中解放出来，从而才会出现众多的城市和壮丽的宫殿、神庙、花园、楔形文字、数学、天文、历书以及各种艺术品。

尼罗河是一条蜿蜒在北非广袤沙漠之中的翠绿色河谷。在非洲的历史上，它一直起着非凡的作用。它滋养了埃及五千多年的文明，而尼罗河三角洲和狭长肥沃的洪积、冲积平原，就是尼罗河水在漫长的地质年代逐渐沉积而成的。甚至连埃及本身也是由来自阿比西尼亚（即埃塞俄比亚）、肯尼亚、乌干达、刚果、苏丹等国的“贡品”——水、淤泥和腐殖质造就的。正是它们培育、产生、维持了埃及悠久的文明。“开罗”便是名副其实的“尼罗河之子”。

印度的文明亦首先产生于拥有优越的自然条件和肥沃土壤的恒河三角洲，恒河以丰沛的水源滋润孕育了印度的首都德里，是印度人民心中的“圣河”。

同样，英国首都伦敦就依偎在泰晤士河畔；法国首都巴黎是塞纳河哺育出来文化艺术名城……纵观整个世界，大凡历史悠久的文化古都，几乎无一例外地都依傍着一条大河，并在由它形成的洪积和冲积平原之中。

作为世界文明古国之一的中国，地域辽阔，自然地理条件复杂而多样。地处中原的华夏文化在中华文明即将诞生之前，便以居于中国史前文明区的核心地位，奠定了它在未来作为中华文明发祥地的坚实基础，其重要原因就是因为黄河中游得天独厚的自然条件。它既具有温暖而湿润的气候，又有充足的水源条件和肥沃的土壤。正因为如此，在中国两千多年的封建社会中，前1000年的政治文化中心几乎都在中原地区，并且还总是沿着“长安—洛阳—开封”这一东西轴线呈徘徊式的移动；后1000年才逐渐转移到东南方向长江中下游的南京和杭州。

永定河从山西高原蜿蜒而来，途经大同盆地、阳原盆地，又切穿了北京西山的重峦叠嶂，在三家店附近出山后，便荡涤于平原之上，形成了大致以石景山为顶点，北起清河，南至小清河，中部微呈隆起的洪积扇、冲积扇。

二、永定河所形成的洪冲积扇，为北京城起源发展提供了优越地理空间

众所周知，任何一个居民点的产生，都需要有一个理想的地理空间，而城市的形成就更是如此。

北京城位于华北大平原的北端，其北面是从内蒙古高原逶迤而下的冀北山地，是直趋东海的燕山山脉，西面是由北蜿蜒南下的太行山脉。它们在南口附近相交汇，从而形成了呈弧形的山弯，有人把它称之为“北京湾”。史书所记载的“左环沧海，右拥太行”就是说的这种地貌态势。

源自山西宁武管涔山北麓的桑干河和源自内蒙古兴和县的洋河，在怀来盆地的朱官屯附近汇合之后，始称永定河，在官厅进入北京并切开西山，形成100多公里的深切曲流，即官厅山峡，在三家店附近出山，形成了大致以石景山为顶点，北起清河，东至通州马驹桥附近，南达小清河，面积达1000平方千米的洪积扇、冲积扇（也可称洪积平原或冲积平原）。正是“北京湾”里这个西北略高、东南低的北京小平原，成了孕育北京城的摇篮。

不仅如此，这个由永定河洪冲积扇而成的北京小平原，又处在华北平原与蒙古高原、东北平原等三大地理单元的交集之地，也是中原农耕经济与东北渔猎经济、蒙古草原游牧经济交集的枢纽之地。永定河上的古代渡口，便是这个交通汇合所在，即从中原大地北上沿太行山东麓大道，经以卢沟桥为代表的永定河古渡口，与居庸关大道、山海关大道的交通枢纽之地。永定河古渡口既是中国东北部南北交通的枢纽之地，也是最适合于一座城市诞生、成长的地方。

但是永定河却是一条流量极不稳定的河流。每当春暖花开、冰雪消融之际，抑或是夏雨频仍，永定河便会洪水暴涨、泛滥无度、迁徙无定，这就对城市造成了严重威胁。只有在距离渡口不远，又不致受洪水威胁的地方，当社会经济的发展具备了一个城市诞生的条件时，处在这个交通枢纽的原始居民点，就十分自然地发展起来，并先于附近其他居民点首先发展成为城市。这就是以今天的莲花池水系作为水源地，依傍地势相对较高的“蓟丘”（今广安门内外一带）发展起来的、北京最早的城市——蓟。

对此，北魏郦道元所著《水经注》内曾有记云：“㶟水（古永定河）又东南径蓟州区故城南……昔周武王封尧后于蓟。今城内西北隅有蓟丘，因丘以名邑也，犹鲁之曲阜、齐之营丘矣，武王封召公之故国也……”

自此之后，历经秦汉、隋唐、辽之南京、金之中都，直到元代，虽放弃了金中都旧城，而在其东北郊外以琼华岛为中心建设了大都城，后又延及明清及至于今，北京城都未曾离开永定河所形成的洪冲积平原。

三、永定河为北京城的起源发展提供了不可或缺的水源

据历史地理学家、北京大学教授侯仁之先生论证，三千多年前北京最早的城市——“蓟”，就是依傍着蓟丘，以莲花池水系作为城市水源地成长起来的。

北魏地理学家郦道元在其所作的《水经注》中说，蓟城西之大湖“有二源，水俱出西北，平地导泉，流结西湖。湖东西二里，南北三里，复燕之旧池也。绿水澄澹，川亭望远，亦为游瞩之所也”。

1995 年 10 月，为纪念北京建城 3040 年，在今广安门滨河公园内竖起了“蓟城纪念柱”。柱上书有 16 个汉隶大字：“北京城区 肇始斯地 其时惟周 其名曰蓟”，柱前有侯仁之先生撰写的碑文《北京建城记》。

图 1　标志北京城起源地的“蓟城纪念柱”和侯仁之撰文的“北京建城记碑”
来源：作者自摄

蓟城的城址为后世所传承，直到元代忽必烈接替“汗”位，才决定放弃这块“水流涓微，土泉疏恶”之地，在金中都东北郊，以原大宁宫所在琼华岛为基础，傍着水面浩大的“海子”（积水潭）建起了元大都城。而这自北京城西北蜿蜒而来的“海子”（包括今天所见的什刹海前海、后海、西海和北海、中南海），就是永定河在往南迁徙过程中遗留下的高粱河故道。

元至元二十九年（1292 年）为满足大都城漕运的需要，在元代杰出的天文学家、水利学家、都水监郭守敬的主持下，引昌平白浮泉，并汇集北京西山诸多泉流，开渠筑白浮堰，导入瓮山泊（今昆明湖），再循旧有渠道进大都城和义门（明清时北京城的西北门西直门），汇入海子（积水潭）。其下游从海子东端的万宁桥（参见图 2），再沿皇城东墙外南下出丽正门东水关，转而东南至文明门外，与金时的旧闸河相接直至通州。这就是由元世祖忽必烈命名的“通惠河”。

图 2　元大都城中轴线的重要节点——万宁桥（海子桥）

来源：秦红岭拍摄

明初燕王朱棣在“靖难之役”中从其侄儿建文帝朱允炆手中夺得帝位，国号“永乐”。明成祖朱棣决定迁都北平，改北平为北京，并拟在元大都城的基础上依据明中都城（今安徽凤阳）和南京城的规制修筑北京城。

明清两代，白浮堰早已断流，宫苑用水多来自西山诸泉，在昆明湖储蓄之后经长河进入积水潭、什刹海、中南海之中。宫廷用水则取自玉泉山，并由专用水车专程从西直门运送进宫内。西直门城门上曾镶有刻着水纹图案的石刻。因之后人有“西直水纹”之说。

自蓟城伊始，永定河及其地下水源一直是北京城日常生活的重要水源（参见图 3）。

据史书记载，远在帝尧时代我国就已发明了凿井技术。而这种技术在古代的北京也已有广泛的应用。1956 年，为了配合永定河引水工程，曾在宣武门豁口两侧、和平门一带，发现了春秋战国和汉代的陶井 150 余座。之后，为了配合北京市区上下水工程和南护城河的加宽工程，又在陶然亭、广安门内大街、北线阁、白云观、宣武门内南顺成街，乃至和平门一带发现了 65 座水井。这说明远在 2000 多年前，北京就已经开始凿井汲地下水，井由此成为供给居民日常生活饮用，或灌溉农田的主要来源。

到了清代，朱一新在其《京师坊巷志稿》一书中，把北京城胡同里的井记得一清二楚。据他统计，北京城里有一半以上的胡同有水井：内城有 701 眼，外城有 557 眼。两者合计共 1258 眼。另据 20 世纪 70 年代粗略统计，北京城近郊区有水井 4000 多眼。可以这样说，这些井的水源几乎都是由永定河储存的地下水源补给。

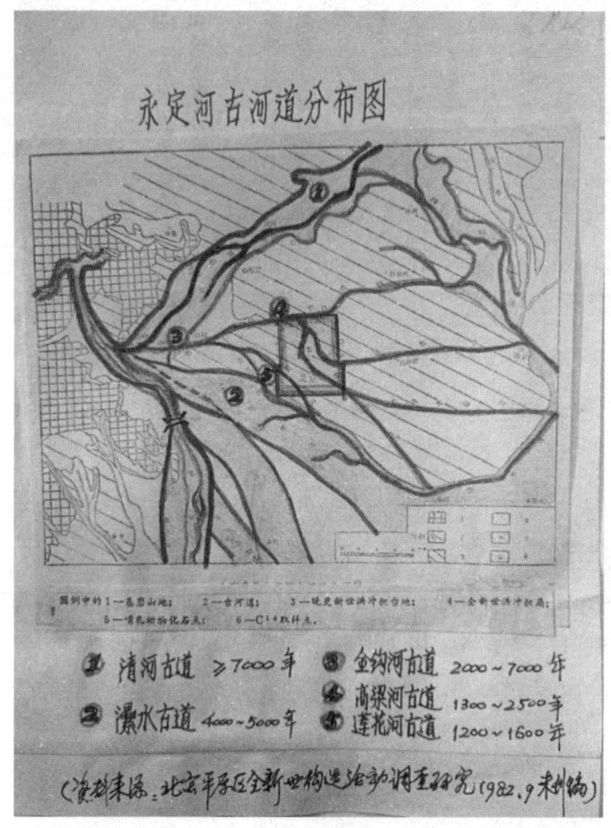

图 3 永定河古河道分布图

来源：作者绘制

中华人民共和国成立后，于 1955 年建成了设计库容为 22 亿立方米的官厅水库，不仅使永定河成为名副其实的“永定河”，还为北京西郊的石景山工业区乃至天津市提供水源，并通过永定河引水渠补给北京市区，成为城市用水的重要水源地。此外，永定河还是北京西山诸多泉流的重要补给源。

如前所述，北京地区山脉和地貌形态的总体格局，是在距今 700 万年前的“燕山造山运动”中形成的。巨大的自然力使地质时期沉积在京西山地的各种岩层在抬升过程中产生规模大小不等的断层和褶皱。这些断层和褶皱主要是呈东北—西南方向延伸，而北京西山的山峰主要是顺着褶皱走向排列，由此形成了一系列东北—西南走向的联脉：有的是沿着褶皱背斜轴延伸；有的则是沿着向斜轴延伸。例如，横跨在官厅和沿河城之间东北—西南延伸的一系列山峰，是大致顺着一条背斜轴延伸的；而京西的香山，向南跨越永定河与九龙山的连脉，则是顺着一条向斜轴即“九龙山向斜轴”延伸的。这条山脉以西的一些山峰，如妙峰山、清水尖、髫髻山、庙安岭以及百花山，则是沿着庙安岭的向斜轴延伸的。考察发现，上述两个向斜轴，都构成了一个上端出露于永定河河谷，并接纳永定河水补给埋藏于地下的逾千米厚含水层。尔后穿越西山，从向斜谷东侧或南侧出露地表，形成泉流。如香山—九龙山向斜，凡是有奥陶系灰岩出露地表的地方，几乎均有泉流涌出。自北而南依次有：冷泉、黑龙潭、温泉、白家疃簸箕水、玉泉等，玉泉山的玉泉则是其中最大的泉流溢出点（参见图4）。

正是以“玉泉”为代表的众多流泉，为北京西山离宫别馆的建设和寺庙的修筑，提供了良好的水源条件。玉泉山的玉泉清澈晶莹，山以泉名，即“玉泉山”。金章宗明昌年间在玉泉山麓建行宫，名“芙蓉殿”，并将其列入“燕山八景”之一（“玉泉垂虹”）。“玉泉山西南麓有石洞，泉从中涌出，自上而下，宛若流虹。”① 其东麓还有裂帛泉，“泉迸湖底，声如裂帛”，又有泉自玉龙洞流出后，内甃石为暗渠，引水伏流入西湖（今昆明湖）。清时，在玉泉山建静明园，乾隆帝依据玉泉的水质，命其为“天下第一泉”。

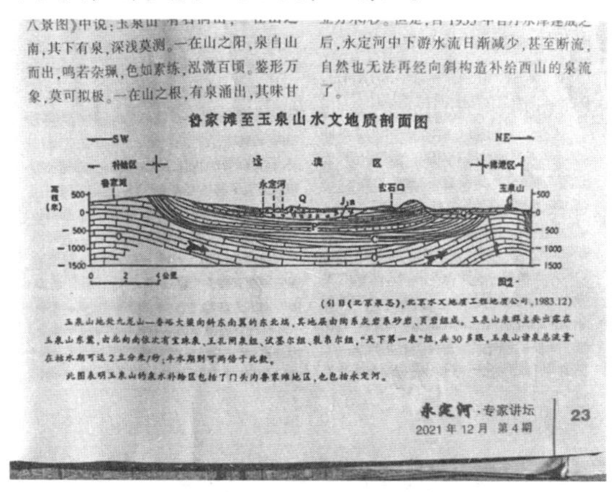

南，其下有泉，深浅莫测。一在山之阳，泉自山而出，鸣若杂珮，色如素练，泓澂百顷。鉴形万象，莫可拟极。一在山之根，有泉涌出，其味甘

后，永定河中下游水流日渐减少，甚至断流，自然也无法再经向斜构造补给西山的泉流了。

鲁家滩至玉泉山水文地质剖面图

（引自《北京泉志》，北京水文地质工程地质公司，1983.12）

玉泉山地处九龙山—香峪大梁向斜东南翼的东北端，其地层由奥陶系灰岩及砂岩、页岩组成。玉泉山泉群主要出露在玉泉山东麓，由北向南依次有宝珠泉、玉孔洞泉组、试墨泉组、裂帛泉组、“天下第一泉”组，共30多眼，玉泉山诸泉总流量在枯水期可达2立分米/秒；丰水期则可两倍于此数。

此图表明玉泉山的泉水补给区包括了门头沟鲁家滩地区，也包括永定河。

永定河·专家讲坛　23
2021年12月　第4期

图4　鲁家滩至玉泉山水文地质剖面图

来源：引自北京水文地质工程地质公司《北京泉志》

---

① 王雪莲．北京西山八大水院［M］．北京：中国人民大学出版社，2018：79.

金代金章宗依泉流喷涌的西山，建立了著名的八大水院。据统计，当时玉泉山有名的泉流多达 30 余处。其中著名的有 8 处：玉泉、涵漪斋泉、迸珠泉、裂帛泉、试墨泉、涌玉泉、静影涵虚泉等。① 另据 1928 年、1934 年的有关资料记载，玉泉山诸泉在冬季的总出水量为 2.05 立方米/秒；夏季为 3~4 立方米/秒。其中以玉泉最丰，达 1.41 立方米/秒。另据有关部门估算，自 1951 年—1959 年仅香山—九龙山向斜，永定河渗漏（补给）量就达 10.06 立方米/秒。但是自官厅水库建成之后，永定河中下游的水流日渐减少，甚至断流，自然也无法再经向斜构造补给西山诸多泉流了。

四、永定河在迁徙过程中遗存的古河床是营造古典园囿的自然基础

水是生命的源泉，同时也是中国园囿形态的源泉。人们纵然可以移山填海、巧夺天工，却难做“无米之炊”。没有水，一切园囿都将黯然失色。

如前所述，早期的永定河从山西、内蒙古高原呼啸而下，又切穿北京西山的重峦叠嶂，但在三家店附近出山时，却受到了横亘在地表、与西山相连的八宝山—公主坟凸起的阻隔，便不得不折而东北，通过老山—金顶山之间的豁口，与香山方面来水汇合后，又沿着巴沟低地，经中关村—白庙凸起的西侧，继续向东北进入清河谷地，汇入温榆河，由此构成了永定河早期洪、冲积扇的主体。其中古清河河道宽 3~4 千米，最宽处可达 7 千米，最窄处也有 1.7 千米，据碳 14 测定为 7200（±150 年）。

永定河在南迁之后，古清河便日渐萎缩，并在已湮废的古河道上留下了众多的湖沼和低洼地。对此，元上都路刺史朵里真所撰的碑文中将之称为“丹稜沜”，这是最早见于文字的记载，而土人却称其为“海淀”。

“淀”是人们对华北平原北部浅湖的一种通称。旧时北京京畿曾有东淀、西淀、三角淀、溻河淀、延芳淀等，号称“九十九淀”。所谓“海淀”则是“其淀大如海”的意思。明代蒋一葵在《长安客话》一书中这样写道：“水所聚曰淀。高梁桥西北十里，平地有泉，滮洒四出，淙汩草木之间，潴为小溪，凡数十处。北为北海淀，南为南海淀。”②王嘉谟在《丹稜沜记》中这样写道：“帝京西十五里为海淀……又西五里为瓮山。又五里为青龙沜。河东南流，入于淀之夕阳，延而南者五里，旁与巴沟邻，曰丹稜沜。沜之大以百顷，十亩潴为湖，

① 王雪莲．北京西山八大水院［M］．北京：中国人民大学出版社，2018：78.

② 蒋一葵．长安客话·卷四［M］．北京：北京古籍出版社，1982.

二十亩沉洒种稻，厥田上上，湖圜而驶，于西可以舟……”①

起初经营这片浅湖、洼地的人们，需要选择附近的高地来居住，而今日海淀镇的所在，正是其理想之处。自元至明，“海淀”二字兼为湖泊和聚落的通称，而海淀镇上巴沟低地上的自然美景，一经都下文人的吟咏赞赏之后，官僚、富豪等也就趋之若鹜，追踪而至。于是辟园林、告别业等，自明至清数百年间绵延不绝。其中著名的如明朝李伟的清华园和米万钟的勺园。但在明清易代之际，上述园林均已倾圮。清初，圣祖玄烨（康熙）又就清华园故址重加整治，名畅春园。自是以后，历经康熙、雍正、乾隆三代前后百余年间，海淀附近名园并起，诸如清漪园、静明园、静宜园、圆明园、长春园、万春园、淑春园等，规模略小的，如近春园、熙春园、澄怀园、蔚秀园、承泽园、朗润园、一亩园、自得园等。海淀附近方圆数十里形成了“举目所见皆为园林飞阁，连绵隐现于烟云树杪之间”的景象。这些园林的共同特点就是大片的水泊面积。盛极一时的圆明园更是一个以水为主体的水景园。在园中溪流纵横、湖泊星罗，而且还有 30 多眼水泉滮溢其间，再加上数不尽的亭台楼阁、殿廊榭轩，计有百余景。

值得一提的是逶迤于海淀西的万泉河，这里因泉流众多而有“万泉庄”。清乾隆帝在这里建有“泉宗庙”，并将庙内外数十处泉流赐以嘉名：屑金泉、锦澜泉、跃鱼泉、晴碧泉、桃花泉、月泉、枫泉、藕泉等等。而海淀凭借独特的自然条件还成了“京西稻”的培育和种植基地。清康熙、雍正、乾隆在这里培育种植“京西稻”，这些稻米气味香腴，是专供皇家的贡米。如今拥有 300 多年历史的贡米，已经成了中国农业文化遗产。

北京城里的什刹海（前海、后海、西海）和北海、中海、南海，犹如一块块硕大无朋的翡翠，镶嵌在北京城里，给这座历史文化古城平添了无穷的情趣。它们就是古永定河在南迁过程中高梁河河床留下的遗迹。

据研究，高梁河故道宽 1~2 公里，碳 14 测定距今 1400 年。这片水域在金代就被帝王相中，金大定年间金代统治者在这里修筑“万宁宫”（后又改称孝宁宫、寿安宫、大宁宫）。这座离宫环湖而筑，琼林苑中筑有横翠殿、宁德宫、西园，还有瑶光台；湖中有琼华岛；湖滨辟有稻田、荷塘，是中都城郊著名的风景区。此宫建成后，金世宗完颜雍每年都前往。章宗完颜璟即位后又把它作为另一个宫苑，每年必有几个月的时间在这里居住，并处理政务。元世祖忽必烈即位称“汗”，又以此为中心修筑大都城。明永乐帝迁都北平，在这里建设北京城，并为清代所传承。

① 孙承泽. 天府广记·卷三十七［M］. 北京：北京古籍出版社，1984：574-575.

正是这碧水相连的“三海”，使恢宏严整、金碧辉煌的宫殿与波光潋滟、妩媚多姿的景色相互辉映，形成了一个极其美妙的人间仙境。

北京南郊的南苑（南海子）曾是北京历史上最大的湿地、规模最大的皇家苑囿。1153 年金海陵王完颜亮迁都燕京，南苑一带就是“春北捺钵”、休憩游猎处理政务之地。元建大都后，这里便又成了帝王的“下马飞放泊”：即在冬春之交，供帝王亲幸近郊，纵鹰隼搏击，以为游豫之地。到了明代，这里改称“南海子”，成为“周垣百二里”的皇家御苑。清代继之，称“南苑”，并在前朝的基础上“增设海户一千六百，人各给地二十四亩，春蒐冬狩，以时讲武，恭遇大阅，则肃陈乒旅于此”①。同时，又大兴土木营建团河行宫，把这块水草丰美、獐鹿雉兔不可胜数的湿地圈为禁地。

这片北京南部最大的湿地，正是古永定河在南迁过程中的㶟水故道。有关㶟水的文字记载最早见之于 3 世纪北魏郦道元的《水经注》。就实地的地质剖面所见，古㶟水不仅非常宽阔，而且切割也深。其北岸可抵八宝山的南侧、北京城的西南角，往东可达通州马驹桥、高古庄、张家湾一带；南岸经丰台镇、南大红门、大回城、采育、凤河营。其河道宽 3~4 千米。河床中部的砂、砾石层沉积厚达 12~20 米。由于河道交叉重叠，其上游（石景山附近）河道形态并不明显；至南苑附近则形成了两岸高、中间低的蝶形洼地，深约 2~3 米；至马驹桥、大回城以下，河流遂成漫散状态，分枝多而呈喇叭形展布。据碳 14 年代测定为 1400~1600 年。现在地面上所见的海子、泡子，即为其在消亡过程中残留的遗迹。而源自莲花池（参见图 5）的莲花河、凉水河，以及大兴区内的凤河等，仅仅是发育在其故道上的两条小河。

图 5　与北京城起源有血肉关系的莲花池

来源：《丰台报》2021-07-02

① 于敏中，英廉，等．日下旧闻考・卷七十四［M］．北京：北京古籍出版社，1981.

由于这里地势低洼，地下水埋藏浅而丰富。据史书记载，仅团河行宫一带便有泉眼94处，一亩泉也有20余处。因此在这里便形成了“蒲苇济济水漠漠，凫雁光辉鱼蟹乐”的湿地景观。

现如今，历史上的“南囿秋风”，早已消失在历史的长河之中。为了追溯传承南海子的历史文脉、重建南海子的文化景观，有关部门正在规划建设“南苑森林湿地公园”。建成后的公园面积大致相当于4个颐和园（约10平方千米），既是北京目前最大的湿地公园，也是北京四大郊野公园之一，将承载国家文化展示功能。

五、结语

把一条原本是“桀骜不驯，迁徙无度，灾害频仍”的自然河流——永定河，说成是“北京的母亲河”，这不仅是一种说法上的改变，而且是人们对永定河与北京城之间血肉相连关系的一种最本真认识，更是对大自然的一种尊重和敬畏，其在学术上、实践上的意义毋庸在此赘言。

时至今日，我们也无须去追溯永定河在历史上曾经发生过多少次水灾，给人们带来过多大的损失，而是要从生态文明的高度把永定河流域当作一个相对独立的生态系统，协调好人口、资源、发展和环境四者之间的关系，特别是水土平衡问题。既让流域内部的经济得到发展，又让流域内形成并保持良好的生态环境，使永定河成为真正意义上的生态之河。

（作者简介：朱祖希，曾任北京地理学会副理事长、教授，西北大学、山西大学兼职教授，北京联合大学北京学研究所特邀研究员，央视《北京中轴线》学术顾问、北京卫视纪录片《永定河》首席顾问等。现任中国文物学会特聘专家。长期从事城市规划和环境问题研究，著有《营国匠意：古都北京的规划建设及其文化渊源》（获第四届“国家图书馆文津图书奖”）《北京城：中国历代都城的最后结晶》（入围央视“2018年度中国好书”）等。）

永定河的文化价值、保护与利用

胡 燕 郭华栋

摘要：永定河贯穿内蒙古、山西、京津冀地区，拥有丰富的自然资源和人文资源。永定河具有极高的文化价值：人类文明聚集地、华夏民族融合地、北京古城发源地。永定河孕育了北京城，为北京城市建设、居民生活、文化发展都提供了资源。本文提出了永定河保护与利用的建议：文化资源丰富，强化历史研究；打造博物馆群，串联文化明珠；引入社会资本，建立数字博物馆。

西山永定河文化带是以京西太行山脉和永定河为骨架的“一山一水”文化区。北京西山是西部山地的总称，属“太行之首”，因其位于京城西侧，被誉为“神京右臂”。永定河贯穿晋蒙京津冀五地，孕育了北京城，被称为“北京的母亲河”。

2023年夏日的大雨，让永定河又咆哮起来，巨大的水流冲毁了桥梁、道路、公园和人们的家园，甚至造成人员伤亡（参见图1）。泛滥的洪水显示了永定河的威力，这是一次人与大自然的博弈，提醒人们要敬畏自然，与自然和谐相处，也再一次让人们关注到永定河，这条北京的母亲河。

图 1 2023 年 8 月 1 日永定河泄洪现场。
来源:《新民晚报》驻京记者杜雨敖摄

一、历史沿革

永定河，西汉以前统称治水，东汉称灅水，晋代称卢沟河，明代称浑河，清康熙三十七年（1698 年）始称永定河。永定河是流经北京的第一大河。它是海河水系的一条主要支流，由发源于内蒙古兴和县以北山麓的洋河和发源于山西省宁武县管涔山的桑干河组成，一般认为桑干河是主要源头。永定河流经山西、内蒙古、河北、北京、天津五个省、自治区、直辖市，全长 747 公里，流域面积 4.7 万平方公里（参见图 2）。

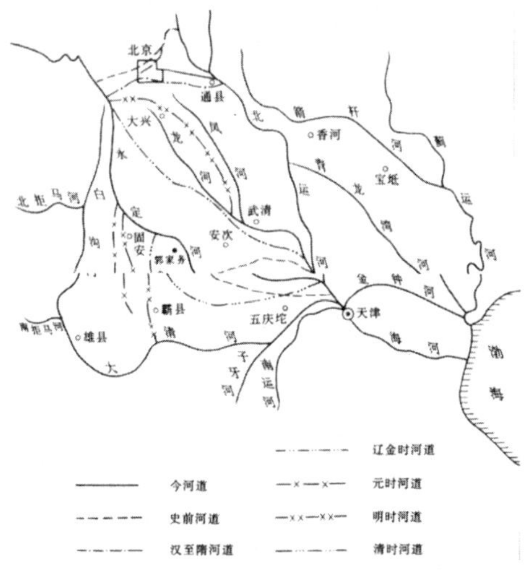

图 2 永定河河道变迁示意图
来源：永定河（海河支流）百度百科

永定河河道经常变迁，河水也经常泛滥。七八千年前的永定河，从石景山穿过，流经北京城北，向东北与温榆河汇合。后逐渐南移，南段取道白沟河，至霸县、雄县与圣水汇合，入拒马河后东流入海。永定河的河道变迁，可分成北、中、南三道。北道，即通县以北之道；中道，为通县以南至天津以北之道；南道，即天津以西至雄县、霸县之间的河道。

商周时期，治水（西汉以前永定河的名称）从北运河中分出，从古蓟城北流过，穿过北京城，向东流至古雍奴城（香河县南）一带，与沽水（白河）汇合，开始沿中运河前行。战国时期，永定河上游河道与以前相同，但下游沿着现在的北运河西侧继续南下。三国时期，水改道南徙，经过蓟城南，下游仍沿西汉故道，于古雍奴城附近汇入潞河，行中道。魏嘉平二年（250 年），刘靖镇守蓟城，在梁山（石景山）附近修戾陵堰，向东开车箱渠，改变了河流方向，使水从北岸流入车箱渠，东行过八宝山北、北京城北，向东在原通县北合于余水（温榆河），主流又一度行北道。隋朝时期，一直向东南流，沿北魏古河道流经蓟城南部，在武清城北汇入潞水。

金代永定河经常泛滥，河道再向北京西南摆动，南道成为主流。《金史·河渠志》和《金史·世宗纪》均记载了河道发生的变化。元代卢沟河（永定河）由石景山行至今永定河以南，至狼窝口附近，经大兴、安定、廊坊分为三支。据《元史·河渠志》记载，人工修建的金口河从石景山向东，流经北京城南、大郊亭南，在通县张家湾汇入西潞水。

明代卢沟河改道频繁。清康熙三十七年（1698 年），永定河经过大规模的疏浚和筑坝蓄水，固安以北的河床开始稳定，故名永定河。经过治理，之后的 40 年间，永定河河道稳定。

永定河反复变迁改道，三角淀迅速淤积，河道内河底地面比堤外地面高出 3 至 6 米，因而常有决堤危险。如 1939 年 2 月 26 日，永定河梁各庄附近决堤发大水，损失惨重。

二、河流现状

永定河上游流经黄土高原，河水含沙量大，因此有“小黄河”“浑河”之称。下游河道因泥沙淤积，形成地上河，而且迁徙不定，故称“无定河”。20 世纪 50 至 60 年代，先后修建了册田、友谊、官厅三座大型水库（总库容 29.66 亿立方米），控制流域面积 43402 平方公里。

近年来，永定河不断进行治理。2019 年，永定河北京段进行生态补水；2020 年，实现了北京境内河段水流贯通；2021 年，实现永定河全线连山通海。

目前，永定河连通性显著提升，地表地下协同修复，生物多样性进一步丰富。经过治理，永定河已经变成一条“流动的河、绿色的河、清洁的河、安全的河”。北京母亲河逐渐恢复生机。

三、永定河的文化价值

2015 年北京市文物局提出实施北部长城文化带、东部运河文化带、西部西山永定河文化带的保护利用规划，并写入了 2016 年年初的《北京市“十三五”规划纲要》，推进区域文化遗产连片、成线保护利用。2017 年 9 月 29 日，《北京城市总体规划（2016—2035 年》发布，其中指出推进三个文化带（大运河文化带、长城文化带、西山永定河文化带）的整体保护利用。北京西山永定河文化带是以北京西部的太行山为依托，以流经太行山和东南部平原的永定河为纽带形成的一个广阔的带状文化区域。该地区拥有丰富的自然资源和人文资源，是北京历史文化名城的重要组成部分。西山永定河文化带历史悠久，底蕴深厚，与北京城联系密切。历史上，它伴随着北京城的崛起而发展演变，生态环境中的文化积淀日益稠密厚重，形成了山环水绕、阴阳交融、人文荟萃、特色鲜明的文化生态地域综合体。

《北京城市总体规划（2016—2035 年）》提出，西山永定河文化带：依托三山五园地区、八大处地区、永定河沿岸、大房山地区等历史文化资源密集地区，加强琉璃河等大遗址保护，修复永定河生态功能，恢复重要文化景观，整理商道、香道、铁路等历史古道，形成文化线路。

（一）孕育北京的母亲河

在北京市境内，永定河流经门头沟、石景山、丰台、房山和大兴五个区，北京河段长 170 公里，流域面积 3168 平方公里。永定河是北京的母亲河。永定河孕育了北京城，孕育了北京的文化。

1. 为北京城市建设提供了空间场所

北京城建立在永定河的洪、冲积扇平原上。永定河从三家店出山之后由于河道纵坡变缓，河水中携带的泥沙沉积下来，形成了“北京湾”平原，北京城就建在这片平原之上。这里枕山带河，面向华北大平原，是建城的理想之地。侯仁之先生认为，永定河上的古渡口是蓟城形成的重要条件之一。① 古渡口是南北往来的交通枢纽。自古以来，永定河每到雨季，便泛滥成灾。人们只能选择

① 侯仁之. 北京城的生命印记［M］. 北京：生活·读书·新知三联书店，2022：111-112.

临近水源、地势较高的蓟丘作为聚居点。现在北京城里的后海、什刹海、北海、中南海、龙潭湖等，都是永定河故道的遗留。

2. 为北京居民生活提供了物质基础

永定河为北京居民生活提供了水源、燃料、建材等物质基础。永定河水是北京城的主要水源。无论是地表水还是地下水，都来自永定河，她孕育了北京城。永定河还为北京城周边农田提供了丰富的灌溉用水，曹魏时期在永定河上修建的大型水利工程戾陵堰，“水流乘车箱渠，自蓟西北迳昌平，东尽渔阳潞县，凡所润含，四五百里，所灌田万有余顷”①。

古代北京城建设所用的木材、生活所用的木炭等，均取自永定河中上游茂密的森林。自辽代之后，门头沟采煤业大发展，煤炭逐渐成了北京城的主要燃料，门头沟成为北京的“一盆火”，正如光绪《大清会典事例》卷九五一《工部薪炭》所说，京西煤炭为“京城炊爨所赖”。永定河流域为北京城的建成和发展提供了大量的木材、石材、石灰、沙石、琉璃构件等建筑材料。

3. 为北京文化发展提供了历史资源

文化是城市的灵魂，是城市软实力的重要组成部分，更是城市社会和谐的黏合剂。永定河涉及延庆、昌平、海淀、石景山、门头沟、丰台、房山、大兴八个区。永定河流域拥有丰富的自然与人文资源，包括以妙峰山风景名胜区、十渡风景区为代表的山水生态文化；以周口店北京猿人遗址、东胡林人遗址、北京西周燕国都城遗址为代表的考古文化；以潭柘寺（参见图3）、法海寺、承恩寺等为代表的寺庙文化；西山八大处、双清别墅与来青轩等革命旧址、宛平县抗日战争遗址与中国人民抗日战争纪念馆、平西、平北、冀东、平南抗日根据地、挺进军司令部等为代表的红色文化。凝练永定河文化特色，突出其时代发展魅力，使其更具吸引力。

---

① 陈桥驿，王东，注．水经注（二）·卷十四［M］．北京：中华书局，2020：1046-1047.

图 3 位于北京西郊门头沟区东南部的潭柘寺是北京最古老的寺庙

来源：秦红岭摄于 2020 年 10 月 2 日

（二）人类文明聚集地

永定河流域是人类早期文明发源地之一。河北阳原县境内的泥河湾遗址位于永定河上游，这里发现了 177 万年前的旧石器时代人类活动遗迹，改写了世界上关于人类起源和人类文明发展的历史。北京房山区的周口店遗址发现了 70 万至 20 万年前的直立人（北京人）、20 万至 10 万年前的早期智人（新洞人）、以及 3 万年前的晚期智人（距今 3.85 万至 4.2 万年前的“田园洞人”、距今 3 万年左右的“山顶洞人”）化石。北京门头沟的东胡林人遗址距今 1 万年左右，是新石器时代早期的重要遗址，在这里首次发现了北方粟的碳粒。这些永定河畔的古人类遗址证明了人类演化的进程是连续的，具有重要的科学价值。因此，永定河是人类文明的聚集地。

（三）华夏民族融合地

永定河流域汇集了华夏各族儿女，是民族相互融合之地。无论是契丹、鲜卑族、女真族、蒙古族，还是满族、汉族，他们都在永定河流域生存繁衍、征战讨伐、融合发展，体现了华夏民族的融合性。从古蓟城、燕上都、唐幽州、辽南京、金中都、元大都到明清北京城，不同的民族都在这块土地上修建城邑、都城，沿袭了中华千年文明史，突出反映了中华文明的连续性。永定河流域的城市建设、民居形态都反映了中华民族相互融合的历史。永定河汇集了游牧、农耕文化，各族贸易往来频繁，形成一个民族融合的大舞台。

（四）北京古城发源地

西周初年，周武王在北京地区分封诸侯国：蓟国和燕国。周武王十一年

（公元前 1046 年）蓟城建立，位置大致在今广安门一带。北京先后经历了古蓟城、燕上都、唐幽州、辽南京、金中都、元大都、明清北京城、民国北平和新中国首都北京，距今有 3000 多年历史。蓟城位于永定河古渡口附近的高地，既满足了生产生活用水的需要，又避免了洪水的威胁。从蓟城的选址可以看出：在北京城初始建城时，人类对永定河既依赖又害怕，永定河孕育了北京城。永定河伴随着北京城的发展，在供水、运输、灌溉、城市建设等方面发挥着巨大作用。

四、永定河文化保护与利用

（一）文化资源丰富，强化历史研究

永定河流域广泛，沿岸文化资源丰富。以北京境内为例，门头沟有东胡林人遗址、爨底下村等。爨底下村是典型的北方山区聚落，位于斋堂镇西北，依山而建，高低错落，2012 年被评为中国首个传统村落，是永定河畔一颗灿烂的明珠。石景山区有模式口历史文化街区（参见表 1），包括全国重点文保单位两处（法海寺、承恩寺）（参见图 4），市文保单位两处（田义墓、第四纪冰川遗迹陈列馆），还有区文保单位 17 处以及有价值院落 37 处。丰台区的卢沟桥横跨在永定河上，它历史悠久、造型优美、坚固耐久、纪念意义深厚，在这里打响了中华民族全面抗日的第一枪。

图 4　北京承恩寺，位于石景山区模式口历史文化街区

来源：秦红岭摄于 2022 年 4 月 1 日

充分做好永定河历史文化研究。挖掘永定河文化特色，延续悠久历史，讲

述河与城的故事。深入挖掘永定河历史文化，归纳总结具有河流特色的文化特点，确定兼具历史与现代的文化定位，形成鲜明的永定河文化主题。进而在永定河流域都贯穿该主题，形成系列文化。梳理永定河的古人类文明、地质文化、建筑文化、工业文化、名人文化、红色文化等，串联起这些文物古迹，让他们鲜活起来，这是构成永定河文化之魂的基础。积极发掘现有各历史景点的文化价值，注重背后的名人故事，将静态的建筑赋予动态的人物故事，让游客具有亲切感，使永定河文化更具亲和力。

（二）打造博物馆群，串联文化明珠

西山永定河文化带承载着中华民族的基因和血脉，建设西山永定河博物馆正是将其保护好、管理好和利用好的实践应用。西山永定河博物馆的建设是贯彻落实中共中央、国务院关于推进全国文化中心建设的重要内容，是京津冀协同发展的重要链条，是传承中华优秀传统文化的重要举措，也是公众加强文化自信和提高文化素养的重要平台。西山永定河博物馆的建设有助于深入挖掘京西的历史价值、文化价值、生态价值、艺术价值和情感价值。

深入挖掘永定河两岸丰富的历史文化资源，如法海寺皇家壁画、承恩寺特殊功能、田义墓石刻艺术等，将其打造成永定河文化带上的系列博物馆，形成永定河畔的博物馆群。基于永定河两岸丰富的文化遗产，打造永定河博物馆群，用共同的主题、相似的主线，串联起颗颗明珠，形成系列，来展现永定河流域的各种文化，突出历史文化特色，突出永定河孕育北京城的主题，形成永定河文化品牌。建设永定河博物馆群能够展示人类与大自然相互博弈的历史，能展示永定河孕育北京城的历史和文化，能将人类世代创造的物质文明与精神文明体现出来。

表1 永定河历史文化资源——石景山区模式口文物建筑

序号	名称	建筑类型	现状	问题	利用单位	活化利用建议
1	法海寺	全国文保单位	法海寺对外开放	一二进院落人流量大，后面空间利用不足；壁画以外的历史文化研究不足；缺乏体验项目和空间	石景山区文旅局	法海寺壁画研究院，复合壁画展示、研究、文创开发等多种功能
2	承恩寺	全国文保单位	燕京八绝，对外开放	利用方向与建筑关联性弱，建筑历史文化挖掘不足	石景山区文旅局	挖掘文化历史资源，拓展利用方式

续表

序号	名称	建筑类型	现状	问题	利用单位	活化利用建议
3	田义墓/石景山石刻文物园	北京市文保单位	石刻文物园，对外开放	利用主题不鲜明，人流量少，宣传力度不足，文化挖掘缺乏	石景山区文旅局	挖掘石刻艺术，挖掘墓园传统文化
4	中国第四纪冰川遗迹陈列馆	北京市文保单位	陈列馆，对外开放	人流量少，科技主题不鲜明	石景山区文旅局	突出科技主题，与校园实践相结合
5	西老爷庙/古道斯存	石景山区文保单位	游客中心、咖啡馆，对外开放	人流量大，文化宣传及文创产品缺失	石泰、泰福恒有限责任公司	增加模式口文化地图等宣传图册及文创产品
6	东老爷庙	石景山区文保单位	关闭，未知	未向公众开放	石泰、泰福恒有限责任公司	开放

资料来源：作者自制

（三）引入社会资本，建立数字博物馆

开启“政府主导、社会参与、专家把关、市场化运作”的模式，将永定河文化搞活。以北京市文物局及相关单位为主导，积极引入社会资本，多渠道提供资金、人力、物力支持。深入研究永定河历史文化、保护与活化利用，开展专项课题研究，从而能够深入挖掘永定河历史文化，丰富其文化内涵。加强数字体验场景，打造数字博物馆。设计数字模拟体验场景，让公众能亲自参与，亲身感受。如以数字模拟的形式再现洪水咆哮的永定河，让参观者感受大自然的威力，产生身临其境的感觉，从而使他们能直观地感受永定河的魅力与威力。

五、结语

挖掘永定河的历史文化，拓展旅游资源，打造不同主题的特色主题旅游探访路线，提高永定河沿线地区吸引力；可以保护传统文化，打造永定河文化品牌，以文化赋能城市发展，更好地满足人民群众日益增长的精神文化需要；可

以促进西山文化建设，青山绿水，就是金山银山，加快推进首都城市西大门建设，促进沿岸地区快速发展。

（第一作者简介：胡燕，北方工业大学建筑与艺术学院副教授，长期从事工业遗产、北京老城历史街区保护与利用研究。）

圆明园农业建筑景观中的帝王情志

李 姝

摘要：圆明园有不少与农事相关的农业建筑群及乡村山野景观，如北远山村、多稼轩、耕云堂等。清代帝王们于此纵目畅情，寄寓着帝王情志。他们一方面热情赞叹着田园风光，驰骋着浪漫的江南想象，一方面观稼验农不忘国事。他们体恤农情，对稼穑之艰表示同情和怜悯，也为丰收感到喜悦。圆明园农业建筑、农事景观的盛行，除了与深宫久居的帝王对自然田园风光的天然向往有关之外，也与清朝以农桑为本的立国方针密不可分。

被誉为“梦幻艺术的崇高典范”“万园之园”的圆明园，在清朝大部分时间是帝王们的避暑行宫、听政之所，是他们的休闲游玩乐园。圆明园彰显着皇家的气派，也见证了中国最后一个帝王家族的兴起和衰落。除了金碧辉煌的宫廷建筑、造型别致的西洋景观、玲珑剔透的楼阁亭台之外，圆明园中也有不少农业建筑群及与农事相关的山村乡野景观。清代帝王们于此纵目畅情，寄寓着帝王情志。

一、圆明园与农事相关的建筑景观

圆明园最有代表性的农事景观当数位于大北门内偏东的北远山村。北远山村建于雍正晚期，原名“北苑山房”，内有殿名“课农轩”。据《北远山村诗序》记载，该景区“循苑墙度北关，村落鳞次，竹篱茅舍，巷陌交通，平畴远风，有牧笛渔歌与舂杵应答。读王储田家诗时遇此境”①。可知该村落临溪而建，两岸竹篱茅舍参差错落，周边禾畴弥望，渔歌互答，俨若江南水乡。

若帆之阁位于圆明园北大门内东侧，西南与北远山村相望，又有耕云堂，

① 清高宗．北远山村诗序：卷二十八［M］//于敏中，等．日下旧闻考．北京：北京古籍出版社，2000：1364.

乾隆曾有《耕云堂》诗“山堂近北墙，俯视见墙外。墙外复何有，水田横一带”① 以描绘其景色。

图 1 《御制圆明园四十景诗》之“淡泊宁静 ”

来源：（清）沈源、唐岱，83×76cm，绢本彩绘，法国国家图书馆藏

又有建筑群名“淡泊宁静”。雍正五年（1727）建成，成田字形建筑，始称“田字房”，后改称“淡泊宁静”。田，乃农桑根本。该建筑采用了隐喻的手法，用“田”字的形式来呈现帝王对农业重视的心态。象征着天下九州的广袤耕地，更寄寓了帝王以农为本、心系农事之意。“是地也，西山远带，碧沼前流……其北则稻田数亩，嘉禾生香蔼闻于室。”②

① 清高宗．乾隆御制诗文全集：第五册［M］．北京：中国人民大学出版社，1993：720.

② 清高宗．田字房记：第 1300 册［M］//纪昀，等．影印文渊阁四库全书．台北：台湾商务印书馆，1982：342.

图 2 田字房大殿，见《御制圆明园四十景诗》之“淡泊宁静”
来源：（清）沈源、唐岱，83×76cm，绢本彩绘，法国国家图书馆藏

映水兰香、水木明瑟与淡泊宁静紧邻，三景周边有大片稻田，建筑各有特色，其中建筑命名也多与农事有关，表达皇帝重农、观农、以农桑为本之意。

在淡泊宁静之西，有以多稼轩殿为核心的建筑群映水兰香。多稼轩东又有紧邻稻畦而建的一座敞厅名观稼轩。观稼轩建于高台之上，不设户牖，可以凭东窗观稼，俯瞰水田。多稼轩大殿墙壁上画有农器十具图像。乾隆时期又将元代的《耕织图》藏于此轩。其后有怡情悦目、稻香亭等景观。各建筑之间弥望皆为稻田。

自淡泊宁静过桥向北即是水木明瑟，中有耕织轩。雍正帝早年所写《耕织图》描绘了这一带的景色：“轩亭开面，原隰对畇畇。禾稼迎窗绿，桑麻窣地新。檐星窥织火，渠水界田畛。辛苦农桑事，歌诗可系豳。”① 水木明瑟主体建筑临溪而建，名为“丰乐轩”。在该景区中，有以水推动的“风扇室”，供皇帝消暑。景区内耕种良田数亩。

杏花春馆模拟农村风光而建，最初名为“菜圃”。中南部建有菜园，菜地四周修建有大小不同的农舍，一派村野景象。后因菜地四周有大量杏花树，而化用杜牧《清明》诗“借问酒家何处有，牧童遥指杏花村”命名。《杏花春馆诗序》载：“由山亭逦迤而入，矮屋疏篱，东西参错。环植文杏，春深花发，灿然如霞。前辟小圃，杂莳蔬蓏，识野田村落景象。”②

---

① 冯树林，冯春江，编．雍正诗词集注［M］．北京：团结出版社，2014：201.

② 清高宗．杏花春馆诗序：第二十八卷［M］//于敏中，等．日下旧闻考．北京：北京古籍出版社，2000：1341.

图 3 《御制圆明园四十景诗》之“杏花春馆”
来源：（清）沈源、唐岱，83cm×76cm，绢本彩绘，法国国家图书馆

紫碧山房位于圆明园西部，为乾隆亲自设计。北有霁华楼，乾隆有同名诗称：“快雨常教继快晴，楼窗霁映远山横。清风百里吹华黍，纵目能无一畅情。”① 在霁华楼上，不仅能登高望远欣赏西山风景，更可观望园外百里的农田禾黍，使人望之而“畅情”。

此外，景区内还有丰乐轩，乾隆有诗《丰乐轩》记载了“园中辟弄田，课量观耕耘”的日常生活场景，并点明其“祈岁祝丰乐，丰乐岂易云”② 的取名用意。其西南有一座三开间小殿，名“贵织山堂”，在其中祀蚕神。该景区东侧还开辟农田设有“学圃”，东侧土岗上的景晖楼面向园内的学圃菜园，可以观察园内农作物的生长。乾隆帝在这里可以“因迥得高楼，疏前纳远畴”③。

二、农业建筑景观里的帝王情志

颇具乡野之风的农业景观与富丽堂皇的宫殿、精巧典雅的园囿，组成了圆明园别具风格的园林景观。清帝对上述诸处农事景观青睐有加，曾多次前往游览。帝王们纵目畅情，热情赞叹着田园风光，驰骋着浪漫的江南想象。与此同时，他们观稼验农、体恤农情，为丰收感到喜悦，也对稼穑之艰表示同情和怜悯。

---

① 清高宗．乾隆御制诗文全集：第五册［M］．北京：中国人民大学出版社，1993：593.
② 清高宗．乾隆御制诗文全集：第八册［M］．北京：中国人民大学出版社，1993：687.
③ 清高宗．乾隆御制诗文全集：第四册［M］．北京：中国人民大学出版社，1993：423.

（一）浪漫的江南想象

“湖山岂不美，最喜是田家……城市厌笙歌，农讴惬听多”①，自然清新的山水田园风光对自小生长在深宫高墙内的帝王具有天然的吸引力。面对清幽秀美的田园，他们即兴挥毫，热情赞叹。“山容染黛水澄泓，面面江村画意迎”②“青蒲白芷碧溪湾，入影新螺过雨山”③ ……山如黛水含烟，柳丝轻拂，棹翻碧浪，可谓是风景如画，诗意盎然，也常引发他们诗情画意的联想。乾隆在诗中描绘北远山村景象：

> 矮屋几楹渔舍，疏篱一带农家。独速畦边秧马，更番岸上水车。牧童牛背村笛，馌妇钗梁野花。辋川图昔曾见，摩诘信不我遐。④

诗中仅简单罗列日常农事之景，以简淡之语、白描笔法轻松勾勒了江南村落的景象。另一首《北远山村》诗又提道“桃李清溪穿一带，诗吟摩诘雅相投”⑤。这幅简远悠然的江南村落图如王维的辋川图，天然素朴、意境疏朗。

在《水村图》中乾隆将眼前所见“白芷青蒲绿水涵，槿篱茅舍学江南”之景，比拟有如赵孟頫的水村图，其《水村图三首》写道：“比似石渠同上品，饶他活处是宜游。”⑥ 而将绘雨经舍的景色比拟为文伯仁的《听雨楼图》⑦。

农事景区离不开农事活动。“蓑笠农人浸种去，钩筐妇女采桑还。”⑧ “田间野老骑秧马，术上牯牛转水车。”⑨ “最爱鳞塍方脉起，扶犁叱犊一声声。”⑩ 农夫们耕地锄犁、农妇采桑织布，牧童牛笛、村舍渔歌，这些辛勤劳作的农事活动和农事音声，也被帝王们采撷入诗、放声歌颂。

（二）观稼验农与治国理政

虽有对田园风光的赞叹，但帝王们不忘多次强调自己不是为了游赏风景，

① 清高宗．乾隆御制诗文全集：第二册［M］．北京：中国人民大学出版社，1993：489.
② 清高宗．乾隆御制诗文全集：第一册［M］．北京：中国人民大学出版社，1993：572.
③ 清高宗．乾隆御制诗文全集：第四册［M］．北京：中国人民大学出版社，1993：291.
④ 清高宗．北远山村诗序［M］//于敏中，等．日下旧闻考．北京：北京古籍出版社，2000：1364.
⑤ 清高宗．乾隆御制诗文全集：第四册［M］．北京：中国人民大学出版社，1993：291.
⑥ 清高宗．乾隆御制诗文全集：第四册［M］．北京：中国人民大学出版社，1993：426.
⑦ 清高宗．乾隆御制诗文全集：第五册［M］．北京：中国人民大学出版社，1993：323.
⑧ 清高宗．乾隆御制诗文全集：第一册［M］．北京：中国人民大学出版社，1993：733.
⑨ 清高宗．乾隆御制诗文全集：第一册［M］．北京：中国人民大学出版社，1993：592.
⑩ 清高宗．乾隆御制诗文全集：第一册［M］．北京：中国人民大学出版社，1993：572.

而是带着观稼验农的目的而来，如“敲诗饶有廑农意，不是寻花问柳船”①。在《多稼轩十景诗》中，乾隆亦写道：“台上疏轩不设棂，便于观稼验农经。兴锄时节知犹未，一意四时那有停。”② 多稼轩不设窗牖，就是为了便于观稼验农。其《映水兰香》诗写道：“园居岂为事游观，早晚农功倚槛看。数顷黄云黍雨润，千畦绿水稻风寒。心田喜色良胜玉，鼻观真香不数兰。日在豳风图画里，敢忘周颂命田官。”③

《豳风》为《诗经》中豳地民歌，多描写豳地农家生活辛勤劳作的情景，反映了当时农业生产情况和农民的日常生活情况，是中国最早的田园诗。《周颂》也为《诗经》的篇章总名，是先秦时代的宗庙祭祀所奏的乐舞歌，祭祀的对象包括祖先、天地、农神等。乾隆表示，眼前的稻畦禾风让人心醉，但更重要的是在这片辛勤劳作的豳风图画里，他时刻谨记着不违农时，以农桑为本。

在《学圃杂兴五首》里，他既表达了对紫碧山房学圃景区的喜爱之情，也一次次强调农业生产的重要性：

北村有隙地，种树还艺蔬。清溪贯其间，不井可辘轳。将谓无愁旱，川涸圃渐枯。乃悟凡百为，省力非良图。

雨足百谷滋，我圃亦日好。烟甲黄转绿，萎叶润苏槁。果可待秋实，菜即摘露晓。圃人乃色欣，资益良不少。高谢汉阴翁，勤恁瓮自抱。

年年问所获，不偿灌艺资。信斯恒失利，外应无圃师。我非事辜榷，人情亦欲知。为公与自为，所差在毫厘。既惭彼刍荛，小节应听之。

樊迟请学圃，子云小人战。偶观自无碍，町疃左右开。顺木为政方，佐谷祈年怀。

漾舟进圃门，夹岸菁葱美。云凑又霏丝，便因观雨里。既易宁忘艰，对此还思彼。于焉乐生意，亦以参物理。光明祝匏瓜，吾谋非为己。④

这五首农事诗风格与主题皆十分统一，较少景物描写，而是把侧重点放在议论说理上，强调无论“为公与自为”，课农学桑都十分必要，需顺应农时，辛

① 清高宗．乾隆御制诗文全集：第一册［M］．北京：中国人民大学出版社，1993：572.

② 清高宗．乾隆御制诗文全集：第九册［M］．北京：中国人民大学出版社，1993：313.

③ 清高宗．北远山村诗序：第三册［M］//于敏中，等．日下旧闻考．北京：北京古籍出版社，2000：1359.

④ 清高宗．乾隆御制诗文全集：第三册［M］．北京：中国人民大学出版社，1993：734.

勤耕作。此外，他还认为课农学桑与治国理政相通。要顺应天时、民意，不能“好烦其令”，所谓“顺木为政方，佐谷祈年怀”。要让百姓幸福、国家长治久安，就不要根据自己的喜怒哀乐经常地变换命令，随便地瞎折腾。

（三）体恤农情祈盼丰收

农业生产并不总是天遂人愿，更不能一劳永逸，不仅需要勤勤恳恳一年的辛苦劳作，最后收成还得看天意。农事诗中也并不总是乡村牧歌式的风景田园和丰收赞叹，帝王们在农事诗中，也流露出了对农民的体恤和农业生产能否获得丰收的担忧。以乾隆《耕云堂》《丰乐轩》两首诗为例：

> 山堂近北墙，俯视见墙外。墙外复何有，水田横一带。绿云蔚芃芃，怒长雨既霈。耕耘忙农夫，胼胝力诚惫。所以廑祈年，斯实苦之最。①
>
> 小轩题丰乐，久矣焕奎文。园中辟弄田，课量观耕耘。祈岁祝丰乐，丰乐岂易云。九州伙三农，胥愿登高囷。乐少忧实多，家法遵惟勤。②

第一首，肯定了水田里的丰收胜景离不开胼胝耕耘的农夫。第二首，表达丰乐的祈愿，同时也清醒认识到“丰乐”之不易。两首诗都难能可贵地站在农民的角度着想，感叹农民、农业生产之不易，同时不忘约束自己不违祖宗家法，勤俭劳作。

嘉庆帝曾写有《多稼轩》诗及注，以表其领会先祖验农的教诲：

> 御园辟地阡陌连，学稼欲探其大略。课晴量雨愿协和，收麦耘和验时若。食乃民天在务农，艰难力穑邦本托。疆理弄田祖泽深，示俭知依勉守约。
>
> 诗注：御园隙地，垦为广亩，种植麦禾，课雨晴，验丰歉，知稼穑之艰难，厘三农之作苦。董即近征远之意也。兹地为皇祖所辟，知依法俭，寓意精深。每当几暇来临，目击如云，不觉勤民之念与肯获之心并且尔。③

嘉庆帝的诗与乾隆的两首可谓是一脉相承，点明民以食为天，务农稼穑为

① 清高宗．乾隆御制诗文全集：第五册［M］．北京：中国人民大学出版社，1993：720.

② 清高宗．乾隆御制诗文全集［M］．北京：中国人民大学出版社，1993：687.

③ 清高宗．北远山村诗序［M］//于敏中，等．日下旧闻考．北京：北京古籍出版社，2000：285.

立国之本。作为康乾盛世的继承者，他深知皇祖开辟御园隙地的良苦用心在于训诫子孙、知稼穑之艰难、体恤民情，从而勤俭节约。因而可以说重农、悯农、恤农是圆明园农事诗的一个独特且重要的主题。

“欲阜吾民无别术，虔恭一意为祈年”①，在以农业为本的社会，雨水的多寡关系着一年收成的好坏。作为一统九州山河的一国之主，他们势必要观察天候以验农时，祈愿年丰物阜，同时也为如愿而来的风调雨顺、岁稔年丰倍感欣喜。

杏花春馆有一轩名“春雨轩”（参见图4），为乾隆常来之所，因“溪上轩成春雨时，佳哉遂以与名之”②。自春雨轩建成后，连年春雨不断。乾隆常来此地观览，并写诗赞叹：“春雨名轩果是奇，自兹春雨每逢之。最优渥者为今岁，未烂漫兮恰好时。彻日彻宵还莫问，或疏或密总相宜。凭栏却幸何修遇，喜共东郊农父知。”③“果是奇”“每逢之”“最优渥”“总相宜”等字句中，惊喜之情溢于言表，在乾隆看来，一切都是那么恰合时宜，让人感到愉悦。结尾处与东郊灌溉农作物的盼雨农父同乐，体现了其体察农情、关心农业的思想。在另一首同题《春雨轩》诗中，他赞美道：“文轩岂不佳，一年有数到。率因雨知时，乃来观其妙。是盖弗易得，艰致从吾好。今朝霏细澍，烟中穸窈窕。真树濯祥花，假山藏迴峤。轩傍开菜圃，疑是芝田墺。所欣在兹乎，因近远可校。”④ 及时雨的到来，让春雨轩显得格外神奇。烟雨中的碧树、祥花分外动人。但更让人欣喜的是春雨轩旁的菜圃，生机勃勃，呈现一派丰收景象，让人以为是神仙开辟的芝田惠圃。

---

① 清高宗．乾隆御制诗文全集：第四册［M］．北京：中国人民大学出版社，1993：386.
② 清高宗．乾隆御制诗文全集：第九册［M］．北京：中国人民大学出版社，1993：761.
③ 清高宗．乾隆御制诗文全集：第四册［M］．北京：中国人民大学出版社，1993：775.
④ 清高宗．乾隆御制诗文全集：第五册［M］．北京：中国人民大学出版社，1993：179.

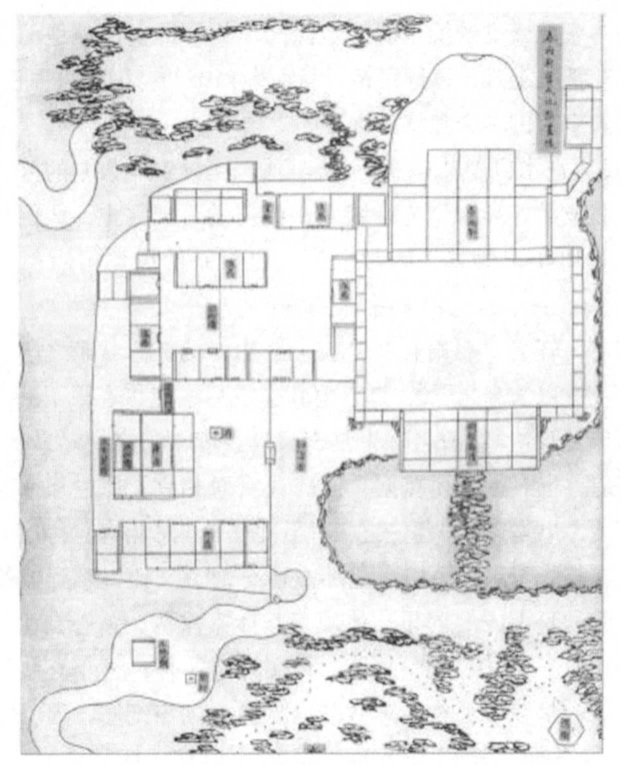

图 4 《春雨轩旧式地盘画样》，44.6×36cm，款式：墨线淡彩，图纸：呈样。来源：国家图书馆馆藏，样式雷排架 028-2 号

除此之外，还有一首《春雨轩小坐因而成咏》："去岁春雨好，轩成因名之。今年春亦雨，清跸方东移。归来已夏月，始佳后愆期。侵寻亟待泽，沾足幸今兹。砌葩鲜以馨，屏林华且滋。所喜不在此，开畦绕前墀。菜甲既勃生，麦穗方饱垂。学圃岂鄙哉，验农亦因斯。先是虽慰志，后来复愿时。"①

这一次，乾隆又来到了春雨轩凝神小坐，放眼望去，周围的植物葳蕤繁茂。但他表示，让自己感到喜悦的并不是这些只有审美功效的绿植，而是菜圃中蓬勃生长的菜苗、壮硕的麦穗。在这些诗歌中乾隆反反复复地言说着丰收的喜悦，表达了他对农业的关心和重视。

三、圆明园农业建筑景观盛行之成因

圆明园农业建筑、农耕文化的盛行，与清朝以农桑为本的立国方针密不可

① 清高宗．乾隆御制诗文全集：第三册［M］．北京：中国人民大学出版社，1993：422.

分。康熙年间，圣谕中就提出《重农桑以足衣食》：

> 朕闻养民之本在于衣食，农桑者衣食所由出也，一夫不耕或受之饥，一女不织或受之寒。古者天子亲耕、后亲桑，躬为至尊，不惮勤劳，为天下倡……自古盛王之世，老者衣帛食肉，黎民不饥不寒，享庶富之盛，而致教化之兴，其道胥由乎。①

此外，他还在《农桑论》里得出结论：农桑，王政之本也。将农桑提到至高无上的地位。

雍正将重农桑的王政之本贯彻于方方面面。他在《圆明园记》中说，建圆明园是为了“宜宁神受福，少屏烦喧，而风土清佳，惟园居为胜……构殿于园之南，御以听政。园之中或辟田庐，或营蔬圃。平原月无，喜迎穰，等一眺览，则遐思区夏，普祝有秋。至若凭栏观稼，临陌占云，望好雨之知时，冀良苗之应候，则农夫勤瘁，穑事艰难，其景象又恍然在苑囿间也”。可见雍正之所以在圆明园中开辟了如此之多的田地或菜圃，正是为了能在休憩之余，于园中观验农事、察验农情，时刻体现自己不忘根本。这别具一心的开辟弄田之举体现了他坚决贯彻康熙帝“重农桑以足衣食”的富国之策。

其子乾隆帝在即位之前为圆明园淡泊宁静所写的《田子房记》，点明了其父造园之旨意“其北则稻田数亩，嘉禾生香，蔼闻于室……盖我皇父重农之心，虽于燕闲游观之所，亦未尝顷一刻忘也”②。追念其父虽身在御园仍不忘体恤农情的拳拳爱民之心、以农为本的为政之举。

乾隆九年（1744），乾隆又在诗中追溯并赞叹祖宗们御园亲耕之举：

> 我朝得天下，马上搴旗帜。创武守以文，耕稼尤留意。皇祖绘为图，种获编次第。皇考耕籍田，岁岁禾双穗。谓是御园中，朝暮便亲视。③

他认为清朝虽是马上得天下，但江山的稳固和昌盛离不开皇祖对耕稼之事的重视。而他自己也在实际行动中贯彻着祖辈以农立国、重视农业的治国方针。

---

① 清高宗．北远山村诗序［M］//于敏中，等．日下旧闻考．北京：北京古籍出版社，2000：114.

② 清高宗．田字房记：第1300册［M］//纪昀，等．影印文渊阁四库全书．台北：台湾商务印书馆，1982：342.

③ 清高宗．乾隆御制诗文全集：第一册［M］．北京：中国人民大学出版社，1993：670.

在《观稼》诗及注中，形象地记录了他关心农业农情的心理：

夏秋旸雨幸调匀，观稼欣观铚艾新。忧切不孤勤一已，稔连差足慰全民。

诗注：昨岁各省秋收自八九分以至十分，可称大有，今岁闽省已报早稻收八分有余。山东亦报约计收成九分有余，滇省则早者收足九分，晚禾亦极丰蔚，其北省之直隶、豫、晋、陕、甘，南省之江、浙、江西、湖北及边省之黔、粤，均经各督抚奏报雨水调匀，禾谷畅茂，丰稔可期。兹阅山田秋稼亦全熟，待获屡绥之象，实可为寰宇群黎庆矣。①

他清醒地认知到，只有得到寰宇群黎之庆，江山的统一、皇权的稳固才有坚固的基础。只有岁稔年丰、物阜民安才能真正实现万方安和、九州清晏的美好愿景。可以说，圆明园农业建筑、农业景观的盛行是清朝以农立国方针在建筑景观营造上的直接体现。

除此之外，清代帝王大多受过良好的诗文教育，对江南田园风光有着浪漫的想象。深宫久居，又增添了对自然田园的天然向往。

总的来说，圆明园中的农业建筑景观是皇家园林中别具一格的存在。清代帝王于此驰骋着浪漫的江南想象，同时不忘观稼验农体恤农情。这些农业建筑景观里体现着清代重农桑的治国理念及醉心田园以怡情的帝王情志。

（作者简介：李姝，北京建筑大学人文与社会科学学院讲师，主要研究方向为中国古代文学。）

---

① 清高宗．乾隆御制诗文全集：第六册［M］．北京：中国人民大学出版社，1993：489.

北京三条文化带建设视野下文化遗产数字化的三部曲

李卫伟

摘要：本文在中观视角上分析阐释了数字化时代和国家数字化战略规划的大背景下，北京三条文化带建设融入数字化技术的方法和途径，将其归纳总结为三部曲。首先，分析了三条文化带的文化遗产在保护利用和传承方面存在的六个主要痛点问题以及市场上成熟的能为文化遗产赋能的三类数字化软硬件装备。其次，在数字装备的赋能下，阐述了如何创造能够解决痛点、创造多样丰富且与其他行业融合发展的文物保护和活化利用内容与形式，提出了打造文化遗产 IP 的重要性。最后，在众创平台共享数字思维的赋能下，提出了可以落地更多项目和应用场景、打造良性循环和可持续发展的文化遗产产业链，以期融入社会大产业链，形成充满生机和活力的文化遗产生态。

北京在“十四五”时期的文物重点工作中，提出了建设长城文化带、大运河文化带和西山永定河文化带的宏伟蓝图。无论是文化带建设的理念，还是具体落地实施的项目，其根本目的都是为了文化遗产永恒的主题——“保护、利用与传承”。如何更好地实现“保、用、传”，每一个层面都有自己的视角及由这种视角所产生的方式与途径。至于技术层面以及由技术所引发的理念层面更新，数字化技术和数字理念的融入是大势所趋，也是时代的呼唤。

一、数字时代背景下对三条文化带建设的思考

2019 年是我国 5G 元年，随着武汉、上海、北京等城市的试点运行以及 2020 年的全面铺开，预示着我国已经进入 5G 时代。我们已经深刻感受到了 4G 带来的巨大改变，包括每个移动终端可以便捷地随时随地高速通信以及由这种高带宽所带给我们的生活便利性和生活习惯的改变、工作方式的改变，甚至是就业途径的改变，如美团外卖、抖音、小红书、滴滴出行、通信会议等新产业、

新领域。在这些改变的背后是上千万的网约车司机、数千万的快递员、外卖员以及数百万的自媒体主播，还有数不清的为这些主播服务的写手、视频拍摄剪辑人员，更为重要的是，这只是2G以来培育新产业链的一部分。而对于具备了更高带宽、更低延迟、更多连接三大特性的5G来临后的变化，业界有这样一句经典的预测："4G改变生活，5G改变社会。"①

这一切的改变只是我们所处数字时代一项代表技术所引发的改变。数字时代还有如人工智能、大数据、云计算、脑机接口等技术。2021年，随着各种数字技术的成熟，FACEBOOK的首席执行官扎克伯格宣布将公司改称为"META（元宇宙）"，公司全面进军和打造元宇宙。扎克伯格的这一决定引爆了元宇宙概念，随之包括中国的腾讯公司以及世界很多互联网巨头公司也都纷纷表示要打造元宇宙。因此，2021年被称为元宇宙元年。随着元宇宙的到来，很多专家都预测元宇宙是数字时代人类未来的一大归宿。

面对汹涌而来的数字技术狂潮，文化遗产从业者应该如何应对？文物行业该何去何从？面对各行各业不断推出的创新与跨界，文物这棵"老树"该如何开出"新花"？

2023年2月，中共中央、国务院发布了《数字中国建设整体布局规划》②，这份规划对数字化技术的作用与意义给予了这样的表述："加快数字中国建设，对全面建设社会主义现代化国家、全面推进中华民族伟大复兴具有重要意义和深远影响。"2023年11月，中央宣传部、文化和旅游部、国家文物局等十三部门联合印发了《关于加强文物科技创新的意见》，其中强调"推动文物资源数字化、智慧博物馆建设、大遗址展示等关键技术研发与应用示范"。

当然，无论是能够高效运算的量子计算机或者可以深度自主学习的人工智能，还是具备了高带宽、多连接、低延迟的5G技术，都需要得到广泛认可和普及，更需要有大量应用场景的落地生效。

"三条文化带建设"是一项涉及北京全域范围、以文化为核心的重大工程。作为首都和全国文化中心，在宏观上应率先落实国家的政策、战略与规划，并基于大众立场，让文化带建设的红利落地开花，惠及大众。对此，本文将从如何推动技术融合落地的角度，基于中观视角，探索一种新技术赋能的方法和途径。具体而言，就是从"三条文化带"建设的视角，提出文化遗产与数字化技

① 戴浩.4G改变生活，5G改变社会［J］.投资与理财，2020（2）：1.

② 国家图书馆研究院.中共中央 国务院印发《数字中国建设整体布局规划》［J］.国家图书馆学刊，2023，32（2）：69.

术结合的“三部曲”。

二、三条文化带建设中文化遗产和数字化技术结合：“知己知彼”

（一）知己：文化带的文化遗产自画像

做到知己可以通过自画像的方式。北京文化遗产包括不可移动文物、可移动文物、非物质文化遗产，这些文化遗产资源总体是清楚的。因此，“三条文化带”建设的自画像应当主要围绕遗产在保护、展示传播、活化利用、技艺传承等方面存在的痛点问题进行描绘。同时，自画像重点还要描绘出北京乃至我国数字技术的应用现状。

据此，笔者总结了北京文化遗产存在的痛点问题。

1. 北京文化遗产保护的主要痛点

（1）保护中的主要痛点

在文物保护中，微观畸变病害是目前最难以处理的痛点之一。尤其是不可移动文物，多为露天存放状态，材质多属砖石、木质或两者混合的材质，金属材质数量较少。因为长期暴露接触风雨雷电或人类活动，十分容易产生病害，尤其是隐蔽部位。微生物、风化酸雨、形变等问题，他们都是长时间、慢进程、隐蔽、微小变化的，观测十分困难。

（2）在内涵挖掘与展示上的主要痛点

痛点之一是“无言的文物”。目前绝大多数的文化遗产，包括不可移动文物、可移动文物以及非遗传承人制作的工艺品，对其介绍大都是一块文字说明牌，很多非公园、景区甚至还没有这块信息量极少的说明牌。文化遗产背后丰富的知识和内涵很难充分表达，极大限制了遗产的传播力和知识带来的创造力，需要技术手段的赋能，编制其知识图谱。

痛点之二是隐藏的文物。隐藏的文物有两类。第一类是馆藏可移动文物。根据2017年的统计，故宫博物院展出的文物数量，仅占院藏文物总数的2%左右，并且故宫还存在一些未开放区域，这种情况在各省市博物馆、文物保护单位普遍存在。第二类是那些已经消失或者局部消失的建筑遗产。他们有的因改朝换代，有的因战火摧残，总之，在人类历史巨轮的转动过程中已化成尘烟。

痛点之三是“无关联”的文物。这种“无关联”体现在两点，一种是文物本身在异构资源之间缺乏融合联系，如可移动文物、不可移动文物、非物质文化遗产之间缺乏互动。而在古代不可移动文物建筑很可能是用非物质文化遗产技艺建造的，且建筑内摆放的是现在的可移动文物。另一种是同一类型的文物与文物之间也缺少关联。因此，很难构建起知识图谱。

痛点之四是小众化文物。一方面，文物行业门槛很高，尤其是培养一名专家、高级技术人才，往往需要十年甚至数十年，这就造成了人才稀缺。另一方面，文物行业从业人员数量极少。笔者粗略估算，北京从事可移动文物和不可移动文物的人员大约 2000 人，基本上与一家大型制造企业相当。而在经济规模方面，每年北京市政府拨款给各级文保部门约 10 亿元人民币。这一经济体量基本上相当于一款热销游戏。根据腾讯发布的年报，截止到 2021 年，其旗下的一款游戏“王者荣耀”营收超过 100 亿美元，年均超过 10 亿美元。对比 10 亿元人民币，经济体量可见一斑。而这样规模的经济体量也是文物小众化的重要原因。

（3）技艺传承中的主要痛点

珍贵的文物与技艺传承人缺乏。长久以来，文物修缮和修复人才的困境问题未能彻底解决。如文物建筑修缮中，匠师缺乏的现象十分明显。目前，工地上工作的匠师多为“老师傅”，年轻人十分缺乏，其原因多种，而技术和手艺的传承极为迫切。

（4）考古挖掘中的痛点

“神秘”的考古和“考古的一次性”。对一般人而言，能亲眼见到考古都已经是很难的事情了，参与考古的机会则更少。目前，公共考古的数量很少，因此考古被蒙上了神秘的面纱。而更为严峻的是，很多基建考古都是“一次性”的。大多数基建考古之后，考古现场都被填埋。大量考古数据无法被全面真实记录下来，十分可惜。

2. 我国目前文物数字化现状

从中央到地方，各级政府都在大力支持文物的数字化。几乎每一个省市都有数字化项目落地实施，也出现了如敦煌研究院、故宫博物院这样的领头羊。数字化呈现出了蓬勃发展的态势。但是，无论是 5G 还是数字化技术，在应用过程中走一定弯路都是必然的，这就好像一个孩子学习走路，跌倒和不稳定是必然的一样。我国目前文物领域的数字化应用主要存在这些问题：一是数字化市场水平参差不齐；二是高质量的产品仍然不多；三是文物数字化普及度仍然不高；四是尚且没有形成成熟的、可复制推广的模式；五是尚且没有形成稳定的投入产出经济模式。

当然，分析问题进行自画像，是为了更好地解决问题。只要方向是正确的，一小段弯路就是旅途的插曲。我们应该坚定信心，让我国的文物在 5G 和数字技术的赋能下，迈向广阔的未来。

（二）知彼：充分了解市场上已有的适合文化遗产的软硬件装备

认识了存在的主要问题，就要利用技术解决问题。使用市场上已有成熟的软件、硬件装备是高效解决问题的有效途径。对市场上已有设备进行充分调研，筛选适合文化遗产领域的技术手段、软件和硬件，并做出尝试是必不可少的。根据笔者十余年来对市场各种设备的观察实践与总结，认为以下几种类型的装备应用于文化遗产的“保护、利用、传承”，将具有广阔空间和巨大潜力。

1. 三维信息采集设备

2018年巴黎圣母院发生火灾，万幸的是巴黎圣母院在火灾之前进行了文物信息采集，而且采用了一种被称为“所见即所得”的“全信息数据”采集方式——三维激光扫描技术。这样巴黎圣母院几乎可以毫无差异地复原烧毁部分。这让人们看到了文物信息采集与保存的重要性。而在此之前，三维激光扫描技术应用于其他行业已经十分广泛，我国和世界各国在文化遗产领域的应用也屡见不鲜。这种记录和测绘方式成为目前采集信息最全面、效率最高的技术手段。

同时，笔者预测，由扎克伯格引爆的元宇宙建设的不断扩大，三维信息采集技术通过全信息采集而形成数字孪生，将现实世界物体映射到数字元宇宙空间的能力，将使得这种技术得到更广泛应用，也将产生更大规模的市场需求。

然而，值得注意的是，三维扫描仪有很多类型和型号。各种类型、型号都有各自的适应对象与场景。往往一处文化遗产、一件文物需要使用多个类型和型号相互配合才能完成。对文物信息的采集不但要选设备、种类，而且还要根据文物的类型、区位、结构特征等，设计相应的扫描站点网、精度及作业方案和后期软件可承受能力。除了本次需求和存档之外，在采集和数据处理时还要制作和输出适应更多方向的数据格式。因此，目前在三维技术尚未普及大众，珍贵的文化遗产必须由专业团队制订详细的技术方案，才能更好地采集遗产信息，并有更好的使用场景。笔者根据市场上不同类型的三维激光扫描设备以及其适应的文化遗产类型，制作了一个表格供参考（参见表1）。

表1　三维激光扫描设备类型及其使用的文化遗产对象表

设备类型名称	适用的文化遗产	精度特点
站式三维激光扫描仪	高大建筑物和建筑群	精度高、毫米级
背包式三维激光扫描仪	大场景	精度厘米级
车载式三维激光扫描仪	大街区	精度厘米至分米级

续表

设备类型名称	适用的文化遗产	精度特点
手持式三维扫描仪	碑刻和小型可移动文物	亚毫米级
台式三维扫描仪	超高精度可移动文物	微米级
近景摄影测量设备	壁画、彩画、书画等色彩信息强的文物和需要高清材质的文物，还适用于为其他扫描设备采集材质与纹理。	厘米级
无人机及无人机携带激光雷达	空中采集，超高建筑物，高空数据及超大范围超大场景地形地貌等。	厘米级至分米级

资料来源：作者自制

2. 以虚拟现实（VR）和增强现实（AR）为代表的显示设备

《未来呼啸而来》① 一书列举了未来九大指数级增长的科技，其中就包括虚拟现实和增强现实技术，其他还包括混合现实（MR），也就是常说的3R。这三类设备对于文物保护而言，意义也非常重大。目前市场上已经有这些产品，如Oculus Rift S系列、Sony PlayStation VR、HTC VIVE系列、Hololens系列（AR/MR）、AR头显设备——HoloLens、Google Glass等等。笔者团队曾制作了一组四合院VR互动场景（参见图1）。

图1　四合院VR互动场景

来源：作者自制

① 张小平．关于未来的六点思考：读《未来呼啸而来》[J]．国际公关，2021（4）：1.

3. 常见的数字化编辑处理软件

目前常见的可以和文化遗产保护结合的软件主要有四类。

第一类是为了获取文化遗产信息或者制作出虚拟数字信息的软件。如制作数字三维模型的软件 3DMAX、Maya、Blender、Cinema4D 等，利用曲线进行工程建模的犀牛、AutoCAD、Alias、SolidWorks 等，利用数字黏土球建模的数字雕刻类软件，如 Zbrush、3D Coat、Mudbox 等，以及利用计算机自动化处理的程序建模软件，如 Houdini 或 Blender 及 Cinema4D 的程序化建模模块等。

第二类是用于处理信息的软件。如摄影建模软件 ContextCapture、RealityCapture 等。处理激光三维点云的各种软件，如 RealWorks、Cyclone、Geomagic 等。此外，还有一种逆向模型，其通过采集大量空间实体数据，真实地获取文化遗产信息，并通过软件优化、清理、处理建立。这种模型基础空间数据来源于现实，加工过程多为优化，其目的为修补维护而非全新制作。

第三类是为了增强展示效果及互动能力驱动引擎。如 unity3d 引擎、unreal 5 引擎（虚幻引擎 5，此软件是一个不断迭代的软件，目前是第 5 代）等。这类软件的主要功能是通过真实的光照、空间环境搭建、渲染处理，使需要专业软件才能够承载、显示的三维模型具有丰富而真实的视觉效果，并通过定制交互规则，制作交互动画，将大量信息进行整合、呈现，并使交互过程更加友好、更符合实际体验。

第四类软件是存储、承载和管理软件。这种软件非常丰富，较为主流的都有几十种，如主要负责地理信息服务的 GIS 软件以及主要用于建筑信息化管理的 BIM 软件等。这类软件可以协助我们更好和更加形象细致地存储与管理数字信息、数字模型。

4. 体感设备和 3D 打印机等设备

以上装备如果说是将现实编程虚拟数字化，体感设备和 3D 打印机等设备则是将虚拟变为可以互动、可以触摸的现实装备，如以 Kinect 为代表的系列体感设备。他们都为文物的展示提供了空间和可能性。3D 打印机在《未来呼啸而来》一书中也被认为是九大指数级设备，为文物的修复和仿真复制提供了无限可能。

三、设计与制作精彩内容是遗产与数字结合：数字时代真金白银

（一）旨在解决痛点的主题内容设计和技术方案

了解了痛点，具备了技能和工具之后，就要用这些科技的神奇力量解决问

题和呈现更加精彩的内容。

面对文化遗产保护传承中的痛点，可利用三维激光扫描的高精度和高覆盖率特点，表现突出文化遗产微观畸变。如可以通过多次三维激光扫描，以数据对比的方式，及时发现文物的微小变化和病害的发展趋势，提前预判危害的产生，为文物保驾护航。在传承方面，也可以用数字化技术制作出相应的工艺流程和操作技巧，让传承人不必再经受酷日严寒的痛苦，通过佩戴头盔、使用手柄等轻松的方式，学习传统手艺和技术。甚至可以将这些技术制作成一些游戏，让更多的年轻人和孩子来参与。

（二）探索创造新“活化利用”内容，形成“保、用、传”良性循环的途径与模式

在文物的保护、利用和传承方面，保护和传承的价值在于产生更多的社会效益。因此，要想产生保护和利用的良性循环，就要让活化利用产生的经济效益反哺保护和传承，形成保护、传承和利用的良性循环模式。同时，必须在数字技术和数字思维的赋能下，创造出更多的方法和途径，打破体制机制限制，开创出更多的、更好的活化利用模式。在传统的业态当中，文化遗产资源往往是旅游、休闲、娱乐和远足的目的地，是展览、展示传播的重要资源，在数字技术的加持和赋能下，这些方式仍然没有改变，但可以开拓出更多的方法和途径。

对此，笔者总结了如下几个方面：

1. 基于5G、虚拟和增强现实技术的文物+娱乐

我们可以想象一下，在5G大带宽的支持下，通过沉浸式的虚拟现实设备观看体育比赛将是一个什么感受？观看一场8K高画质穿越至古代的大片将是什么感受？因此，基于虚拟现实技术的文化遗产展示与娱乐将具有巨大空间。

2. 基于5G和增强现实技术的文物+参观

5G和增强现实的结合将带来“参观”翻天覆地的变革。一座著名建筑背后的故事、历史场景中的历史人物，都可以在5G和增强现实的赋能下，呈现在人们面前，而且可以与现实叠加在一起，实现“时空的穿越”。

3. 基于5G和数字模型技术的文物+体育

随着人们生活条件的提高，健身话题将成为热门。尤其是随着我国老龄化社会的到来，体育健身将具有巨大潜力。因此，“文化遗产+体育内容”的设计将具有同样巨大的发展潜力。

4. 数字化线上博物馆

国际上各国建设线上数字虚拟博物馆的进程差不多是同时进行的。现阶段，

诸如卢浮宫博物馆、大英博物馆、大都会博物馆都已建设出符合其主要展品类型的线上数字虚拟博物馆并已投入应用。游客可以在线上浏览经图像绘制技术所复录下的展品，亦可通过交流学习的板块与其他访客甚至是博物馆的工作人员进行互动。数字化文创也为这些博物馆创造了一条能够获取盈利的渠道。正是因为有较为成熟的数字博物馆搭建技术与构建框架，以及 360、虚拟现实技术的成熟，近三年来我国线上博物馆的数量急剧增加。故宫博物院、敦煌莫高窟、龙门石窟、大足石刻等线上博物馆都十分精彩，让人们能看到很多现场都无法看清和看到的精彩内容。

（三）大力打造具有影响力的 IP 形象

如同泰山是山东的象征，岳阳楼是长沙的代名词，这些都是古人留给我们的巨大 IP。今天仍然需要打造具有影响力的 IP 形象。不光是对物的打造，还包括对人的打造。因为有了马未都、单霁翔，才让更多的人喜欢文物，喜欢古代建筑。因为有了李子柒，让无数年轻人更喜欢汉服，喜欢传统文化，喜欢青山绿水的乡野生活。因此，打造遗产点和遗产代言人具有非常重要的意义。在数字技术的赋能下，我们还必须注重数字 IP 形象的打造。

四、转型数字思维，打造文化遗产可持续发展产业，融入社会大产业链

（一）转型数字思维

在 4G 和 5G 催生的业态中，我们发现“滴滴”将私家车驾驶员也变成了出租车司机。美团外卖为每个人都提供了一个可以成为快递员、外卖员的通道。抖音、小红书为我们每个人都提供了一个成为自媒体播主的途径。由此我们可以看出，数字技术不仅没有摧毁传统行业，而且能够为传统行业赋能。运用数字思维，就是将小众变大众，将企业变平台，将独占变共享，平台众创共享是数字时代的典型思维、代表性思维。

（二）在数字技术赋能下打造充满生机和活力的文化带产业链

文化带的建设依靠众多项目的落地实施，这些项目必然涉及人、财、物，责、权、利等问题，也要面对社会各个产业链如何协同配合的情况，尤其是在融入了新技术之后，很多传统产业链已经被打破。在文化带建设过程中，培育和打造文化遗产的新产业链势在必行。一个充满生机和活力的、良性循环的产业链是不二法门。因为只有形成对经济社会的有力支持，才能有更多的人、财、物投入文化遗产行业，也就是有了强大的经济基础，文化遗产这个上层建筑才能牢靠。因此，必须有数字思维，形成自我良性运转的产业链和集群，持续对

经济社会发展做出贡献，形成投入产出和再投入的良性循环。

（三）融入社会大产业链

由于数字时代的开放、共享、众创特性以及文化带建设的多层面、多群体和多区域交叉、共同建设的特性，决定了长城文化带、大运河文化带和西山永定河文化带建设不但要有各自的核心内容，也要有自己的产业链。同时，还必须要解决不同群体、层面、区域在同一项目的各自角色问题，即谁来主导，谁来协同。这就要求文化带建设必须运用数字思维，以市场和平台为资源配置的重要手段，让文化遗产的产业链更多惠及环境保护、解决就业、增加税收，更好地为旅游提供服务、为文化提供资源、为教育提供素材、为体育提供场所，让自己成为社会大产业链的一环。与此同时，还要用自己的产业链影响社会大产业链，让更多人喜好传统文化、让更多人走进博物馆、让元宇宙有更多文化遗产的数字孪生。

五、结语

“三条文化带”建设虽然是以文化为核心，但也是一个涵盖各方面的综合建设工作，不能仅仅考虑文化遗产因素，更不能只考虑融入数字化技术，而应该综合考量社会构成的各个要素和各个群体，关注民生、生态环境、经济发展等，努力打造一个经济与文化良性循环的产业链，一个惠及大众、有利于国家、引领未来发展趋势的系统。虽然目前文化遗产行业还主要靠政府的资金支持，但希望在以数字技术为代表的新科技赋能下，通过一项项精彩项目的落地、一个个良性循环产业链的打造、一次次融入社会大产业链的尝试，形成一条条充满生机和活力的文化带。

（作者简介：李卫伟，北京市古代建筑研究所建筑历史研究室主任、研究员，主要从事建筑历史与理论、文化遗产数字化保护、测绘与展示传播研究。著有《北京古代建筑思想与特征解析》，参与编著《北京古代建筑精粹》《北京古代建筑大系》《北京四合院志》《北京古迹概览》《北京现存祠庙调查研究》等书籍。曾主持北京文化遗产说明导览系统构建、北京古建筑前导空间设计模式研究、北京市级以上文物保护单位记录档案编制等多项北京市文物局、国家文物局和建设部课题项目。）

文化人才培育视域下北京三条文化带保护的思考

戴荣里

摘要：北京是当今世界上具有丰富文化遗存的城市。本文在思考北京三条文化带的文化价值基础上，提出了做好北京三条文化带建设工作，更好地传承和发展北京文化，需要从不同侧面去发现、引导、培养和使用文化保护人才，让这些人才为北京的文化发展保驾护航，注入时代活力。

近年来，北京在文化保护工作中成效显著，突出提出了“三条文化带”建设的理念。这三条文化带建设，主要是长城文化带、西山永定河文化带、大运河文化带建设。伴之于老城保护的措施，三条文化带建设正成为北京文化建设的主线。

一、“三条文化带”的文化价值思考

（一）具有象征意义的长城

长城这一具有军事防御性质的建筑，不仅见证了历史上的军事争夺，也是建筑与自然完美融合的统一体。从空间位置而言，北京城坐拥北面的长城，历史上用来抵御外族入侵，也是游牧民族与农耕民族明显的分界线，更是两种文化碰撞、交融的产物。长城在今天的意义更多是象征性的，增加了旅游、审美、教化功能，如何讲好长城故事，让更多人在旅游中接受长城历史文化和周边自然风景的熏陶，具有非常巨大的现实意义。长城的走向是东西横向的，与运河南北竖向的走向恰成十字形，而西山永定河文化带的“四岭三川”使北京成为一座三面靠山、山水环绕、面向开阔的大城市。地理位置上的独特性，让这座城市厚重、包容、大气，具有帝京之气势。

（二）山水景色、刚柔相济的西山文化带

西山永定河文化带则有着北京生命之源的美誉。层次分明的“四岭三川”，

形成了北京西山独特的地理景观。西山之山，是层次分明、阻挡风沙、滋养森林的所在，也是为北京市汇聚河流，带来生命饮水资源的山。永定河水滋养着北京城，让北京城在历史发展中不失水文化的意蕴。西山深处，古村落、古道、寺院遗存颇多。近城处的“三山五园”，又成为民众陶冶性情的旅游胜地。西山文化带既为民众提供了生存的依托，又提供了精神滋养的佳境。自然的西山永定河文化带已具有无穷的魅力，近年围绕西山永定河文化带的古村落修建、古道整治和“三山五园”建设，更让西山呈现勃勃生机。从地理方位而言，北京“右领西山”的气势，让北京更有了阔大的胸怀。西山永定河之水的注入与南向流动，给这座城市注入了无限生机。

（三）具有灵动历史感的运河文化

大运河作为历史上南北交通运输水道，南方的丰富物产通过运河运抵北京，带动了运河沿线城市的繁荣，也是京城统摄全国的历史见证者。运河从通州纵穿南北，内接北京旧城河道，来自南方的粮食可以直接运输到城里；外接沿河城市，沿河物产可以船运到北京。运河文化是中华文化发展中的重要一环，关涉城市文化、黄河文化、农耕文化。有研究者发现，国兴则河畅流，国衰则河断流。运河则像一个巨人的血脉，流动与否是其兴衰的表征。运河文化带，近可促成京津冀一体化，远可形成与沿线城市沟通的宏大气势。运河文化带延展的文化意象更为久远。这条始自隋朝、兴于明朝的长河，构成了南北方运输的通道，沉淀了丰厚的历史文化，对运河的开发与利用，成为当下北京城文化拓展的一大支点。特别是通州成为北京城市副中心之后，随着人口的快速递增，运河文化亟待更全面地发展。运河不仅是民众观光旅游的大河，也是联结北京与沿河城市的纽带。

二、三条文化带人才队伍建设的路径

三条文化带建设具有自然与历史融合、物质与精神共存、现实与未来一体的特征，需要巨大的文化支撑去诠释、宣扬、保护，人才队伍建设刻不容缓。三条文化带所含文化内容不同，需要的人才特质就会有所不同。针对三条文化带建设和旧城保护，北京文化保护人才的发现、培养与使用，就成为北京文化保护中的关键。

（一）长城文化带需要培养一支专家队伍引领、民间故事传播者参与、沿线民众护卫的长城文化传播队伍

长城是一座有历史感的建筑。长城博物馆的修建为长城文化的传播带来了

丰厚的积淀，但要让长城文化活起来，需要专家队伍和民间人士的共同努力。对那些研究长城的资深专家而言，不仅要发挥其现实生活中的专家作用，通过讲演、出书、做视频等方式，让长城文化在公众中得以广泛传播，更要注重专家的传帮带。在北京文化传播中，能看到热心人士很多，但能在某一领域深研细究的资深专家相对较少。专家穷其一生之精力，认真研究古长城，如果后继乏人，就会让长城文化的传播出现断层。笔者结识一位多年研究长城文化的高校教授，他不仅对北京的长城有深入研究，而且徒步全国，对各地的长城都深有研究，堪谓研究长城的“活地图”。这位学者，显然具有长城研究的深层意蕴，让其对北京长城重新解读，则有一般学者难以抵达的学术境界。与这位学者交流，知其苦于无人接续他的学术研究，没有学生喜欢从事这一艰苦的事业，所以在高校设置相关专业十分必要。古北水镇的开发，对长城文化的传承很有意义。这一旅游开发项目让沉静的历史活跃起来，有益于当地民众当下的生活，也是保护长城文化的关键。古北水镇对古村落和长城文化的结合，一方面为长城文化的传播注入了活力，另一方面也让当地民众因自身受益而增加了自觉传播长城文化的积极性。

现代传播方式一方面吸引了年轻人的参与，但另一方面，也会出现让文化碎片化的现象。民间故事的挖掘则成为值得关注的环节。如何让长城文化不只成为导游口头短暂的介绍，需要一批民间故事讲述者的介入，充分让民间故事的讲述者具有文化意识，才能更系统地传播文化；讲长城文化不能就历史而历史，应该古为今用，讲长城与自然的关系、长城与当下民众的关系，让长城文化成为活起来的文化。长城是中华民族的骄傲，八达岭高铁站的修建，也展示了中国高铁建设的实力。让长城与高铁同在，历史与现实同讲，故事才有趣味，也才能更加贴实地树立起中国人的自信心。长城是古人伟大的见证，高铁是今人自信的成功。长城与自然、长城与乡村振兴、长城与抗日故事、长城与生态文明建设——诸多可以讲述的故事，会让长城文化日渐丰盈起来。

（二）西山永定河文化带有更多历史意味，需要更多的专家队伍、民间志愿者、文学艺术工作者的参与

西山永定河文化带突破了长城的传播范围呈一线型特点，围绕着“四岭三川”，有民俗故事可讲，有宗教故事可言，还有“三山五园”可以描绘。西山永定河文化带是一个形象性描述，在这个区域内，既有自然的山水可以描绘，又有历史的风云可以张扬。西山永定河文化带具有波澜壮阔的历史故事场景，既有旧石器时代、新石器时代的旷远传说，又有清朝时期皇宫大院的刀光剑影。颐和园的每个景点都藏匿着一串故事，妙峰山的民间村舍也有不少民俗传说。

关键是如何将这些故事串联起来、丰富起来、传播出去。一位外国学者在跟一位研究“三山五园”的专家游览风景时，听到专家津津有味地介绍各个景点的故事，啧啧称叹。专家的贡献在于将历史的沉淀叠加在沉静的景点上，让风景鲜活起来。只是像这位外国学者一样幸运的游客能有几人？专家少固然是北京文化传播缺少感染力的一个原因，但专家缺少对“类专家”的培养，使得西山文化传播缺少层次感和接续性。近年来，红学研究者挖掘曹雪芹在西山生活的历史，也只成为红学圈的盛事，但如何让更多游客知道一位伟大作家对文化的贡献和其与西山文化的关系，可能会使西山文化带的传播更有趣味性和现实性。爨底下村作为西山文化带保留下来的完整的古村落，至今仍保存着古色古香的味道。青年韩某回乡创业，将村内几家房屋改建为民宿，既传承了古村落文化的风貌，又适应现代旅游者的口味，开发出具有当地特色的菜品和旅游通道。夏天还在漫山坡建起露天宿营地。韩某还利用现代传播方式，通过抖音和公众号传播“斋堂文化”和“古村落文化”，形成了让游客认可的文化传播机制。他还大力开发文化创意产品，制作了众多具有爨底下印象的旅游纪念品，吸引了更多游客。像韩某这样的民宿经营者，让古村落“旧树发新芽”，古村在流动中复活，成为古村落保护的一个样板。古为今用，是文化保护的一个基本原则。只有这样，古物才能得到更好的保护，古村落才不至于成为荒芜村，古村落才能真正成为“活着的历史”。

西山永定河文化带还有丰富的宗教建筑文化资源。潭柘寺作为北京城建城的见证者，动态的讲述会给今天的游客带来更多的历史沧桑感。挖掘这些历史故事，需要耐心、细心和与游客沟通的才能。民间志愿者最能承接这样的职能。开发寺院的文化传播机制，让更多寺院成为西山永定河文化带运营中的传播者，需要培养文化志愿者，这是让西山文化传播起来的另一通道。

随着人工智能等高科技的使用，文化传播的渠道日渐多元化。但在文化传播中，一个值得注意的问题是，懂高科技的技术人员不懂文化，懂文化的却不熟悉高科技传播技术①，以至于造成文化传播过程中的诸多失误之处。有些貌似高科技的东西，则造成错误传播的文化信息。如何避免这种现象？复合型人才的培养十分重要。西山文化带十分需要这种复合型人才。可就具体某一景点、某一专题、某一人物的文化传播，从文化内容、技术手段、创新模式、游客兴趣点等方面进行综合培训，避免文化与技术的脱离，让游客乐于接受准确、生动且富有意味的作品，这样的文化传播才有意义。北京三条文化带的保护与开

① 民进北京市委．推进三条文化带文物数字化保护［J］．北京观察，2023（6）：17.

发，复合型人才的培养是一个不容忽视的共性问题，西山永定河文化带作为多点呈现的一个文化带，复合型人才的培养更为重要。文化传播必须与时俱进，建立让现代人接受的技术文化高度融合的端口，民众才能更好地接纳这种文化。

（三）运河文化是动态文化的呈现，吸引了众多的艺术工作者，发掘他们的艺术创造力是文化传播的关键，引导新旧城文化的对接需要更多综合性文化传播人才

运河风光吸引了大批画家和摄影家。我认识一位摄影家，喜欢拍摄以运河为题材的各类风景画。遗憾的是这样的拍摄浅尝辄止，只是叙述某朝某代的运粮河闸等设施而已，缺少深层次的介绍。某位画家，则只是把通州的风俗景物进行了表层的描绘，缺少更多文化传播的意蕴。近年来，随着北京市对运河文化研究的重视，众多学者围绕运河文化与历史名人、历史事件进行了深入细致的研究，也建立了相应的博物馆，但这些文化要想更好地走入民众之中，需要更深层次的整合。例如，画家况晗几十年如一日，走遍了北京的大街小巷，认真研究北京胡同，将铅笔的浓淡颜色与北京胡同的朴素风格融为一体，创造出令人称道的艺术美感。在况先生的这些艺术作品中，胡同的光与影、鸽子飞翔的高与低、行人的动与静……形成鲜明的对比，这位画家鲜明的绘画风格，让北京很多消失的胡同永远留存下来。一帧胡同就是几代人的历史记忆。况晗所绘的胡同，不只是相片式的呈现，而是寄托了一个艺术家真实的情感。

运河文学作为北京文学的奇葩，曾经为北京文坛带来光耀。当下的运河文学作品，有了更为丰厚的时空描述。运河与京津的通航，为北京人带来了新的旅游享受，也将开辟另一种文学天地。运河文学会随着北京城市副中心的运营和乡村振兴的新形势，出现前所未有的新故事，文学所要表达的疆域会更宽广。作家所要描述的运河文学，不只存在于历史的尘埃里，而将光耀在现实的光鲜中。作家们题材、体裁选择的丰富性，造就运河文学作品的多样性。

随着人工智能的发展，自生成技术会促成运河文化传播的动态呈现。更多的元宇宙场景，会让灵动的运河文化更富有灵魂感召力。跨界融合性的传播，不再只是简单的组合对照，而是多种场景的组合与运用。数字场景的运用，虚拟历史人物的再造，会让现代游客感受与王阳明同桌论剑的悠远。历史和现实，会被高新技术高度熔炼为一体。你可以与刘绍棠一起探讨运河的今昔，也可以与苏东坡谈论一道菜的来历，更可以与钱学森探讨创新的方向……这些场景的真实嫁接，会让运河文化传播更有味道。甚而，复原的运河印象，会让你感受到古代人乘船遍览沿线美景的心情。运河文化，更需要动感的文化传播方式。

在运河文化传播中，需要摄影家、画家和作家的跨界，也需要民众参与者的意见提醒。

三、结语

从专家到民间文化传播，再从单一到复合型人才的培养，从政府主导到企业家参与，北京文化传播的人才梯队建设需要形成有效的运行机制，建立一套由政府引导的发现、培养与使用的机制，如此才能夯实“三条文化带”建设的文化人才之基。

（作者简介：戴荣里，中国中铁建工集团管理副总监、教授级高级政工师，中国人民大学科学哲学博士。）

“‘三条文化带’保护与北京全国文化中心建设学术研讨会”综述

陈荟洁　周坤朋

2023 年 9 月 16 日，由北京建筑大学主办的“‘三条文化带’保护与北京全国文化中心建设学术研讨会”成功举办。近 200 名校内外相关领域专家学者及师生线上线下参会。

图 1　“‘三条文化带’保护与北京全国文化中心建设学术研讨会”现场

会议开幕式首先进行了年度系列丛书《城脊：北京中轴线建筑文化研究》新书发布会。秦红岭教授介绍了新书编撰的目的、内容和未来规划，并对参与编撰的专家学者表示了感谢。她指出，新书旨在从多角度、多层次探讨并揭示北京中轴线建筑文化内涵，让更多的学者和公众关注北京中轴线文化遗产保护问题，挖掘中轴线历史建筑的文化内涵，助力北京中轴线申遗。

北京建筑大学副校长陈红兵代表学校对各位专家、学者莅临表示欢迎和感谢。他指出，北京建筑大学是北京市以及住房和城乡建设部共建高校、教育部“卓越工程师教育培养计划”试点高校、北京市高水平特色型大学和北京市党的建设和思想政治工作先进高校。作为北京地区唯一一所建筑类高等学校，学校始终坚持“建筑味十足，北京味十足”的办学特色。以北京建筑大学特色优势学科为依托，整合全校相关科研机构及文化优质资源，聚焦首都全国文化中心建设，开展北京文化发展战略、北京文化遗产保护与活化利用、北京建筑文化、北建大精神与文化形象展示等方面研究，致力于成为北京建筑和城市文化领域的智库型研究平台。本次“三条文化带保护与北京全国文化中心建设”学术研讨会是学校和服务北京全国文化中心建设的具体举措。

专题报告环节，北京大学首都发展研究院院长李国平教授、北京市社会科学研究院王岗研究员、北京联合大学应用文理学院院长张宝秀教授、北京市政府参事室特邀研究员宋慰祖、北京市考古研究院李卫伟研究员、北京建筑大学荣玥芳教授、北京建筑大学贺鼎副教授共七位专家做了精彩发言。

李国平教授以《科技赋能北京全国文化中心建设》为题，从北京具有科技赋能文化发展的强大基础、科技赋能北京文化发展的主要模式、科技赋能北京文化发展的空间形态、文化和科技融合的发展趋势等四个方面展开论述。他认为，科技是文化创新发展的重要动力，但科技是工具，文化是核心，需要警惕文化发展中过度技术崇拜而忽视内容的现象。另外，还需要多方协同促进文化与科技深度融合，尤其是政府、企业都需要发挥重要作用。

王岗研究员以《关于“三条文化带”的几点思考》为题，阐述了“三条文化带”的缘起、发展和内涵以及“三条文化带”保护的重点。他特别强调“一城三带”，提出要在西山永定河文化带的保护建设上下更大的功夫。他指出，如果想把文物保护工作落到实处，一定要和群众的利益结合在一起。只有群众获益，才会有保护的积极性和主动性，文物保护工作才能够真正做好。

张宝秀教授以《北京三条文化带的整体保护与发展》为题，阐述了“一核一城三带两区”和首都文化的定义和价值内涵，介绍了三条文化带的发展沿革、功能地位、文化价值；重点阐述了三条文化带的整体保护路径，提出依托“三条文化带”建设环首都国家文化公园体系的构想。她提出整体系统保护“三条文化带”及环首都国家文化公园体系的构建路径，十分具有借鉴意义。

宋慰祖研究员发言的题目是《将三个文化带建设成全国“文物游径”示范工程》。他首先提出，在北京打造长城文化带和大运河文化带，要突出一个“特”字（如特点、特色等），打造西山永定河文化带则要突出一个“史”字（如人类史、建城史、建都史、革命史等）。以“曹雪芹在京遗迹标识工程”研究与实践为启示和借鉴，他提出应将北京“三个文化带”建设成为国家级文物主题游径示范工程。

李卫伟研究员以《文化遗产与数字化技术结合的三部曲》为题，从势在必行——未来呼啸而来，第一步——知己（文化遗产的现状和痛点）知彼（打开数字技术的百宝箱），第二步——制作适合的内容是数字时代的真金白银，第三步——打造产业链和融入元宇宙等四个方面展开论述。他认为，文化遗产与数字化结合势在必行，有助于弥补无言的文物痛点。

荣玥芳教授以《基于锚固理念对长城文化带沿线传统村落规划设计研究：以令公村为例》为题，从乡村振兴的地域性、文化性和时代性要求展开，指出长城文化带内分布大量传统村落，自然资源、历史文化各具特点。她以北京市密云区太师屯镇令公村为个案研究，通过扎实的调研，运用锚固—层积理论，探讨乡村锚固点和相互作用的层积化空间，针对现状问题，从山水、林田、遗址、街廊、建筑五个方面提出保护更新的空间方案，为长城文化带传统村落的文化传承研究提供了有价值的参考。

贺鼎副教授以《数据驱动的北京明长城聚落遗产体系保护与传承研究》为题，从北京明长城军防聚落体系主要特征、北京长城军防聚落空间特征、明长城古北路军防空间特征及布局机制、北京长城军防聚落体系的当代传承等四个方面展开论述。他从纵深性和综合性两个方面阐释了北京明长城军防聚落体系的主要特征，尤其是他提出要进行长城景观特征识别研究、长城文化带发展潜力适宜性评价、长城遗产廊道智能规划与决策等研究，对推动北京明长城军防聚落体系的当代传承具有重要意义。

北京三条文化带（大运河文化带、长城文化带、西山永定河文化带）凝练了北京层层积累、带状相连的文化遗产，承载了北京“山水相依、刚柔并济”

的自然文化资源和城市发展记忆。本次学术研讨会的成功召开，汇聚了众多专家学者的研究成果，带来了诸多新的观点、思路，将进一步深化“三条文化带”建设的理论研究，总结实践经验，助力北京全国文化中心建设。

后 记

《城脉：北京三条文化带价值阐释与保护利用研究》是北京建筑大学人文与社会科学学院北京建筑文化研究中心2023年度研究论丛。本书的主要目的在于从多角度、多层次探讨并揭示北京“三条文化带”的价值内涵与保护利用问题。一方面，我们希望获得相应的学术影响，让更多学者和公众关注“三条文化带”文化遗产的保护利用；另一方面，我们更希望能够为进一步挖掘“三条文化带”的文化内涵、更好地保护传承“三条文化带”文化遗产贡献绵薄之力。

这本论丛的完成离不开每一位参与者的辛勤付出与鼎力支持。我们一直期待以高水平的研讨会“阵容”谋求高质量的论丛内容，故而首先要衷心感谢参加“2023‘三条文化带’保护与北京全国文化中心建设”学术研讨会并分享见解的各位同仁！感谢为本部论丛撰写论文的各位专家学者！相信这些研究成果将为北京“三条文化带”保护利用的决策和实践提供有益的参考。

全书由秦红岭教授统稿，由陈荟洁博士和周坤朋博士负责稿件初审，同时由陈荟洁博士负责相关出版协调事宜。在此，特别感谢光明日报出版社编辑为本书出版所做的辛勤努力！

本书可能存在诸多不足，期待读者批评指正。

2024年初春，北京